21世纪高等职业教育通用技术规划教材（经济类专业）

上海市高职高专经济类专业教学指导委员会组编

经济学基础

（第 3 版）

主　编　李炳义

副主编　陈　旻　田　峰

主　审　罗　明

上海交通大学出版社

内 容 提 要

本书为"21世纪高等职业教育通用技术规划教材(经济类专业)"之一。

本书根据我国高等职业教育的特点,系统地论述了经济学的基本知识和原理。全书分3篇11章,第1篇为基础理论,共3章,包括:经济学导论,经济体制,需求、供给与均衡价格;第2篇为微观经济分析,共5章,包括:消费者行为与市场需求,企业生产成本和收益分析,厂商均衡理论,要素收入理论,市场失灵与微观经济政策;第3篇为宏观经济分析,共3章,包括:国民收入分析与核算,失业、通货膨胀与经济增长,宏观经济政策。全书体系结构较完整,内容简洁而紧凑。章后附有总结提要、案例分析及复习思考,以巩固学员的学习成果。

本书可作为高职高专财经管理类各专业的基础教材,也可供有关人员参考。

图书在版编目(CIP)数据

经济学基础3版/李炳义主编. —上海:上海交通大学
出版社,2012

ISBN 978-7-313-02758-3

Ⅰ.经... Ⅱ.李... Ⅲ.经济学 Ⅳ.F0

中国版本图书馆 CIP 数据核字(2001)第 051176 号

经济学基础
(第 3 版)

李炳义 主编

上海交通大学出版社出版发行

(上海市番禺路 951 号 邮政编码 200030)

电话:64071208 出版人:韩建民

上海巅辉印刷厂 印刷 全国新华书店经销

开本:787mm×960mm 1/16 印张:12.75 字数:239 千字

2001 年 8 月第 1 版 2012 年 6 月第 3 版 2012 年 6 月第 8 次印刷

印数:1~3 030

ISBN 978-7-313-02758-3/F 定价:28.00 元

21 世纪高等职业教育通用技术规划教材编委会

（经济类专业）

前　言

　　《经济学基础》是高职高专院校财经管理类专业的公共必修课和专业基础课。本书按照"以能力为本位"的思想和"必需、够用"的原则，积极借鉴发达国家，特别是欧美现行经济学教材的长处，注意从高职高专学生现有的知识水平和特点出发，坚持理论与实践相结合，着力同高职、高专院校财经管理类专业阐述的理论及实际问题相衔接，以使学生从中掌握经济学的主要范畴、主要原理和基本分析方法，为各具体专业课的学习打下坚实的基础。

　　本书分 3 篇 11 章，第 1 篇为基础理论，共 3 章，包括：经济学导论，经济体制，需求、供给与均衡价格；第 2 篇为微观经济分析，共 5 章，包括：消费者行为与市场需求，企业生产成本和收益分析，厂商均衡理论，要素收入理论，市场失灵与微观经济政策；第 3 篇为宏观经济分析，共 3 章，包括：国民收入分析与核算，失业、通货膨胀与经济增长，宏观经济政策。全书体系结构较完整，内容简洁而紧凑。章后附有总结提要、案例分析及复习思考，为教学提供了尽量多的素材和更丰富的信息，以增强教材的可读性和可教性。

　　本书由李炳义任主编，陈旻、田峰任副主编，罗明主审。本次修订由李炳义、朱霞、巫蓉共同完成。本书在编写和修订过程中，参阅了国内外大量文献，得到了江苏科技大学等院校领导、教师的大力支持，在此一并致谢！

　　写出一本好的经济学教材，除了理论功底，还得靠教学经验和其他技巧。但由于编者教学、科研任务繁重，学术水平有限，编写、修订时间仓促，加之经济学科本身处在改革和发展中，因此，教材编写、修订的难度相当大，书中疏漏和错误亦在所难免，敬请广大读者不吝赐教，以便进一步修订完善，从而能使本书成为一本有特色、受欢迎的通用教材。

编 者

2012 年 5 月

目　　录

宏观经济分析篇

基础理论篇

1 经济学导论

⭐ **学习目标**

★ 了解经济学的发展，以及古典政治经济学、马克思主义政治经济学、经济学的研究方法；

★ 理解微观经济学、宏观经济学及微观经济学与宏观经济学的关系；

★ 掌握现代经济学的基本概念。

1.1 经济学的任务

在社会科学中，经济学是一门特别重要的学科，也是一门争论最多、至今对其定义尚未有定论的科学。虽然如此，我们仍然试图给经济学下个定义。

1.1.1 现代经济学的定义

在古代汉语中，"经济"一词是"经邦济世"、"经国济民"的意思。在西方文化中，最先使用"经济"(economy)一词的是古希腊思想家色诺芬，economy 一词是指"家庭管理"。在 19 世纪下半叶，日本学者把西方著作中的 economy 译成现代意义上的"经济"。后来，由孙中山等赴日从事革命活动的同盟会员引入国内，我国便普遍采用这种译法。

一般地说，经济学是研究一定社会生产、交换、分配和消费等经济活动、经济关系和经济规律的科学。这里，我们所提及的经济学是指现代西方经济学有关经济学的含义。学术界有代表性的观点可以归结为狭义论和广义论。

狭义论：这种观点主要以美国经济学家保罗·萨缪尔森等人为代表，其定义是：经济学是研究个人、企业、政府以及其他组织如何在社会内进行选择，以及这些选择如何决定社会稀缺资源的使用的科学。这个定义较为普遍，在一些常用的教科书中均可见到。

广义论：这种观点主要以美国经济学家李普西·斯泰纳等人为代表，其主要观点可引证如下：从广义上讲，经济学应当处理：一个社会使用资源并在该社会的成员和集团中分配生产成果的方式；生产和分配不时发生变动的方式；经济制度的效率。这样一个定义给经济学规定了比较广泛的内容，因而是比较全面的。

但无论是狭义论还是广义论，它们均要研究经济系统中稀缺性资源的有效配置问题，所不同的是广义论除要研究稀缺性资源的有效配置外，还要讨论经济系统的变动方式以及相应的经济制度的效率等有关问题。

1.1.2 有关的经济问题

经济学是一门研究人类社会经济活动的基础理论学科。为什么会产生经济学？西方经济学家普遍认为，是由于客观存在的稀缺性。按照他们的解释，人类所以要进行生产活动，是为了满足他们的消费欲望。人们的欲望是无限的，当某种欲望得到满足以后，又会产生一种新的享受欲望。这种追求享受的欲望引起了对财货和劳务的需求。然而满足人类享受欲望的财货和劳务却是有限的。这主要是因为，生产这些财货的资源是有限的。虽然有些资源在一定的时期内，在一定的区域里是非常丰富的，但是相对于人们无限的欲望所产生的需求来讲总是有限的。这就是经济学中所说的资源的稀缺性。

可见这里所说的稀缺性，不是指财货或资源绝对数量的多少，而是相对于人类欲望的无限性来说，再多的物品和资源也是不足的。举个例子来说，一个国家为了保卫自己的安全或侵略他国，所需要的大炮是无限的，为了提高本国人民的生活水平，所需要的黄油也是无限的。但是，能够用于生产大炮与黄油的资源是有限的。多生产大炮就要少生产黄油，多生产黄油也就要少生产大炮。于是，人类在从事经济活动时就面临着这样一个问题，即如何利用相对稀缺的资源去生产"经济财货"，从而最大限度地满足人们的各种需要。经济学正是为了解决这一问题而产生的。

面对有限的资源供给和多方面的需要，经济学研究人们如何进行抉择，以便使用稀缺的或有限的生产性资源生产各种商品，并把它们分配给不同的社会成员以供消费。

人们在运用稀缺性资源进行选择时，常常会面临以下几个问题：

• 生产什么？生产多少？由于生产财货的资源其用途是多方面的，并可以相互替代。如一定量的土地和劳动既可以用于生产小麦，也可以用来生产棉花。一定量生产要素的组合既可以用于生产军舰，也可以用于生产机器。因此，人们在从事经济活动时就有必要进行选择，将稀缺的资源以最优化的方式用于某些财货的生产，同时决定某种财货的生产数量。

• 如何生产？人们在运用稀缺性资源进行生产时，又会遇到采用何种方式来生产的问题。在通常情况下，生产一定数量的某种财富可采用不同的方法。如生产一定数量的鞋可以采用劳动密集型的生产方式，也可以采用资本密集型的方式。在生产什么、生产多少已定的情况下，人们就有必要选择合适的生产方式，以达到最高效地利用现有资源的目的。

• 为谁生产？当产品被生产出来后，就面临着产品怎样在社会成员之间进行分配的问题。任何社会的生产都是一个周而复始的再生产过程，产品在社会成员之间如何分配，将影响生产要素的流向和配置。在一般情况下，优质的劳动、资金、土地总是流向回报较高的部门和企业。为了合理配置各种生产要素，人们就要研究社会产品如何分配的问题。

在一个生产高度社会化的社会中，人们在资源配置的过程中，还包括一国的资源是否得到了充分利用；货币的购买力是否因为通货膨胀而下降；社会生产财货的能力是否能持续增长。

总之，稀缺性不仅引起了资源配置问题，而且还引起了资源利用问题。在不同的经济制度下，资源配置与资源利用问题的解决方法是不同的。现在世界上绝大多数国家采取的是由国家宏观调控的市场经济制度。因而，本教材所介绍的经济学，是研究在市场经济制度下，稀缺资源配置与利用的科学。

1.2 经济学的分类

经济学的研究对象是资源配置与利用，由此形成了各个研究不同问题的经济学分支。以解决经济资源的配置和利用为对象划分，现代西方经济学从总体上可分为微观经济学和宏观经济学两大块。

微观经济学的"微观"，宏观经济学的"宏观"，本意是"微小"和"宏大"，原是物理学中的概念，后移用于经济学。在这里，我们先对微观经济学与宏观经济学作一点概括性的介绍，以便进一步理解经济学的对象。

1.2.1　微观经济学

微观经济学以单个经济单位为考察对象，通过研究单个经济单位的经济行为和相应的经济变量单项数值的决定来说明价格机制如何解决社会的资源配置问题。

在理解微观经济学的定义时，要注意这样几点：

1) 单个经济单位。指组成经济的最基本的单位，包括：居民户、厂商以及单个产品市场。居民户又称家庭，是经济中的消费者。厂商又称企业，是经济中的生产者。

2) 经济行为。指家庭(居民户)如何支配收入，怎样以有限的收入获得最大的效用和满足；单个企业(厂商)如何把有限的资源分配在各种商品的生产上以取得最大利润等。英国经济学家 J·亨德逊强调："居民户与厂商这种单个单位的最优化行为奠定了微观经济学的基础。"

3) 单个经济变量。指单个商品的产量、成本、利润、要素数量；单个商品的效用、供给量、需求量、价格等。微观经济学分析这类个量的决定、变动及其相互间的关系。

微观经济学通过对这些单个经济行为和单个经济变量的分析，研究的是既定的经济资源如何被分配到各种不同用途上，即资源配置问题。解决资源配置问题就是要使资源配置达到最优化。如果每个经济单位都实现了最大化，那么，整个社会的资源配置也就实现了最优化。

归结起来，微观经济学实际上是要解决两个问题：一是消费者对各种产品的需求与生产者对产品的供给怎样决定着每种产品的产销量和价格；二是消费者作为生产要素的供给者与生产者作为对生产要素的需求者怎样决定着生产要素的使用量及价格(工资、利息、地租、正常利润)。因为价格理论是微观经济学的中心，所以微观经济学又称为市场均衡理论或价格理论。微观经济学的中心就是要解释价格如何实现资源配置最优化。

微观经济学的内容相当广泛，其中主要包括价格理论、消费者行为理论、生产理论、成本理论、厂商均衡理论、收入分配理论。微观经济政策属于国家对价格调节经济作用的干预，是以微观经济理论为基础的。此外，在现代微观经济学的基础上还产生了成本——收益分析、时间经济学、家庭经济学、微观消费经济学等内容与分支。微观经济学还是现代管理科学的基础。在本教材中，我们介绍微观经济学最基本的内容。

微观经济学的建立是以一定的假设条件为前提的，但在众多的假设条件中，至少有两个基本的假设条件：

1) 理性人的假设。这个假设条件也被称为"经济人"的假设条件。"经济人"被假定为经济生活中的一般人的抽象，其本性被假设为利己的。"经济人"在一切经济活动中的行为都是以利己为动机的，力图以最低的经济代价去追逐个人最大的经济利益。一般而论，经济学中通常假定理性的消费者是为了获取自身的最大满足，而生产者则为了获取最大化的利润。只有在这一假设之下，价格调节实现资源配置最优化才是可能的。

2) 完全信息的假设。这一假设条件的主要含义是指市场上每一个从事经济活动的个体(即买者和卖者)都对有关情况具有完全的知识，他们知晓市场价格和商品的需求及供给，并对商品本身的特性了如指掌。消费者和厂商只有具备完备而迅速的市场信息才能及时对价格信号做出反应，以实现其行为的最优化。

只有在上述假设条件下，微观经济学关于价格调节实现资源配置最优化，以及由此引出自由放任的经济政策，才是正确的。但是，事实上，这些假设条件并不一定具备。现代经济学家正是由这一点出发，对传统微观经济学提出了质疑。本教材所介绍的微观经济学的主要内容还是传统的，是以这些假设为前提的。

1.2.2 宏观经济学

宏观经济学是相对于微观经济学而言的。宏观经济学以整个国民经济为研究对象，通过研究经济中各有关总量的决定及其变化，来说明资源如何才能得到充分利用。

在理解宏观经济学的定义时，要注意以下几点：

1) 宏观经济学所研究的不是经济中的各个单位，而是由这些单位所组成的整体；研究整个经济的运行方式与规律，从总体上分析经济问题。

2) 总体经济问题包括经济波动、经济增长、就业、通货膨胀、国家财政、进出口贸易和国际收支等。

3) 经济总量有国民收入、就业量、消费、储蓄、投资、物价水平、利息率、汇率及这些变量的变动率等。可见，总量是指能反映整个经济运行情况的经济变量。总量分析就是分析这些总量的决定、变动及其相互关系，并通过这种分析说明经济的运行状况，决定经济政策。因此，宏观经济学也被称为"总量经济学"。

宏观经济学通过对这些总体经济问题及其经济总量的研究，来分析国民经济中几个根本问题。它把资源配置作为既定的，研究现有资源未能得到充分利用的原因，达到充分利用的途径，以及如何增长等问题。其中，国民收入(就业量)的决定和变动是一条主线，所以宏观经济学又称为国民收入决定论或收入分析。实际上，宏观经济学研究的是经济资源的利用问题。

宏观经济学的内容相当广泛，一般包括国民收入决定理论、就业理论、通货膨胀理论、经济周期理论、经济增长理论、财政与货币政策理论等。应当指出的是，不同的经济学家对经济运行进行了不同的分析，对各种宏观经济问题做出了不同的解释，并由此出发提出了不同的政策主张。这就形成了不同的宏观经济学流派。

宏观经济学的基本假设是市场的失灵，即仅仅依靠市场机制不能解决充分就业问题。根据微观经济学的论述，市场经济是完善的，可以使经济在充分就业之下协调运行。但自从 20 世纪初起，经济学家就对这一观点提出质疑，认为市场机制不能解决公共物品、外部效应、收入分配不公平问题。这就是市场失灵论。特别是 30 年代的大危机，它彻底粉碎了充分就业的神话，于是经济学家们不得不求助于国家干预。宏观经济学正是以此为契机而形成的。

1.2.3　微观经济学与宏观经济学的联系

在古典经济学中，微观与宏观是不分的，或者说是混合的。19 世纪中叶，新古典经济学以《国富论》为滥觞，采用个量分析法，形成微观经济学。到 20 世纪 30 年代，凯恩斯发表《通论》，采用总量分析法，通称宏观经济学。从以上的分析中可以看出，微观经济学与宏观经济学的研究对象、解决的问题、中心理论和分析方法都是不同的。但它们之间又有着密切的联系。

微观经济学和宏观经济学并不是两种不同的经济学理论体系，而是经济学体系中互为前提、彼此补充的两个部分。微观经济学在假定资源已实现充分利用的前提下分析如何达到最优配置的问题；宏观经济学在假定资源已实现最优配置的前提下分析如何达到充分利用问题。所以，宏观和微观经济学互相把对方所考虑的对象作为自己的理论前提，互相把对方的理论前提作为自己的研究对象。它们从不同角度分析社会经济问题。所以，它们是各具功效、彼此补充、不可分离的整体。目前正出现以微观为基础，两者互相渗透、彼此结合的趋势。正如美国经济学家斯蒂格利茨所说："在过去几十年间，经济学家开始对微观经济学和宏观经济学的分裂提出疑问。整个经济学界逐渐认识到宏观经济行为必须和作为它的基础的微观经济原理联系在一起；经济学原理应该是一套，而不是两套"。

1.3　经济学的发展

人类社会进行物质资料生产的经济活动由来已久。在经济活动中对资源有效利用问题的探索，也经历了两千多年的时间，而最终成为一门独立的经济学科，则是近几百年的事情。

1.3.1　古典政治经济学

　　有关文献资料表明，经济学出现于奴隶社会产生以后。在古希腊和古罗马时期，欧洲一些著名的思想家如色诺芬、柏拉图、亚里士多德等从不同的角度对一些经济现象进行了探索，并提出了一定的见解。古希腊思想家色诺芬(约公元前 430 至公元前 354 年)的《经济论》一书的问世，标志着西方经济思想的产生。这本书是一部研究奴隶主家庭经济管理问题的著作。色诺芬认为，经济学研究的是善良的主人如何管理好自己的财产。

　　经济学虽然出现于奴隶社会，但在奴隶社会和封建社会并未能形成一门独立的学科。经济学作为一门独立的社会科学并取得政治经济学这一学科名称，是随着资本主义生产方式的产生与发展而形成的。 17 世纪初，法国重商主义代表人物安·德·蒙克莱田(1575～1622)出版了《献给国王和王太后的政治经济学》一书，其用意在于表明他所论述的经济问题已超出家庭或庄园经济的范围而涉及国家或社会的经济问题。重商主义是欧洲资本原始积累时期代表商业资产阶级利益的一种经济学说和政策体系。它流行于 16～17 世纪，是商业资产阶级对资本主义生产方式最初的理论考察，是在封建社会末期商业资产阶级和封建专制国家狂热追求金银货币的要求在理论和政策上的反映，其贸易保护主义的思想一直影响至当今世界的国际贸易。

　　但重商主义经济学还不能算作真正的现代经济科学，因为其研究范围仅局限于流通过程。真正的现代经济科学，只是当理论研究从流通过程转向生产过程的时候才开始的，完成这一转变的是资产阶级古典经济学。古典政治经济学产生于英国和法国，并在英国获得了最大的发展。18 世纪后期，古典经济学兴起，它是作为重商主义的对立面出现的。它所强调的是自由放任的经济，就是国家不要干预经济，而由市场机制充分发挥作用，以解决资源配置和要素报酬分配的问题。古典经济学有两个主要代表人物：18 世纪后期的亚当·斯密(1723～1790)和 19 世纪初的大卫·李嘉图(1772～1823)。古典经济学的主要代表作是斯密的《国民财富的性质和原因的研究》，简称《国富论》，李嘉图的《政治经济学及赋税原理》，简称《原理》。

　　1776 年，英国的亚当·斯密发表了《国民财富的性质和原因的研究》这一巨著，在这一巨著中，亚当·斯密系统地阐述了自己的经济理论，并提出了一整套的经济政策，从而创建了英国古典经济学理论。从某种意义上说，现代西方经济学是从英国古典经济学的建立开始的。亚当·斯密在《国富论》中研究的中心是如何增加国民财富。他批判了重商主义者把金银货币看作财富唯一形态的错误观点，克服了重农学派片面狭义的财富定义，认为劳动生产物——商品是财富的代表，劳动是财富的源泉，提出了"劳动是衡量一切商品交换价值的真实尺度，商品的价值是由生产中耗费的劳动量所决定的。"同时又论述了价值规律对商品生产的调节作用。他认为，市场价格随商品供求关系的变化而围绕自然价格(即价值)上下波动，当市场上某种商品供大于求时，市场价格就会低于自然价格，于是资本就会从这一部门中撤出，生产就会减少，供求关系逐步趋向平衡；当市场上某种商品供小于求时，市场价格就会高于自然价格，于是资本就会流向这一部门，生产就会增加，直至供求趋于平衡为止。因此他认为，这种市场价格机制就像一只"看不见的手"，使人们在追逐自己私利的过程中实现了社会资源合理而有效的分配。在此基础上，斯密认为要增加一个国家的财富，最好的经济政策就是给私人的经济活动完全的自由，因为充分的自由竞争是发挥社会每个成员的主动性和积极性的条件。尽管各人的经济活动都出自各自的私利，但是一只"看不见的手"会自动调节各人的经济行为，使其经济活动最终符合社会的利益。所以他反对国家干预经济生活，主张政府实行自由放任的政策。斯密的这一理论和主张对现代西方经济学的发展产生着相当大的影响，一直被西方经济学家视为一个基本信条，贯穿于微观经济学的始终。

古典经济学有科学成分或科学因素，在某种程度上揭示了资本主义生产方式的本质及其运行规律，因而成为马克思主义的三个重要来源之一。但古典经济学作为资产阶级经济理论体系的组成部分，也不可避免地存在着庸俗的因素。如它们认为资本主义制度是自然的永恒的制度，只注意经济变量的数量分析，忽视本质的研究等。因此，在古典政治经济学之后便产生了西方经济学和马克思主义政治经济学两大体系。

1.3.2　现代西方经济学

继古典政治经济学以后，19世纪30年代以后产生了以萨伊、马尔萨斯等为代表人物的为资本主义制度作辩护的庸俗经济学。

斯密关于在资本主义条件下，商品的价值由工资、利润和地租三种收入所决定的观点，即价值由生产中耗费的费用所决定的观点被法国的经济学家萨伊所使用，提出了效用价值论和生产费用论。这是一种反劳动价值论的理论，在分析中很难自圆其说，于是一些西方经济学家从对斯密劳动价值论的歪曲解释，逐步发展到公开反对劳动价值论，提出了边际效用价值论。边际效用价值论提出后，被西方经济学界称之为一场"伟大的革命"风行于各资本主义国家，并成为微观经济学中消费者行为理论的核心部分。

由于边际效用价值论在阐述价格(价值)决定时仅仅以消费者作为考察对象，而忽视了生产者在价格形成中的作用。为弥补这一不足，马歇尔把以萨伊为代表的生产费用论和以门格尔为代表的边际效用论结合起来，建立了一个以"均衡价格论"为核心的经济学体系。马歇尔(1842~1924)在其著名的《经济学原理》中进一步论述了市场机制是如何发挥调节供求平衡作用的，具体分析了各种资源的配置是怎样通过价格机制、工资机制和利率机制的自发运行来实现的。由于这个体系被看作是英国古典经济学的发展和更新，因此又被称为"新古典学派"。与古典经济学强调生产、供给和成本不同，新古典主义关心的主要是消费、需求和效用。数学和数量方法也开始在经济学上应用，边际分析广泛出现于经济学文献中。马歇尔的经济理论，特别是他的均衡价格论和分配论，至今仍是现代西方微观经济学的基础。

19世纪30年代以后，一直到20世纪30年代前，在西方经济学界占主流地位的仍然是主张国家不要干预经济的古典和新古典经济学的经济思想。从斯密到马歇尔，几乎所有的经济学家都颂扬自由竞争，都认为市场价格机制能有效地调节经济，供给会自动创造需求，普遍的生产危机是不会发生的，失业仅仅是一种偶然现象，都主张国家不要干预经济。然而资本主义世界1929~1933年的那场经济危机给传统的资产阶级经济理论以沉重的打击。严重的经济危机使供给相对于需求过剩，生产的缩减和失业范围达到了空前未有的程度。而对濒于崩溃的资本主义经济，主张自由放任的经济自由论者束手无策，这样，20世纪30年代初出现的经济大危机就成为西方经济学的一个重大转折点。因此，以政府干预论为中心内容的凯恩斯主义应运而生，并逐渐成为西方世界占主导地位的经济学说。约翰·梅纳德·凯恩斯是马歇尔的学生，他抛弃了传统经济学的一些基本思想，提出了在自由放任的条件下，不可避免地会产生失业和危机。他在《就业、利息和货币通论》(简称《通论》)一书中，运用宏观总量分析法，阐述了在自由放任条件下有效需求不足是产生经济危机的直接原因，并提出了怎样运用宏观经济政策来保证充分就业的措施，从而创立现代宏观经济学体系。凯恩斯的《通论》出版后，被西方称为是凯恩斯革命。该书的主要论点逐渐被绝大部分西方经济学家所接受，他的政策主张也被西方发达国家的政府所接受而付诸实施。凯恩斯的经济学一时成为现代资产阶级经济学中最显赫的流派。

但是西方资本主义国家在推行凯恩斯主义理论，刺激经济发展的同时，又出现了"滞胀"的经济现象。到了20世纪70年代，"滞胀"这种失业和通货膨胀的并发症成为西方资本主义世界普遍存在的经济现象。"滞胀"是以需求管理为中心，认为通货膨胀和失业不可能同时存在的凯恩斯主义经济学陷入进退两难的境地。于是新自由主义经济理论、货币学派、供给学派、理性预期学派等纷纷登场。新自由主义者强调市场机制自动调节作用，反对国家对经济生活的过度干预；货币学派强调货币政策的重要性；供给学派主张削减税率；理性预期学派则试图用信息的不完全性来解释资本主义经济运行的波动。80 年代以来又出现了新的强调国家干预经济的新凯恩斯主义。

值得一提的是自 20 世纪 50 年代开始的、标志西方经济学最新发展的新制度革命。布坎南、科斯、诺思分别获得了 1986 年、1991 年和 1993 年的诺贝尔经济学奖，标志着新制度学派得到了肯定。新制度学派依靠的概念是交易成本、产权、意识形态等，强调以一定的制度安排(诸如产权调整、企业制度、法律和民主政治等)来降低交易费用的必要性。

由于当今西方经济学研究中存在着许多流派，经济学理论也在不断地发展，因此在西方经济学的学习中不仅要掌握其基本理论，还需了解各种流派的主要理论和观点，这样才能准确地把握西方经济学的实质。

1.3.3 马克思主义政治经济学

19 世纪中叶，马克思在批判地继承古典经济学科学遗产的基础上，服务于无产阶级反对资产阶级斗争的需要，搜集和研究了资本主义发展历史的大量材料，详细地分析了资本主义社会的经济结构，揭示了资本主义经济关系的本质、矛盾及其运动规律，以剩余价值学说为基石，创立了独具特点的马克思主义政治经济学。

马克思主义政治经济学是与西方资产阶级经济学有着根本区别的经济理论。它以揭示资本主义经济的基本规律为主要任务，它研究的对象不是物，而是物掩盖下的人与人之间的关系，即社会生产关系。它首创了生产商品的劳动两重性学说，创立了科学的劳动价值论；建立了科学的剩余价值理论，发现了资本积累的一般规律和历史趋势；揭示了资本主义灭亡和社会主义产生并取得胜利的必然性，并预见了未来的社会主义和共产主义社会的一些基本特征。从 19 世纪 70 年代起，马克思主义经济理论在世界范围内得到广泛的传播。19 世纪末 20 世纪初，资本主义进入帝国主义阶段，列宁分析了帝国主义的基本经济特征，特别是帝国主义阶段经济的垄断特征，把马克思主义经济学发展到了新的阶段。不过由于马克思的经济学说以服务于当时无产阶级反对资产阶级的阶级斗争需要为目的，偏重于对经济关系本质的分析，而对市场经济运行机制以及资源的有效利用等方面的研究则较为欠缺。

在列宁以后，斯大林依据社会主义建设的最初实践，对社会主义建设的一系列规律作了新的概括。以斯大林的《苏联社会主义经济问题》为基础，苏联在 20 世纪 50 年代初出版了《政治经济学》教科书，其中包括以社会主义生产关系为对象的政治经济学社会主义部分。斯大林逝世以后，各个社会主义国家先后进行了经济体制改革。在改革的实践过程中，不断地丰富和发展了马克思主义政治经济学，特别是社会主义政治经济学。

在中国进行的社会主义建设，逐步摆脱了苏联模式的束缚，推动了社会主义政治经济学的完善和发展。中国共产党十一届三中全会以后，邓小平坚持实事求是的马克思主义原则，科学地总结了我国经济建设和世界各国经济发展的经验教训，创新地提出了社会主义市场经济理论。邓小平的社会主义市场经济理论，突破了把市场经济等同于资本主义制度的传统观点，提出了市场经济是一种经济手段的科学理论；突破了把市场经济与社会主义制度对立起来的传统观点，提出了社会主义可以搞市场经济的论断。我国市场取向的经济体制改革实践验证了邓小平社会主义市场经济理论的科学性。

20 世纪的世界经济出现了多元化趋势，不仅有资本主义市场经济与社会主义市场经济之分；也有计划经济、市场经济与混合经济之分；还有中国的社会主义市场经济、德国的社会市场经济与美国的自由市场经济之分。但是自从 20 世纪 80 年代掀起世界范围内的社会主义经济改革运动以来，传统的社会主义经济模式为新的社会主义市场经济模式所取代，计划经济被市场经济所取代。到 20 世纪末，尽管各国的市场体系发育不同，用市场配置资源的模式存在差异，但是全面发展市场经济已成为共同任务。研究市场经济的运行、矛盾和调节方式已成为经济学的共同主题。而当今世界共同的现代市场经济环境也加速了经济学在世界范围的融通。

1.4 经济学的本质

西方一些经济学文献对经济学科的地位作了高度的评价：如果说数学是自然科学的明珠，经济学则是社会科学的明珠。

1.4.1 经济学的研究方法

每门科学都有自己的科学的研究方法，经济学也不例外，经济学家使用的方法很多，有个量分析与总量分析、局部均衡分析与一般均衡分析、静态分析、比较静态分析和动态分析等，他们在很多地方和自然科学家使用的相同。比如，两者都试图建立用于解释和预测的理论或模型。

为了解释和预测，经济学家建立了一些经济模型。经济模型分析是指，根据所需研究的经济问题，用经济抽象的方法将各种复杂多样的经济现象简化为为数不多的经济变量，然后根据有关理论将这些经济变量用数学模型表示出它们之间的依存关系。在做出有关假定的基础上，经济学以图表或数学函数把相应的关系表示出来，这就是经济模型。例如，市场供求模型表明需求、供给和价格之间的关系。尽管大多数模型也用文字加以描述，但在经济学中一般用图表或数学的形式描述更为直观。

建立模型的目的是为了解释经济现象。人们可以使用模型来说明经济现象发生的原因。经济模型的另外一个作用是预测。例如，如果对某商品的需求增加，它的价格会上涨；人们的收入提高，对某种产品的需求会增加等。

需要说明的是，经济模型是通过对经济现象的原因做出一些相关假定之后建立起来的，用以分析过去和现在，预测未来。根据对特殊现象的观察作普遍论述的过程称作归纳，而预测过程事实上就是一个推理过程。在推理过程中，经济学家不得不设想其他因素保持不变。

当然，一个经济模型的有效性还要接受来自于实践的检验。经济学家根据是否成功地解释和预测现实经济现象来对模型进行评价，改进或用其他预测更为准确的模型来代替。有时尽管模型的预测不准确，经济学家也想把这个模型保留下来，因为它有助于深入考察经济的运行。

经济学在进行现象描述时，采用的各种方法大都与数量分析有关，所以数量分析方法在经济分析中得到了广泛的运用。许多人认为，一门学科只有在使用数学时，才称得上是科学。诚然，从数量关系上来考察经济事物的运动轨迹，结构清晰，形式精巧，逻辑缜密。但是，数量分析方法也有其局限性。这种分析方法虽然可以较好地描述经济现象的表面联系，但对经济事物内部联系的分析却基本上是无能为力的。因此，数量分析方法只适用于经济理论的浅层分析，而不适用于经济理论深层次分析。

1.4.2 经济学是社会科学

尽管经济学和自然科学使用的模型相似，但经济模型并不像自然科学中的模型那样可以做出准确的预测。

如前所述，经济模型是通过对经济现象的原因做出一些相关假定之后建立起来的。但是，与自然科学不同，经济学在研究经常变化的环境和个人、团体机构等之间复杂的关系时，不能让那些被假定为不变的有关条件保持不变，也不可以用严格控制条件的实验室实验来验证。为了发展合理的简单化模型，不得不做简化的假设，比如假设"其他情况保持不变"。可喜的是，随着计算机的进步和使用，经济学的预测能力大大地增强了。

另一方面，在经济模型中，人们的行为往往被假定为相同，这又导致模型不可能得出精确的预测。因为，尽管在相似情形下人们会做出类似的反应，但这些行为却时常会有一些差异。

正因为如此，经济学中不同的模型之间差别很大，所做的假设不同，得到的结论也不同。结果，经济学常存在着很多争论。

与自然科学相比，经济学作为研究现实的社会经济的科学，在方法论上的一个重要特点是，经济学无法通过实验室进行实验。这正如马克思所说："分析经济形式，既不能用显微镜，也不能用化学试剂。二者都必须用抽象力来代替。"

1.4.3 经济学和政策

经济学是一门应用性很强的科学，它从经济活动中产生，又指导和服务于经济活动。经济学对经济活动实践的指导和服务作用主要表现在政策上。经济理论是对各种经济问题的分析的基础上归纳出的经济现象本身的运行规律，政策是理论的体现和具体化，因而它是将经济理论与一个具体环境(国家、地区直至企业和环境)结合的产物。在西方，经济学家要给政府提出诸如以凯恩斯主义、供给主义、货币主义、新制度主义等理论为基础的政策主张，供政府选择。实践需要社会主义经济学也具有这种功能。

如果将经济活动排个队，也许可以归纳成：理论—政策—实践。在一定意义上，经济理论是经济政策的基础。缺乏理论指导的政策是初步的、带有摸索性的，常常含有狭隘的盲目性。只有具有理论基础下的政策才是完善的。这是理论受到重视的原因之一。政策是理论与实践的中间体，也是它们结合的产物。理论来自实践是一条根本的规律，但是仔细分析可以看出，实践的需要先归纳产生政策，然后在政策指导下的实践活动成功才能产生理论。例如，20 世纪 30 年代的资本主义国家经济危机的事实，是先有国家干预经济的具体政策，政策的实践证明了其正确性和有效性，然后上升为凯恩斯主义宏观经济理论。因而实践与政策指导的实践活动，是理论产生的源泉，也是检验理论的唯一标准。

1.4.4 经济学的实证化

经济学家在帮助政府制定经济政策中起到很大作用，他们通常用实证的方式对政策起作用。因此，为了考察这种作用，有必要区别实证和规范的观点。

实证的观点是对事实进行描述，它要说明的是有关现象"是什么"的命题。实证命题可能对也可能错，不过可以通过事实来加以检验。"失业在增长"，"明年通货膨胀率超过 6%"，"政府降低税收，会增加进口"，这些都是实证命题。

规范的观点是对价值判断的一种描述，它要说明有关"应该是什么"的命题，比如该做什么和不应该做什么，关于事情是好还是坏，值得赞赏还是不值得赞赏的观点。"对富人比穷人收更多的税"，"政府应当减少通货膨胀"，"老龄养老金应随通货膨胀增加而增加"。这些都是规范命题的例子。它们不能简单地通过事实证实或证明为正确还是错误。

用实证的方法研究经济问题则是实证经济学，用规范的方法来研究则是规范经济学。这种划分与强调研究对象的微观经济学与宏观经济学的划分不同。它强调的是用不同的方法来研究经济问题。

实证经济学与规范经济学尽管有上述差异，但它们也并不是绝对互相排斥的。规范经济学要以实证经济学为基础，而实证经济学也离不开规范经济学的指导。一般来说，越是具体的问题，实证的成分越多；而越是高层次、带有决策性的问题，越具有规范性。

在经济学的发展中，早期西方经济学强调从规范的角度来分析经济问题。19世纪中期以后，则逐渐强调实证的方法。许多经济学家都认为，经济学的实证化是经济学科学化的唯一途径。只有使经济学实证化，才能使之成为像物理学、化学一样的真正科学。应该说，直至目前为止，实证经济学仍然是西方经济学中的主流。但也有许多经济学家认识到，经济学并不能完全等同于物理学、化学这些自然科学，它也无法完全摆脱规范问题，即无法回避价值判断。

因此，应该在经济学中把实证的方法与规范的方法结合起来。这一看法是很有道理的。

总结提要

1) 稀缺性要求我们做出选择，而经济学是研究稀缺资源在各种可供选择的用途之间进行有效配置与利用的科学。

2) 任何一个经济制度都必须回答以下三个问题：生产什么？如何生产？为谁生产？

3) 经济学有两个基本的领域：微观经济学和宏观经济学。前者研究居民和企业经济行为，后者研究影响整体经济的力量和趋势。现代经济理论经常融合了经济学的这两大分支。

4) 西方经济学经历了重商主义、古典经济学、庸俗经济学和庸俗经济学后这四个阶段；19 世纪中叶，马克思在批判地继承古典经济学科学遗产的基础上，创立了独具特点的马克思主义经济学。马克思主义经济学是与西方资产阶级经济学有着根本区别的经济理论。

5) 经济学喜欢用简洁、精练的工具(如数学分析和几何图形)来描述经济现象，但这并不意味着必须用某一种工具。经济学的方法包括实证方法和规范方法。

6) 在今天，政府决策部门越来越愿意倾听经济学家的建议，人们开始重视经济学。

案例分析

经济学是使人生幸福的学问

梁小民教授 2005 年 1 月 12 日在北京西单图书大厦作了一场演讲：

● 经济学是什么？

经济学是一门选择的科学。每个社会、每个企业、每个人都会遇到欲望与资源的矛盾，都必须做出选择。一个人每天只有 24 小时，既要工作又要休闲，把多少时间用于工作，多少用于休闲，这就是一个选择。一个企业资源是有限的，生产什么产品与劳务，也是一个选择。一个社会既要实现效率，又要实现公平，这还是一个选择。当然，经济学并不是为我们遇到的各种矛盾问题提供现成的答案，而是告诉我们分析与解决矛盾问题的方法和思路。

人们做出选择是为了实现最大化的目标，例如个人幸福的最大化、企业利润的最大化、社会福利的最大化等等。其实，最大化是所有动物的本能，是所有动物有意或无意的行为目的。仔细观察动物的行为，野兽捕猎物，蜜蜂建蜂房，都符合最大化规范。经济学家的研究发现，可以通过对增量的分析来找出实现总量最大的方法。比如企业追求利润最大化，利润是总收益与总成本之差。通过分析总收益与总成本增量的变动可以找出实现利润最大化的正确方法。在市场经济中，经济学是每个公民必须具备的素质之一。经济学从无到有，发展为今天的"显学"，这说明经济学是有用的。

● 经济学家该做什么？

经济学家的任务，一是从事研究工作，二是把经济学知识普及给大众。经济学被称为"显学"，说明社会对经济学的重视，但也产生了一些不好的后果。这就是一些经济学家以"经邦济世者"自居，到处指手画脚，大有"舍我其谁"的气势，其结果危害了他人与社会。

让经济学家治国，国家也许会乱。当然，我们这样说，决不意味着经济学家在制定政策中一无所用。经济学家研究出来的理论总是政策制定的重要依据之一。

没有正确的理论就没有正确的政策。只要不是教条式地照搬，理论还是有用的。同时，经济学家如果既精通理论又了解实际，仍然可以提出有益的政策建议或对某种政策提出批评。应该说，在中国经济改革过程中，一批精通现代经济理论又熟悉中国国情的经济学家起到了积极作用。这说明，经济学家只要摆对自己的位置，仍然是大有可为的。

当前，以做学问为目的的经济学家有两个任务，一是从事研究工作。经济学家的任务主要不是改造世界，而是认识世界。认识世界就是要不断深入对经济规律的认识，并将之上升为理论。从短期来看，这些经济学家也许没用，但从长期看，他们推动了经济学的进步，深化了我们对现实经济世界的认识。

经济学家的另一个任务是把经济学知识普及给大众。许多著名经济学家，如美国的弗里德曼、贝克尔、诺斯、曼昆、克鲁格曼等，不仅是经济学大师，而且也是普及经济学的高手。要把深奥的经济学道理讲给公众，让他们听得懂、愿意听，不是一件容易的事。

总之，我认为，只要给自己定位准确，经济学家就是有用的。

● 如何学习经济学？

经济学就在你身边。如果你仅仅只想了解经济学道理，完全可以不需要数学工具。经济学道理既可以用高深的数学工具进行表述，也可以用通俗、生动的语言来表述。所以完全不用把经济学神秘化。

学习经济学当然要了解一点基本概念与理论，因此，学习经济学最好从系统地读一本教科书开始。教科书是一门科学全面、系统的总结与概述，从读教科书开始学一门科学是一条捷径。读经济学教科书是入门，但仅仅读教科书，对许多道理还不能理解得很深刻，因此还可以读一些其他的书。经济学家写的普及经济学的著作，中外都有很好的。这些书一般是用通俗的事例解释经济学道理。近年来，很多经济学家在许多报刊上都开辟了专栏，用经济学道理点评各种经济事件，或大或小，或重要或不重要。许多专栏文风也清新、风趣，值得一读。读这些文章不仅可以增加自己的经济学知识，而且可以学习如何运用经济学来分析现实问题，这对提高自己的分析能力颇有帮助。

当然，经济学不仅要读、要学，还要用。对大众来说，学的目的并不是从事这个专业，因此学的重点还是要学会像经济学一样思维，即用经济学的知识和方法来分析自己所遇到的各种问题，并解决这些问题。这就要边学、边思、边用，三者同时进行，你才会学得有趣，能学进去，并且学了以后有用。

从根本上说，学习经济学和学习其他科学一样，是为了提高自己的整体素质。也许在开始学习经济学时，你并不会感到它有多少用，起码不会立竿见影，学了就可以有效。但这个学习过程是一个逐渐提高自己整体素质的过程，有一天你一定会发现，自己分析问题的水平提高了，解决问题的能力也强了。有了这种素质，什么工作都能做好，对人生也更充满了希望，你人生的路会走得更好。这时，你会更深刻地理解萧伯纳的那句话：

经济学是一门使人生幸福的学问。

分析：

1) 结合案例回答：经济学是什么？如何学好经济学？

2) 为什么说经济学是一门使人生幸福的学问？

【复习思考】

1) 简释下列概念：经济学、稀缺性、微观经济学、宏观经济学。

2) 经济学研究的对象是什么？

3) 如何理解"资源的有限性"和"人类欲望的无限性"？

4) 怎样理解经济学中的选择理论和资源配置理论？

5) 微观经济学和宏观经济学研究中存在哪些差别和联系？

2　经济体制

学习目标

★ 了解经济体制的分类、市场经济的产生与发展;

★ 理解市场经济的概念、市场经济与商品经济的关系、现代市场经济的特点;

★ 掌握现代市场经济的典型模式(包括美国模式、德国模式、日本模式等)、社会主义市场经济体制的基本框架。

经济学要研究资源配置问题,不过资源配置的方式却有所不同。因为经济资源配置和利用的方式是在一定的经济制度下进行的。不同的经济制度所具有的经济体制必然各不相同,由此所选定的社会经济目标及其决策方式也就千差万别。另外,不同的经济体制,由于本身的机制不同,其经济效益也有差异。因而研究经济体制对资源配置和利用的方式及其运行机制的作用,就成为经济学研究中回避不了的问题。

2.1　经济体制分类

经济体制是指一定生产关系下生产、交换、分配和消费的具体形式。

按照西方经济学家的划分,在人类已经实践的经济制度中,计划经济(命令经济)、自由的市场经济以及二者某种程度的混合经济是主要的经济体制。不同的经济体制,实现资源配置和利用的方式不同。

2.1.1　计划经济

完全的计划经济又称命令式经济,它是经济体制的一个极端。计划经济的基本特征是生产资料归政府所有,经济的管理实际上像一个单一的大公司。产品的数量、品种、价格、消费和投资的比例、投资方向、就业及工资水平、经济增长速度等等均由中央政府当局的指令性计划来决定。国家从三个层次对资源进行配置：一是在现在消费和未来投资之间的分配，通过牺牲现在的消费，把资源用于投资，以提高经济的增长速度。二是在微观经济层次上计划各行业以及各企业的产量、所使用的生产技术、需要的劳动力和其他资源。为保证投入的可行性，国家可能做某种形式的投入——产出分析，以便制定合理的计划。国家试图通过它使各个行业的投入和产出相协调，使每一行业产品的计划需求和计划供给相等。三是计划在消费者之间进行产出的分配，这依赖于政府特定的经济目标。政府也可能以货币形式分配产品，并允许个人决定怎样消费，这时政府往往通过制定适当的价格来影响人们的消费。

这种体制，从理论上可以证明，资源能够达到最优配置和有效利用。如果政府引导大量资源去投资，可以实现高速增长；如果政府根据生产需要和劳动力技能计划劳动力的分配，可以在很大程度上避免失业，国家收入可以更为平等或按需分配；假如政府可以预见结果，会考虑生产和消费对社会的影响(例如对环境的影响)，那么，计划经济就会有无可比拟的优越性。然而，在实践中，命令式的计划经济为达到目标，却是以巨大的社会和经济成本为代价的。这种体制不能解决资源配置问题，效率较低，由此产生了社会主义国家经济体制改革和资本主义国家国有企业私人化浪潮。

2.1.2 自由市场经济

经济体制的另一个极端是完全的自由市场经济。自由市场经济的基本特征是生产资料私有，经济决策高度分散。这种经济类型中根本没有政府参与，由经济系统中的个人或公司做出与自身有关的所有经济决策。这种运行机制为一只"看不见的手"所调节，资源配置和利用由完全自由竞争的市场中的价格机制来解决。消费者决定提供多少劳动和其他生产要素，选择消费什么产品；公司或企业决定生产什么产品，使用什么要素，如何进行生产。社会上产品和消费的类型依赖于所有这些个人的需求和供给决策。企业和消费者做出的供给和需求决策相互影响从而决定市场价格。通过市场价格的自发调节，资源朝着相对价格高的用途上配置。

自由市场经济自发起作用，不需要昂贵和复杂的政府机构协调做出经济决策，市场机制能对变化的需求和供给情况迅速做出反应，以便把资源配置到最需要它们的地方。这些是它的主要优点。因此自由市场经济的支持者们常常会得出以下结论："追逐私人利益将导致社会利益"，这句话常被冠之以"看不见的手"原理的简单表述，其深刻的思想内涵成为许多经济学家的精神信条。但这种体制的缺点是不能很好地解决资源利用问题和缺少公平。

2.1.3 混合经济

现实中的经济体制在某种意义上都是上述两种制度混合而成的混合经济。混合经济是指既有市场调节，又有政府干预的经济。混合经济的基本特征是生产资料的私人所有和国家所有相结合，自由竞争和国家干预相结合。在这种经济制度中，决策结构既有分散的方面又有集中的特征；相应地，决策者的动机和激励机制可以是经济的，也可以是被动地接受上级指令；同时，整个经济制度中的信息传递也同时通过价格和计划来进行。在混合经济中，政府可能会对以下领域进行调控：通过税收、补贴或直接控制价格来调控商品和投入的相对价格；通过收入税、福利支出或直接控制工资、利润、房租等来调节相对收入；通过法律(例如把生产不安全的产品定为非法)、直接提供产品和服务(例如教育和国防)、税收、补贴或国有化来调控生产和消费的类型；通过使用税收和政府开支、控制银行借贷和利息、直接控制价格、收入和汇率来调控制失业、通货膨胀、经济增长和支出赤字的平衡等宏观经济问题。由此可见，在这种体制下，凭借市场制度来解决资源配置问题，依靠国家干预来解决资源利用问题。这种体制被认为是最好的制度，效率和公平可以得到较好的协调。

西方经济学认为，纯粹的自给经济、纯粹的市场经济和纯粹的计划经济在当代并不存在。绝大多数国家都属于一种混合经济的体制，唯一的差别在于市场和计划在这一体制中所占的比重大小而已。虽然一些经济学家认为美英这样一些国家是混合经济，但也有一些西方经济学家认为，由于过去资本主义国家的国有化运动和近年来社会主义国家的改革运动，使得两种制度互相渗透、"趋同"，从而都具有"混合经济"的特征，因而在解决资源配置和利用问题时，方式和方法也具有"趋同"的趋势。

现代经济学主要的研究对象是，混合经济体制下如何实现资源的最优配置。

2.2 市场经济是发达的商品经济

市场经济是在商品经济基础上产生和发展的，经历了一个由不发达到发达的发育过程。弄清市场经济的产生和发展，分析市场经济和商品经济的关系，对于我们深刻认识市场经济的运行规律及其对社会经济发展的作用具有重要的意义。

2.2.1 市场经济的产生和发展

什么是市场经济？就其基本含义来说，可以作如下概括：市场经济是以市场机制为基础自动实现社会资源配置的一种主要方式，是社会化商品经济运行的基本形式，是社会化商品经济社会中的一种经济体制。这就是说，在理论上对市场经济不是规定为经济制度，而是规定为资源配置的方式、经济运行的机制。

在社会化商品经济的社会中，资源配置有两种基本手段，即计划与市场。以计划为资源配置基本手段的经济被称为计划经济；以市场作为资源配置基本手段的经济被称为市场经济。这就突出强调了市场机制在资源配置中的基础性作用。就调节的先后顺序来说，企业的生产经营活动是直接由市场来调节的，相对于高层次的政府宏观调节，是初次调节，市场是在微观层次上起基础性调节作用；就调节所起的作用来说，相对于计划等其他调节手段，市场调节在经济运行中的作用是基本的、主要的。只有市场成为全社会范围内资源配置的主要方式时，才能成为市场经济。简而言之，市场经济是一种经济组织方式。在这种组织方式下，生产什么样的商品，采用什么方法生产以及生产出来后谁将得到它们等问题，都依靠市场的供求力量来解决。

据估计，商品经济已有7000多年的历史了，但资本主义以前的商品经济不存在市场经济。因为在资本主义以前的社会里，资源配置不是以市场为导向，而是以传统和习惯为导向的。从原始社会到奴隶社会和封建社会，在社会中占统治地位的经济形式是自然经济。自然经济形式的整体运转由各个单一经济单位的直接生产和需要来决定，生产什么就消费什么，消费什么就再生产什么，用"男耕女织"来解决自身有限的吃穿方面的需要。随着社会生产力的发展，特别是随着社会分工的产生和发展，自然经济形式的狭隘性就暴露出来，终于被适应社会分工要求的商品经济形式所代替。

由于资本主义政治制度、经济制度的逐步确立，以及以大机器工业生产为特征的产业革命的逐步确立，摧毁了封建经济制度的基础，资产阶级迅速扩大了市场领域，一方面是市场客体范围的迅速扩大，出现了金融市场、劳动力市场等各类生产要素市场；另一方面是城乡市场互相沟通、各地市场联为一体，形成一个广阔的国内统一的市场。同时，国内市场不断在国际上延伸，形成了世界市场。市场的大发展是商品经济走向成熟状态的重要内容，也是商品经济转化为市场经济的内在要求。

资本主义市场经济是在 15 世纪末，西欧封建制度进入瓦解时期形成的。15世纪末、16 世纪初的一系列地理新发现，扩大了世界市场，加速了资本主义市场经济的形成和发展。随着资本原始积累的进行，资本主义市场经济的基本内容已经具备。在资本原始积累的基础上，西欧各国的资本主义得到迅速发展，从 18 世纪 60 年代至 19 世纪中期，西欧各国先后完成了产业革命，实现了由手工业生产到机器大生产的过渡。产业革命既是生产技术上的革命，又是生产关系的重大变革，同时也是市场经济形成的重要标志。产业革命使资本主义市场经济最终确立其统治地位。

自机器大工业建立以来，由于生产社会化和经济商品化发展程度的不同，市场经济大体经历了两个阶段，即近代市场经济(或称自由市场经济)阶段和现代市场经济(或称国家调控的市场经济)阶段。

市场经济发展的第一个阶段是自由市场经济阶段，其存在的时间大致从第一次产业革命开始，到 20 世纪 30 年代的世界性经济危机为止。自由竞争是近代市场经济的主要特点。在这个阶段上，商品经济在社会经济中占据统治地位，作为商品生产者和经营者的企业已经形成并不断发展，市场已扩大到全社会，几乎全部社会经济活动都与市场相联系。市场不仅在资源配置中起主导作用，而且在自身不断完善中推动着社会经济的发展。机器的使用和市场经济体制，使人类魔术般地发展了生产力，显示了市场经济的活力。在亚当·斯密巨著《国富论》(1776 年)完成后，形成了一套"自由放任"的理论体系和实施原则。但由于不存在全社会的有意识的调节，自由竞争产生了无政府状态、社会极不公平的分配、竞争走向垄断等弊端，随之而来的是危机和社会阶级矛盾的加深，似乎存在一种超人的力量在支配人类。1929～1933 年爆发的世界性经济危机就是资本主义各种社会矛盾和自由市场经济弊端的总暴露，同时也是国家干预的市场经济理论和现代市场经济产生的转折点。

现代市场经济是与发达的商品经济相联系的经济运行机制，由国家干预代替了自由放任。国家的宏观调控和市场机制的结合是现代市场经济的主要特点。由近代市场经济转变为现代市场经济，从根本上讲是由生产力的发展和资本主义基本矛盾的深化所引起的。在自由放任的市场经济中，政府只是"守夜人"，不干预经济活动。随着生产社会化程度的不断提高，自由放任的市场经济体制越来越不适应生产力发展的要求。于是，在经济理论上出现了强调国家干预，对经济进行宏观管理的凯恩斯主义；在经济实践上出现了美国的国家干预经济的"罗斯福新政"。特别是第二次世界大战后出现的第三次科学技术革命，使科技水平和生产力水平逐步提高，对社会生产要进行统一调节的要求就更为迫切。20 世纪 50 年代，一些经济学家提出"看得见的手"的理论，认为要在发挥市场这只"看不见的手"的作用的同时，重视国家干预这只"看得见的手"的作用。国家干预政策被一些主要资本主义国家普遍采用，加强了对市场经济的宏观控制。在现代市场经济中，盲目性虽依然存在，但已不是自由市场经济时代的那种无政府状态了。由于有了

"看得见的手"，现代市场经济成为在市场机制基础上受宏观调节的经济了。

2.2.2 市场经济与商品经济的关系

市场经济与商品经济的关系，无论在经济上，还是在理论上都是十分密切的，它们既有联系，又有区别。把商品经济和市场经济完全等同或绝对割裂，都是不正确的。

2.2.2.1 市场经济与商品经济联系

市场经济是在商品经济的基础上产生和发展的，因而它们之间存在着密切的联系。

1) 市场经济与商品经济存在的经济条件相同。商品经济和市场经济虽然产生的时间有先有后，但它们存在的经济条件是相同的，即商品经济存在的经济条件就是市场经济存在的经济条件。按照马克思的分析，无论是市场经济，还是商品经济，都是以社会分工和不同所有制作为存在基础的。当然，马克思对商品经济的一般分析，是以私有制商品经济为典型的。他因此曾设想，以公有制为基础的社会主义社会将不再存在商品关系，但实践突破了马克思的这个论断。商品经济的充分发展，是社会经济发展的不可逾越的阶段。

2) 社会化的商品经济和市场经济有着同一本体。市场经济作为社会化商品经济的产物，是以商品经济的存在为前提的，商品经济是市场经济的基础，而市场经济则是商品经济的必然要求。商品经济与市场经济在本质上属于以商品等价交换为特征的社会中同一经济类型的两个不可分割的经济事物。商品经济是一种经济形式，它侧重反映这种经济本体的最一般的经济关系，即等价交换关系；市场经济是一种经济运行方式，它侧重反映这种经济本体的资源配置方式。商品经济和市场经济作为客观经济对象的两个层次，都是上述等价交换经济类型内在的共同要求。

3) 市场经济与商品经济的联系，还突出表现在它们具有共同的经济规律和经济机制上。由于市场经济属于商品经济的范畴，是商品经济的运行形式，商品经济内含的价值规律、供求规律和竞争规律等经济规律在市场经济条件下也同样起作用。就市场机制而言，它既是商品经济的内在机制，也是市场经济的内在机制。市场经济与商品经济的运动和发展是由一系列的规律和机制的作用所引起的，两者有着价格、利润、利率等到共同的价值范畴。

2.2.2.2 市场经济与商品经济区别

市场经济与商品经济虽有上述三点联系，但是，它们毕竟是有明显区别的。

1) 市场经济与商品经济不是同时产生的，因而它们不是始终同一的经济事物。市场是商品经济的共生物，但市场经济却不是商品经济的共生物，市场经济是商品经济发展到一定历史阶段才出现的。商品经济作为简单商品经济存在了几千年，在奴隶社会和封建社会的漫长历程中，它只是作为当时社会的辅助经济形式而存在。在简单商品经济条件下还没有形成统一的发达的国内市场，市场尚未成为一国经济活动的主要调节方式。只有到了资本主义社会，简单商品经济转变为社会化的商品经济，在逐步形成了统一的发达的市场条件下，市场机制成为配置资源的主要方式，才形成了市场经济。因此，市场经济也可以称为在社会经济形式中占据了统治地位的商品经济，或者说是社会化的商品经济。市场经济是发达的商品经济的实现形式。

2) 市场经济与商品经济不是属于同一性质的经济序列事物。任何社会经济制度只有通过经济形式及其运转才能维持和发展。经济形式是生产活动的联系形式，实质上是劳动交换形式。而不同的经济形式又有与之相适应的经济运行方式。从中我们可以看到两种经济序列：一种是劳动交换形式序列，另一种是社会经济的运行(调节)形式序列。人类社会的劳动交换有三种形式，按照运行的时序性分别是：自然经济 → 商品经济 → 产品经济。商品经济是相对于自然经济、产品经济而言的，是人们通过商品价值形式互相交换自己劳动的经济形式，它存在于资本主义社会和社会主义社会。人类社会调节方式序列也有三种，按照它们的时序性分别是自然调节方式 → 市场调节方式 → 计划调节方式。市场调节是与自然调节、计划调节相对而言的，从资源配置和经济运行的层次上看，就是市场经济。与社会化的商品经济相适应，市场经济也就是市场机制成为配置资源的主要方式，它也存在于资本主义社会和社会主义社会。可见，商品经济是劳动交换形式序列的范畴，是一种经济形式；市场经济是经济运行序列的范畴，是一种资源配置方式。它们分属于两种不同的经济序列。

3) 市场经济与商品经济侧重反映的经济关系的层次不同。商品经济是商品生产和商品交换的总和，它既包括生产，也包括交换；市场经济则主要包括市场以及与市场交换有关的各种活动。从商品经济的内涵来说，它包括经济主体之间的经济关系和经济运行的市场机制两个层次：作为经济关系，它反映的是各经济利益主体在平等基础上按照等价交换原则互换自己劳动及其产品的关系；作为经济运行的市场机制，它反映的是以社会分工为前提，以市场为载体，以竞争为推动力的运行机制。与此相关，商品经济所反映的经济关系大都采取潜在的形态，主要是经济关系中的抽象的本质的东西；市场经济所反映的经济关系大都采取现象的形态，主要是经济关系中的具体的现象形态的东西。它们各自反映的经济关系的层次不同。

综上所述，市场经济虽然与商品经济有着内在的联系，但两者不是完全等同的。市场经济必然是商品经济，但商品经济却未必是市场经济。因而不能以市场经济代替商品经济，它们两者不仅并存不悖、相得益彰，而且它们都有各自的使命和存在的价值及意义。

2.3 现代市场经济的典型模式

资本主义市场经济的发展，已经有几百年的历史了。它从形成、逐渐成长，以至日臻完善，并形成各具特色的资本主义市场经济体制模式。

2.3.1 几种主要模式

国际上对市场经济模式有不同的分类法。世界经济合作与发展组织在 1991 年《转换到市场经济》的研究报告中提出了成功的市场经济的三种主要模式：美国的消费者导向型市场经济模式；法国、日本的行政管理导向型市场经济模式；德国和北欧一些国家的社会市场经济模式。

2.3.1.1 美国模式

美国模式即所谓消费者导向型市场经济模式，又称"自由主义的市场经济"。这种模式最接近于亚当·斯密的"看不见的手"的自由竞争理论，也是现代"新自由主义"的坚定推崇者和实施者，是一种无国家计划的典型的经济杠杆调节模式。它十分强调市场力量对促进经济发展的作用，认为政府对经济发展只能起次要作用。不依靠产业政策与国家计划来干预经济活动，而是通过国家对商品和劳务的采购来扩大市场，刺激投资和生产。它推崇企业家精神，崇尚市场效率而批评政府干预。生产要素有较高的流动性。这一模式中还存在着无限制的法律诉讼特色。政府进行调控与否往往以是否有利于消费者利益为目标，而较少从生产者角度出发。社会习惯与政府政策更多地着重促进私人消费而忽视储蓄，这种倾向不仅反映在个人与企业的行为方面，而且也反映在政府公共财政的大量赤字方面。

美国的市场经济是一种强化市场机制的作用，政府只进行短期政策调控的模式，所以又称为分散决策型市场经济。西方经济学家认为，美国经济是一个成熟的现代资本主义的典型。在 1997 年西方 7 国加俄罗斯的 8 国峰会开幕之初，美国总统克林顿大谈"美国模式"，认为美国经济是 25 年来最好的时期，似乎美国的自由市场、削减赤字以及放松经济管制等措施应成为每个国家经济发展的模式，其他国家应该照抄照搬。然而，随着首脑会议进入尾声，对于克林顿的这一高调，法国总统希拉克发出了不同的声音。他说："我们有自己的(经济发展)模式，并且将保持这一模式。"一些欧洲国家认为，美国的发展模式将会带来失业和许多社会问题，因而并不赞成这一做法。

2.3.1.2　德国模式

德国模式即所谓社会市场经济模式。这里所讲的德国，是指原德意志联邦共和国。1990年两德统一后，又在东部推行私有化和西部的社会保障体系，全面实施社会市场经济。

所谓社会市场经济，就是既依据市场经济规律进行，又以社会补充和社会保障为特征的经济体制。或者说，它不是放任不管的自由主义的市场经济，而是有社会指导的市场经济。德国认为它实行的是宏观控制的社会市场经济。也可以说，市场竞争与国家干预相结合，就是社会市场经济。这种模式是以自由经济为基础，国家要为经济运行提供保护性条件，并通过社会政策来实现市场经济与社会平衡的统一。在国家和市场的关系上，它的原则是国家要尽可能少干预，而只给予必要的干预。社会市场经济是处于计划经济和市场经济之间的"第三条道路"。

德国实行的社会市场经济，实际上是国家有所调节的市场经济。战后的联邦德国，经济上获得了史无前例的增长，取得引人注目的发展，原因固然是多方面的，但实行了适合本国国情的社会市场经济体制，不能不说是极其重要的因素。德国一直以它的"社会市场经济"模式著称于世，又以样板形象出现在欧洲许多国家里。然而，近一个时期欧洲人更多的是谈论"德国病"，而不是"德国模式"了。因为，被誉为"欧洲经济发动机"的德国经济出现了问题。"德国病"的症状之一是劳动成本过高，工人劳动时间短，从而导致工业设备利用率低。另外，德国社会保险费用约占国内生产总值的1/3。上述弱点使人们对融合了竞争与社会保障特点的"社会市场经济"模式产生了疑问。对"德国模式"怀疑的另一个焦点是企业不满意政府过多的干预。

2.3.1.3　日本模式

日本模式即所谓行政管理导向型市场经济模式，又称"社团市场经济"。

所谓行政管理导向型市场经济模式，就是经济的运行和资源配置是以市场为基础，政府具有制定社会经济计划和经济政策的决策权。或者说，通过政府强有力的计划导向，按照市场经济规律，实现资源的配置。日本政府在资源配置中的主导作用，是通过经济计划和产业政策的诱导实现的。这种经济计划和产业政策构成日本经济运行和资源配置的导向系统。在日本经济计划中，起主导作用的是国民经济与社会发展计划。日本政府的经济计划主要是通过强力的行政手段和经济手段，直接或间接地促使其实现的。日本学者给产业政策下的定义是：所谓产业政策，是通过干预一国的产业(部门)间的资源分配或产业(部门)内的产业组织，达到该国国民的(经济的、非经济的)目标的政策。日本政府的产业政策在各个时期既有连续性，又有各自的特点。日本政府产业政策的连续性，是指在 20 世纪40 年代末 50 年代初确立的"贸易立国"、发展外向型经济的战略方针后，产业政策主要围绕和体现这一战略方针而制定。但在各个经济发展时期，又有其不同的特点。在经济恢复时期，主要以劳动密集型产业为主；在经济高速增长的时期，主要以资本技术密集型产业为主；在经济低速不稳定增长时期，特别是 80 年代，主要发展知识密集型产业。日本政府对市场经济的行政干预和经济计划、产业政策的经验，受到了世界各国的重视。

第二次世界大战后，日本经济是一种后起赶超型市场经济，在经济快速发展过程中形成了完善的市场体系和市场机制。为了使经济快速发展，政府强化了以产业政策为核心的干预和调节。要了解日本式行政导向型市场经济的主要特点，很难从一个方面来说清楚，而需要从外贸与产业政策、国内产业政策、经济计划、宏观政策与金融系统等方面加以了解。这种政府主导型的市场经济体制，一方面使市场机制的作用得以充分发挥；另一方面，又保证了政府的主导地位。通过有力的宏观调控手段，实现了日本经济超常速度增长。因此，日本模式又被称为"混合经济体制"。

综上所述，世界各国发展的进程不同，各国的历史、社会、政治、文化与发展过程所处的国内外经济环境不同，因而各国的市场经济模式就有很大的差异。

2.3.2　现代市场经济的共同特点

各国模式的不同，有其内外各种因素的差异，不可能照抄照搬。但我们研究各国市场经济的模式，可以学习现代市场经济国家反映市场经济规律的成功做法，借鉴适应社会化大生产的经营管理经验和国际惯例。

1) 它是国家宏观调控下的市场经济。现代市场经济的国家，国家干预虽然有不同的特点和侧重，但都不是由市场自由放任地发挥作用，而是由国家宏观调控，给经济运行创造一定的条件，并引导企业的微观经济活动，以实现国家的经济目标。第二次世界大战后，各资本主义国家干预与调节经济已成为一项经常性的制度，并建立起一套相当完善的宏观调控体系。在市场机制基础上的宏观调节机制以多种形式存在并发挥作用。

2) 它是有发达的市场体系的市场经济。随着资本主义的发展和市场机制作用的发挥，现代垄断资本主义已形成了完善的市场体系，它不仅有商品市场、要素市场，而且形成了产权市场。产权市场的形成和产权社会化是现代市场经济的重要标志。资本主义国内市场体系的完善，又促使世界市场的加速拓展，市场体系的内涵和外延大大加深和拓宽，社会经济生活全面市场化。

3) 它是具有现代企业制度的市场经济。随着资本主义生产社会化的高度发展和资本社会化程度的提高，一种满足生产和资本社会化要求的股份制度出现了，股份公司成为资本主义最普遍、最典型、最基本的企业组织形式。股份公司也是产权社会化的重要形式。

4) 它是有充分的社会保障制度的市场经济。社会的稳定，是经济发展的先决条件。而市场经济的竞争机制、风险机制有着导致社会分配不公、非自愿失业等弊病，会引起社会动荡。为了减少社会震荡，从社会发展和社会稳定的角度给公民生活提供一种安全的保障，资本主义国家都重视并逐步建立起了健全的社会保障制度。

5) 它是法制完备的市场经济。发达资本主义国家已广泛运用各种经济法规，以保证资本主义市场经济正常有序地运行。随着市场经济的发展、交换领域的扩大和矛盾冲突的变化，法制也就不断完善起来。正是从这个意义上说，现代市场经济是法制经济。

6) 它是开放型的市场经济。现代市场经济的国家，在对外经济联系上比自由市场经济时代更加广泛和深化，并逐步形成相对统一的世界市场经济。第二次世界大战后，各种类型的贸易集团和区域性的经济合作组织在全世界范围内出现。与此同时，跨国公司在世界市场上占有重要地位。

2.4　我国社会主义市场经济体制

在社会主义经济理论中，社会主义的经济性质和经济运行机制历来是人们争论的焦点。在社会主义经济建设和体制改革中，人们对市场经济的认识，有一个逐步发展和深化的过程。

2.4.1　对社会主义市场经济的认识

马克思和恩格斯由于历史条件和实践条件限制，对社会主义的设想属于"产品经济"模式，因此，也就不会提出社会主义市场经济这个范畴。列宁虽然提出要利用商品货币关系，但当时是作为过渡时期的应急措施提出的，对社会主义社会商品货币和市场问题没有来得及探索和讨论。斯大林虽然承认社会主义存在商品经济，但他所谓的"商品经济"被限制在极其狭小的范围内，实践上基本是按马克思、恩格斯的设想建立起高度集中的计划经济体制。由于这种体制与社会化大生产的矛盾日益突出，阻碍生产力发展的弊端逐渐显露，20 世纪 30 年代以后苏联和东欧的一些经济学家开始探索如何利用市场机制的问题。但是，这些积极探索均因未得到支持而被压制下去。

1949 年以后，我们按照传统的理解，在中国这块土地上建立了社会主义经济体制。传统的对于社会主义的理解，来自于马克思主义经典作家对于未来社会的构想，来自第一个社会主义国家苏联 30 年代至 50 年代形成的模式，也来自我们自己革命战争时期军事共产主义供给制的影响。概括起来，传统的认识就是把社会主义经济看成本质上不是商品经济，而是建立在高度社会化生产力基础上的产品经济，而对这种"产品经济"又是从事实上生产力极不发达状况下的"自然经济"观来理解的。中国改革以前的传统经济体制，就是按照上述对于社会主义的"自然经济——产品经济"观构造的，因而具有所有制单一化、经济运行实物化、经济管理集中化、分配关系平均主义化等特征。结果使得具体、复杂、多变的实际经济过程理想化，使得社会主义的经济运行发生诸多障碍。

江泽民同志在十四大报告中指出："传统的观念认为，市场经济是资本主义特有的东西，计划经济才是社会主义经济的基本特征。十一届三中全会以来，随着改革的深入，我们逐步摆脱这种观念，形成新的认识，对推动改革和发展起了重要作用。十二大提出计划经济为主，市场调节为辅；十二届三中全会指出商品经济是社会经济发展不可逾越的阶段，我国社会主义经济是公有制基础上的有计划的商品经济；十三大提出社会主义有计划商品经济的体制应该是计划与市场内在统一的体制；十三届四中全会后，提出建立适应有计划商品经济发展的计划经济与市场调节相结合的经济体制和运行机制。特别是邓小平同志重要谈话进一步指出，计划经济不等于社会主义，资本主义也有计划；市场经济不等于资本主义，社会主义也有市场。计划和市场都是经济手段，计划多一点还是市场多一点，不是社会主义与资本主义的本质区别。这个精辟论断，从根本上解除了把计划经济和市场经济看作属于社会基本制度范畴的思想束缚，使我们在计划与市场关系问题上的认识有了新的重大突破。"

回顾历史，我们可以看出，从列宁提出新经济政策到我国社会主义市场经济体制目标模式的确立，世界各国几代共产党人为走到这一步付出了巨大的代价。尽快建立社会主义市场经济体制，包括与其相适应的理论体系已迫在眉睫。

2.4.2 社会主义市场经济体制的基本框架

十四大明确指出，我国经济体制改革的目标是建立社会主义市场经济体制，以利于进一步解放和发展生产力。这是社会主义理论的重大突破，是对马克思主义的伟大发展。

在市场经济前加上"社会主义"，这不是说市场经济本身姓"社"，而是说我们的市场经济是在"社会主义条件下"或"社会主义制度下"的市场经济。十四大报告明确指出：社会主义市场经济是同社会主义基本制度结合在一起的。十四届三中全会通过的《中共中央关于建立社会主义市场经济体制若干问题的决定》又一次重申：社会主义市场经济体制是同社会主义基本制度结合在一起的，建立社会主义市场经济体制，就是要使市场在国家宏观调控下对资源配置起基础性作用。这是对社会主义市场经济含义的科学概括。

在社会主义条件下实行市场经济不会改变市场经济的一般规定和一般规律。

根据十四大确定的建立社会主义市场经济体制的目标模式，十四届三中全会的决定具体勾画了社会主义市场经济体制的基本框架，共50条。这个基本框架是由以下四部分组成的：

第一部分：是搞市场经济必须包括的基本内容，或叫主体框架。主要包括：所有制结构和现代企业制度；价格形成机制和市场体系；政府管理职能和宏观调控体系；劳动和社会分配制度以及社会保障体系。这四个方面是新体制的四根支柱，缺一不可，相互紧密衔接、互相配合，才能架起新体制这座大厦。

第二部分：是从中国的国情出发，农民、农业和农村经济有自己的特殊的地位和相对独立性，从半封闭走向开放也是中国的实际。因此把农村经济体制和对外经济两块单独列出来，作为新体制基本框架的组成部分。

第三部分：是从经济社会系统工程的角度来看，经济体制改革离不开科技和教育体制改革与之相配套。因此，把科教体制作为新体制配套的内容是十分必要的。

第四部分：强调市场经济本质上是法制经济，法制和法制建设应该贯穿到上述各个领域和各个方面，有必要把它单独列为新体制基本框架的重要内容。

归纳起来，社会主义市场经济新体制是由四大部分十个方面的内容构成的：所有制结构；现代企业制度；价格制度和市场体系；宏观调控体系；劳动分配制度；完善的社会保障制度；农村经济体制；对外经济体制；科技、教育体制；完备的法律体系。

这一新体制基本框架的勾画，标志着我们对发展我国社会主义经济，深化改

革，扩大开放的规律性的认识，达到一个新的高度，是继十二届三中全会制定的
《关于经济体制改革的决定》以来，在认识上的又一次飞跃。可以肯定，按照这
一基本框架去深化改革，发展经济，我国社会主义现代化建设的宏伟目标一定能
够实现。

2.4.3　选择社会主义市场经济的历史必然性

社会主义选择市场经济体制，不是由人们的主观意志决定的，而是社会主义
现阶段的客观经济条件决定的。因此，社会主义市场经济有其存在的客观必然性。

2.4.3.1　社会化商品生产的存在

社会化商品生产的存在是社会主义采取市场经济体制的根本原因。如前所述，
商品经济是社会经济发展不可逾越的历史阶段。社会主义社会仍然存在商品经济，
而且商品经济在社会经济形式中占主导地位，这已经被实践和理论所证实。社会
主义阶段不仅必然存在商品经济，而且这种商品经济是建立在社会化生产基础上
的社会化的商品经济。而社会化的商品经济和市场经济存在着同一的本体，是本
质上属于以商品等价交换为特征的社会中同一经济类型的两个不可分割的经济事
物。商品经济是市场经济的基础，而市场经济则是商品经济的必然要求。

2.4.3.2　传统的计划经济体制已不适应社会主义经济发展的客观要求

传统的计划经济体制已不适应社会主义经济发展的客观要求，这是进行经济
体制改革，建立社会主义市场经济体制的直接原因。

在什么条件下搞计划经济，在什么条件下搞市场经济，应该以资源配置效率
为标准。也就是说，实行哪一种方式配置资源效率更高，就应采取哪一种方式。

我国原有的高度集中的计划经济体制是在第一个五年计划时期形成的，它在
社会主义建设历史上，特别是在启动工业化的过程中曾经发挥了重要的作用。它
的长处是能够集中力量办几件大事，有可能从社会整体利益出发来协调社会经济
发展和人们之间的利益关系。但是，随着经济的发展，经济结构的复杂化和人民
需求的多样化，这种体制的弊端就日益突出了。这些弊病集中到一点就是政府部
门掌握企业生产要素，企业组织配置生产要素的功能则被政府各部门所肢解，企
业处于被动的状态，缺乏活力。这些弊病严重压抑了企业和广大职工群众的积极
性、创造性和主动精神，束缚了生产力的发展。实践证明，计划经济是缺乏效率
的。因此，20 世纪 50 年代末 60 年代初，原苏联和东欧各国都程度不同地提出了
改革的要求。

　　我国对计划经济体制的缺陷虽然在其建立之初就感觉到了，认为需要改革，对原有体制也进行过多次变动，但从 20 世纪 50 年代至 80 年代，只是在你管我管上做文章，只是在中央与地方行政分权的框架中反反复复解决"权力过分集中"的问题，体制上总是处于一统就死，一死就叫，一叫就放，一放就乱，一乱又统，而一统又死这样的恶性循环之中。

　　在对外开放之后，我们吸收了国外改革经济学和现代经济学的营养，产生了新的认识。认为"统得过多，管得过死"只是事物的现象而不是事情的本质，本质在于用预定计划配置资源有根本的弊病。要改掉这种弊病，不能扬汤止沸，而必须釜底抽薪，改变资源配置方式，也就是 1984 年中共中央十二届三中全会通过的《关于经济体制改革的决定》中所指出的，改革的任务是从根本上改变束缚生产力发展的经济体制，建立起充满生机和活力的社会主义体制。只是当时认识还有局限，认为"有计划的商品经济"，乃是充满生机和活力的经济体制。

2.4.3.3　市场经济体制是实现社会主义经济现代化的必由之路

　　改革开放的实践证明，市场经济体制是实现社会主义经济现代化的必由之路。

　　一种社会制度是否具有优越性，归根到底要看它是否能够容许生产力更快地发展，这是马克思主义的一个基本观点。那么，经济的效率(生产率)又是怎样决定的呢？经济学分析告诉我们，这里的决定因素是它所采用的经济体制能不能有效地利用有限的经济资源。所以，一种经济体制是否可取，就看它是否能够有效地配置资源。我国学者在研究了一些社会主义国家剧变之后得出的结论是：这些社会主义国家的巨变，最根本的原因是它们在同西方资本主义国家的和平经济竞争中没有能创造出比资本主义更高的生产率。因此，选择哪一种经济体制，将在很大程度上决定我国的社会主义经济能否有效率。而经济是否有效率，又将决定我们国家的兴衰和社会主义制度的存亡。

　　我国改革开放多年来的实践清楚地证明了实行市场取向改革的强大的威力。中共十四大报告指出，凡是"市场作用发挥比较充分的地方，经济活力就比较强，发展态势也比较好"。20 世纪 80 年代以来，我国经济已经跨上了一个大台阶，2000 年国民生产总值比 1980 年翻两番的任务已提前完成。对于我国 20 多年间天翻地覆的变化，世界银行专家的评价是："中国只用了一代人的时间，取得了其他国家用了几个世纪才能取得的成就"。

　　总之，中共十四大提出实行社会主义市场经济作为我国资源配置的主要方式和经济运行的基本形式，就是找到了一条最有效地发展社会生产力，最有力地推进经济体制改革，最准确地使国内市场与国际市场接轨的社会主义建设道路。沿着这条道路走，就能够更好地把具有中国特色的社会主义事业不断地推向前进。

总结提要

1) 在解决资源配置与利用问题时，人类社会采取了传统、市场、计划三种形式；在现代社会经济中，则通过计划经济和市场经济这两种基本的经济体制。

2) 市场经济是以市场机制为基础自动实现社会资源配置的一种主要方式，是社会化商品经济运行的基本形式，是社会化商品经济社会中的一种经济体制。

3) 市场经济是在商品经济基础上产生和发展的，经历了一个由不发达到发达的发育过程。自机器大工业建立以来，由于生产社会化和经济商品化发展程度的不同，市场经济大体经历了两个阶段，即近代市场经济(或称自由市场经济)阶段和现代市场经济(或称国家调控的市场经济)阶段。

4) 经济合作与发展组织在1991年《转换到市场经济》的研究报告中提出了成功的市场经济的三种主要模式：美国的消费者导向型市场经济模式；法国、日本的行政管理导向型市场经济模式；德国和北欧一些国家的社会市场经济模式。我们研究各国市场经济的模式，可以学习现代市场经济国家反映市场经济规律的成功做法，借鉴适应社会化大生产的经营管理经验和国际惯例。

5) 社会主义市场经济体制是同社会主义基本制度结合在一起的，建立社会主义市场经济体制，就是要使市场在国家宏观调控下对资源配置起基础性作用。

6) 社会主义选择市场经济体制，不是由人们的主观意志决定的，而是社会主义现阶段的客观经济条件决定的。社会主义市场经济有其存在的客观必然性。

阅读资料

中国的经济体制改革

从1979年开始的中国经济体制改革，可以划分为三个阶段。

第一阶段：1979～1991年，市场化改革的初始阶段。其特点是在经济生活的各个领域引入市场机制，新旧体制并存，但发展很不平衡。农村推行家庭联产承包经营制度，使农户开始成为市场主体，大大解放了农村生产力。商品市场发展迅速，价格形成机制初步转换，整个国民经济开始活跃起来，但国有企业改革进展缓慢，要素市场发育滞后，土地批租、资金行政分配等带来腐败蔓延。

第二阶段：1992～2000年，初步建立社会主义市场经济体制阶段。1992年，中共十四大确立了社会主义市场经济体制的改革目标。1993年，十四届三中全会《决定》确立了社会主义市场经济体制的基本框架，提出国有企业改革的方向是建立现代企业制度。中共十五大进一步明确了以公有制为主体、多种所有制经济共同发展的基本经济制度，非公有经济是社会主义市场经济的有机组成部分，寻找公有制多种有效实现形式，发展股份制和混合所有制经济，进一步扩大对外开放，以及依法治国等。在中央确定的大政、方针政策引导下，国企改革、非公经济发展、市场体系建设、财税和金融改革、收入分配制度改革等迅速推进，全方位、宽领域、多层次对外开放格局基本形成。新体制逐渐取代传统体制在国民经济中起主导作用，社会主义市场经济体制初步建立起来。

第三阶段：2001～2020年，完善社会主义市场经济体制阶段。2001年，我国市场经济发展程度已达69%，超过了60%的临界水平，表明我国已成为发展中的市场经济国家。然而，新体制刚刚初步建立，还有许多不完善之处，有些深层次改革还有待解决，经济活动中体制性障碍仍到处可见。中共十六大提出，进入21世纪后，要用20年时间建成完善的社会主义市场经济体制的任务。十六届三中全会《决定》则以"完善体制"作为改革目标的新主题。完善体制仍以深化国企改革为中心，以构建现代产权制度为基础，以发展股份制、混合所有制经济为着力点，适应经济全球化趋势和我国加入世界贸易组织新形势，进一步扩大对外开放，突出政府职能转换，以人为本，实现社会主义(或公有制)与市场经济相结合，经济增长、社会进步、生态环境保护互相协调。

十六届三中全会《决定》明确将完善社会主义市场经济体制作为改革目标的新主题，这是改革实践的呼唤，同时也反映了改革的阶段性与连续性的统一，体现了10年前后两个三中全会之间的有机衔接和递进，对我国推进社会主义市场经济体制建设，确立社会主义市场经济理论将具有重大的现实意义和深远的历史意义。

(资料来源：张卓元.以完善为主题推进市场经济体制建设.华东船舶工业学院学报(社会科学版)，2003(4)：1-11)

案例分析

中国体制改革对经济增长的影响

以1978年党的十一届三中全会为标志，开始进行的中国经济体制改革取得举世瞩目的成就，并对中国经济增长产生了具有深远历史意义的影响，主要体现在农村实施的家庭联产承包责任之改革和企业改制重组，建立现代企业制度等一系列改革之中。

从农村改革方面来看，由家庭联产承包责任制的逐步建立和完善，彻底取代传统的"三级所有制为基础"的集中统一管理的体制，给农民自主经营权利，极大地激发了广大农民的创造性和生产积极性，纠正了过去盲目追求超越生产力水平的"一大二公"的生产体制，使生产关系适应现阶段农村生产力发展水平，解放了农业生产力。连续几年我国农业生产出现快速增长，农业收入持续提高，农业人均纯收入年均增长率，均达到历史较高水平。

从以国有企业改革为主的经济体制改革来看，多年来，国有企业改革一直是我国经济体制改革的中心环节，政企不分时传统国有企业制度的根本弊端，国有企业改革就是将政企不分作为改革对象。确立了建立现代企业制度的改革方向。改革开放以来，我国经济总量年均保持在 8%～9% 的增长速度，就是最好的证明。

政府与市场怎样实现良性互动，政府在推动经济增长中应发挥什么作用？这是一个在理论上有争论、在发展实践中经常难以处理好的复杂问题。在 20 世纪下半叶，更经历了肯定—否定—再肯定的曲折过程。因此，正确评价和有效发挥政府的作用，也是顺利推动经济增长的重要因素之一。

一般认为，政府和市场在经济发展的不同阶段和不同时期的作用各有侧重。在市场经济条件下，由于市场的盲目性，补充市场、规范市场、稳定市场对经济运行进行积极和恰当的干预。总之，既需要培育市场，又要维护市场秩序，促使市场保持经济运作的效率，推动市场更为顺利和更为健康地运作。

中国作为一个市场经济转型国家，应该认真研究在经济发展的不同阶段，政府应该如何恰当地发挥作用，使政府成为推动经济的有利因素之一。即使在市场经济最发达的美国，政府在保持宏观经济稳定方面，在支持教育和培训方面，在促进出口方面，也仍然发挥了良好的积极作用。政府在经济中主导作用大的一些国家，经济同样不仅在量上持续增长，而且国际竞争能力和经济质量也在全球处于领先地位。因此，关键是每个国家应根据自己的国情和发展阶段，恰当地发挥政府在经济增长中的积极作用。

分析：

1) 结合资料，谈谈制度创新对经济增长的作用。
2) 如何正确评价政府在经济增长中的作用？

【复习思考】

1) 简释下列概念：经济体制、市场经济、混合经济。
2) 试述市场经济制度的优劣。
3) 市场经济和商品经济有何区别与联系？
4) 试举例说明西方不同的市场经济模式。
5) 中国社会主义市场经济体制框架的体系构成是怎样的？
6) 为什么说建立和发展社会主义市场经济是历史的必然选择？

3 需求、供给与均衡价格

学习目标

★ 了解弹性的含义、需求价格弹性、需求交叉弹性、需求收入弹性、供给弹性的含义;

★ 理解影响商品需求量的因素和需求函数、影响商品供给量的因素和供给函数、支持价格和限制价格的概念;

★ 掌握需求的含义、需求表、需求曲线、供给的含义、供给表、供给曲线、均衡价格的形成、均衡价格理论的应用。

由于均衡价格是在商品的需求与供给双方共同作用下的结果,因此,我们将在依次阐明需求与供给的基本原理之后,阐述均衡价格的形成和决定并以此展开其全部理论。

3.1 需求的基本原理

在市场供求关系中,西方经济学家认为,买方的需求状况对商品的生产和销售具有重大影响,因此,首先需要对商品需求的性质和规律进行分析。

3.1.1 需求的含义

需求是指消费者(或购买者)在一定时间内,在不同价格水平下,愿意并且能够购买的商品(包括劳务)的数量。

经济学中所说的需求涵盖了三个方面的内容:第一,是指在一定价格水平下,消费者愿意购买的数量。第二,是指消费者具有相应的支付能力。一个身无分文的穷人,想拥有一辆高级豪华轿车,但这仅仅是欲望,而不是需求。第三,是指特定时间内的需求,如一个星期内,在某一价格下,消费者愿意购买多少牛肉。

显然，在西方经济学中，商品的需求与需要是不同的。需要是指人的主观上的一种欲望、愿望和要求，而人们的欲望是多层次的，并且一层高过一层，每一层的需要又是无限的。需求则是一种有支付能力的欲望和要求，是有条件限制的，是被支付能力约束了的需要。

对某商品的需求可从个别消费者的角度和全体消费者的角度分别考虑，前者称为个别需求，后者称为市场需求。个别需求是分析问题的出发点，但影响和决定市场价格的不是个别需求，而是市场需求。

对应于一个特定的价格，消费者对商品愿意并且能够购买的商品数量被称为需求量。

3.1.2 影响商品需求量的因素和需求函数

在现实生活中，消费者对某种商品需求数量的多少，取决于以下五个因素：

1) 消费者的收入。消费者的收入是指人均国民收入。一般来讲，个人收入愈高，消费者对一定价格条件下的某种商品需求量就愈大。但是，由于各种货物的性质不同，对收入变化的反应也不尽相同。一般来说，生活必需品对收入变化的反应不大。无论收入情况如何，人们总是首先保证对生活必需品的购买。但是，一些耐用消费品和奢侈品对收入变化的反应却是相当大的。小汽车、房屋等耐用品，只有在收入大量提高时，才会考虑购买；而在收入下降时，它们也就不被列入需求之列了。但无论是必需品，还是耐用品或奢侈品，一般都同收入的变化作同方向的变化。这种需求与收入呈正相关函数的商品称为正常商品。不过也有些商品(劣等品)，其需求量是同收入呈反方向变化的。总之，收入情况的变化，改变着人们的需求心理与需求形式。

2) 商品的价格。这是影响商品需求最重要的因素。一般商品需求与价格呈负相关关系：价格愈低，需求量愈大；反之，价格愈高，需求量愈小。价格的时涨时落，引起人们购买(即需求)量的时减时增。经济学家们把需求量随价格升降而减增的关系称为需求规律。

需求量与价格之间之所以会遵循需求规律，可以由下面两方面的原因予以解释：一是收入效应。当商品价格上升时，消费者既定收入对商品的购买力下降，需求量减少；反之商品价格下降，既定收入的购买力上升，需求量增加。二是替代效应。商品价格上升时，消费者会转而购买其他的替代产品；商品价格下降时，消费者会减少购买其他替代品转向购买该商品。

收入效应的程度主要依赖于这种商品的支出在实际收入中所占的比例，该商品所占的比例越大，当该商品的价格提高时，这种商品的需求量降低的幅度越大。

替代效应的程度主要依赖于可以替代该商品的其他商品的数量以及它们之间相互接近的程度。

但也有一些特殊的情况，如珠宝首饰等可用来表示人们一定社会地位和身份的装饰品，其价格愈高，人们对它的需求愈多。

3) 相关商品的价格。对某一种商品来说，即使它自己的价格不变，但由于其他相关商品的价格发生了变化，也会使它的需求量发生变动。所谓相关商品，有两种情况：

(1) 互替商品，即在效用上可以互相替代的商品。如果有两种商品，其中一种商品的价格不变，另一种商品价格发生变化时，就会使前一种商品的需求量发生相同方向的变化。例如，煤和石油是互替商品。石油价格提高后对煤的需求量就会增加；若石油价格降低，对煤的需求量就会减少。

(2) 互补商品，即需要互相补充配套，才能发生效用的商品。如有这样的两种商品：其中一种商品的价格不变，另一种商品的价格发生变化时，前一种商品的需求量会发生反方向的变化。例如，汽车和汽油是互补商品。当汽油价格上涨时，就会引起对汽车需求量的减少，若汽油价格下跌，对汽车需求量就会增加。可见，互替商品和互补商品价格的变动都会引起商品需求量的变动，而其变动的方向又各有不同。

4) 消费者偏好。消费者的偏好是指一个消费者对商品的喜好程度。如果消费者对某一种商品的偏好，或者说对它的兴趣和喜好程度发生了变化，那么，对这类商品的需求量自然会产生同方向的变化。消费者的偏好受广告、时尚、对其他消费者的观察、对健康的考虑和原来购买这种商品的经历等诸多因素的影响。

5) 人们的预期。如果消费者预期未来某种商品的价格会上涨，他们可能会在价格上涨之前购买更多的这种商品，它的需求就会上升；反之如果某种商品的行情下跌，需求量将会减少。

影响商品需求量的因素还有很多，例如，人口增减、国民收入分配状况、消费信贷的利息率等等。由此可见，商品需求的变化要受多种因素的影响，其中有客观的物质因素，也有主观的心理因素，甚至还有政治、社会风尚的因素，等等。

需求量同影响其变动的诸因素之间的关系被称为"需求函数"。需求函数是用公式表示的某一特定时期内消费者对商品的需求与决定需求量的各种因素之间的关系。为简化起见，在假定其他因素不变，仅分析商品价格对需求影响的情况下，需求函数则可表示为：

$$Q_d = f(P)$$

式中，Q_d 代表某种商品的需求量，f 表示函数关系，P 表示商品价格。

需求函数的作用，在于为厂商决定生产什么、生产多少提供依据，这也是市场预测的理论基础。此外，在竞争中各种厂商所实行的商品营销战略、开发新产品战略以及其他一些竞争性的战略，无不依据需求函数。

3.1.3 需求表和需求曲线

消费者对一种商品的需求可以由需求表和需求曲线加以表示。

商品的需求表是表示某个或所有消费者在一系列价格水平上愿意购买的数量的数字序列表。

从一个人或一个居民户来看，他在一定时期内对商品的需求量要受商品价格变动的影响，价格愈高，需求量愈少；价格愈低，需求量愈多。按这种情况列出的需求表称为个别需求表。

从一个市场来看，所有的个人需求表的量的总和，就构成市场需求表。

例如消费者家庭每月对鸡蛋的需求：当价格为 5 元时，需求量为 2 千克；当价格为 4 元时，需求量为 5 千克；当价格为 3 元时，需求量为 9 千克；当价格为 2 元时，需求量为 15 千克，当价格为 1 元时，需求量由为 22 千克。将这种价格与需求量之间的关系列表表示，即为个别需求表(见表 3.1)。

借助于商品的需求表，可以把价格与需求量之间的对应关系描绘在一张坐标图中，即可以得到商品的需求曲线(如图 3.1 所示)。商品的需求曲线是以图形表示的在特定时期内一种产品的价格与需求量之间关系的需求表。

表 3.1　个别需求表

价格(元)	需求量(千克)
5	2
4	5
3	9
2	15
1	22

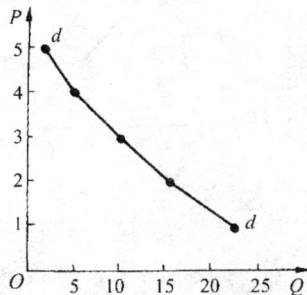

图 3.1　个别需求曲线

在图 3.1 中，横轴 OQ 表示商品的需求量，纵轴 OP 表示商品的价格。由于消费者对商品的需求服从需求规律，因而需求曲线一般也是向右下方倾斜的，即它的斜率是负数值。这说明，在影响需求的其他因素既定的条件下，整个市场的商品需求量与其价格之间存在着反向的依存关系。

正常的需求曲线是从左上方向右下方倾斜的。但是前面我们讲过，有些商品，例如珠宝、项链等装饰品，价格越下降，对它的需求量反而越小；有些商品，例如，古董、名贵邮票等，价格越高，对它的需求量反而越大，这些商品的需求曲线是从左下方向右上方延伸的。

在教学中，需求曲线(其他曲线也是这样)偶尔被用于描绘具体的数据，但在大多数情况下，它们更多地被用来描述普通的理论观点。在这种情况下，作为数量的横轴和价格的纵轴只表示这两个经济量变动的方向，而不规定它们的单位。同样的道理，即使当需求曲线被描绘成一条直线时，也被称为"曲线"。不仅如此，事实上当用需求曲线来描述某种理论观点时，我们时常把它们描绘成一条直线。

在考察需求曲线时，要注意区分沿着同一条需求曲线的运动和需求曲线本身发生位移的两种情形：沿着需求曲线的运动，是在假定人们的收入、偏好等等不变的情况下，由于价格的变化，而使需求量发生变化的情形；需求曲线本身的位移则是由于人们的偏好的改变、收入的变化，以及有关商品的价格的变化等原因而引起的。图 3.2 是需求曲线两种不同变化的比较。

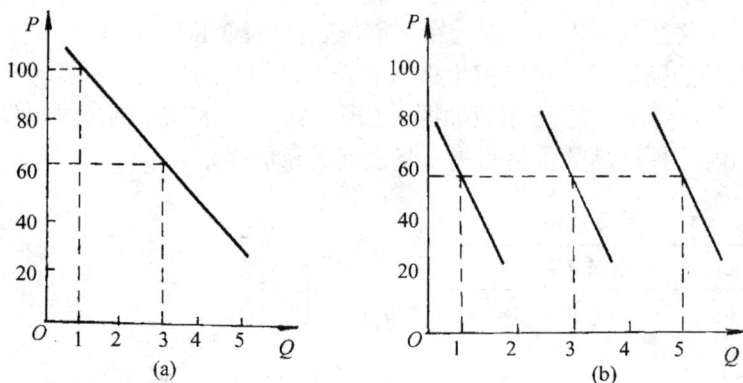

图 3.2　需求曲线的变动

为了区别需求曲线上点的移动和需求曲线本身的移动，我们一般将其区分为需求量的变化和需求的变化。除价格以外的其他因素变化引起的需求曲线本身的移动是需求的变化，而价格的变动引起的需求曲线上点的移动是需求量的变化。

图 3.2a 表示沿需求曲线的运动，由于价格的变动而引起需求量变化。图 3.2b 则表示由于偏好、收入和有关商品的价格的变化使需求曲线本身发生了位置的移动，在向右移动了的需求曲线上，在同一价格上有较大的需求量；而在向左移动

的需求曲线上，在同一价格上只有较少的需求量。

3.2 供给的基本原理

3.2.1 供给的概念

供给是指生产者在一定时期内、在不同价格水平下愿意并且能够提供商品的数量。

经济学中所说的供给强调三点：一是生产者愿意出售；二是生产者有供货能力；三是指特定的时间内的供给。在生产者的供给中，既包括新生产的产品，也包括过去的存货。根据定义，如果生产者对某种商品只有提供出售的愿望，而没有提供出售的能力，则不能形成有效供给，也不能算作供给。

对某种商品的供给可以从个别生产者的角度和全体生产者(产业)的角度分别予以考察，前者称为个别供给，后者称为市场供给或总供给。影响和决定市场价格的不是个别供给，而是市场供给。

对应于一个特定的价格，生产者对商品愿意并且能够提供出售的商品数量被称为供给量。

3.2.2 影响商品供给量的因素和供给函数

厂商在一定时间内愿意并且能够提供什么样的商品以及能够提供和愿意提供多少商品，要受种种因素影响、制约。这些因素主要是：

1) 厂商的目标。对应于同一价格，追求利润最大化的公司和追求其他目标的公司，例如追求最大销售量的公司在供给量上会有所不同。如果厂商的唯一目标是为了获得最大利润，那么，预期可获得最大纯利润时，厂商就去投资生产；如果预期无利可图，或者获利不大，厂商就不去投资生产或转移现有的生产项目。一般来说，厂商们提供货物的基本动机是追求尽可能多的利润。但是，他们也可能有另外的一些动机。例如追求声望、追求信誉等等。这种动机常常会使他们在既定的价格上增加其商品和劳务的供给。某些刚刚上市的新产品常有这种情况。由于它们是新产品，消费者对于它们还不了解，不认识，不敢贸然地大量购买它们。在这种情况下，厂商为了打开销路，赢得消费者，常常以较低的价格出售它们。显然，这种追求"信誉"的动机同追求最大的利润的动机并不矛盾，暂时少得一些是为了将来多得一些。

2) 商品的价格。在其他条件不变的情况下，商品价格提高，意味着生产这种商品会给厂商带来更多利润，因而会吸引厂商去投资生产，从而增加这种商品的供给；反之，商品价格下降，厂商就会由于利润减少而削减生产，从而减少这种商品的供给。可见，与需求规律一样，生产者愿意并且能够供给的商品数量与该商品的价格之间也遵循着一个特定的规律：商品价格上升，生产者的供给量增加；商品价格下降，供给数量减少。这一规律被称为供给规律。供给量与价格之间按供给规律变动的主要原因有以下几个方面：

(1) 当生产者供给数量超过一定数量时，增加单位供给量，多生产一单位产品的生产成本会增加。如农民可能会为增加某种高价农作物的耕作面积，而把较贫瘠的土地也用来耕作，这样，耕种的成本就增加了，而且增加产量不可避免地要多施肥，因此随着产量增加，农民会相应地增加生产成本。对制造业来说，在供给超过一定数量时，工人不得不加班，机器运转也接近满负荷，成本很可能迅速增加。如果较高的产量意味着较高的成本，那么只有产品价格较高时才促使生产者增加生产。

(2) 商品价格越高，生产这种商品就越有利可图。公司会从生产利润较低的产品转为生产利润较高的产品。

(3) 在特定时间内，商品价格维持在高水平，新的生产者就会进入其中开始进行生产，总的市场供给量增加。

在短期内，前两个决定因素起作用，第三个因素则在长期内影响供给。

3) 生产成本。在既定的价格下，生产成本越高，利润越低，成本增高时，生产者会减少生产，或转向生产其他成本增加少的产品。导致生产成本变化的主要原因有：

(1) 投入品的价格变动，例如，工资、原材料、房租、利息或其他任何投入的价格上涨，生产成本也会增加。当生产要素价格下降时，厂商愿意多投资生产，增加这种商品的供给；而当生产要素价格上涨时，厂商会因生产成本的提高而削减投资和供给。

(2) 生产技术的变化，生产技术的变化可以从根本上改变生产的成本，例如微集成电路的革命改变了世界上每一行业的生产方式和信息管理；生产技术进步，意味着劳动生产率提高，单位产品的成本下降，在商品售价不变的情况下，会给厂商带来更多的利润。因此，生产技术愈进步，厂商一般就愈愿意并能够提供更多的商品。

(3) 企业组织的变化，许多公司通过重新组织生产可以节约生产成本。

(4) 政府政策的变化，例如，政府补贴可以使成本降低，税收会增加成本。

4) 相关商品的价格。与消费领域的商品有互替作用一样，在生产领域内的商品也有互替作用。在很多情况下，使用既定资源的生产者既可以生产某种商品，又可以生产其替代品，例如，农场可以生产粮食也可以生产蔬菜。如果供给的替代产品价格提高，生产替代产品更有利可图，生产者可能会从原商品的生产转为生产替代产品，使原来商品的供给下降。例如，如果胡萝卜价格上升，生产成本下降，生产者会决定种更多的胡萝卜，其他农作物的供给量很可能会因此下降。

有时生产一种商品的同时会生产出其他产品，例如在加工原油精炼出汽油的同时会生产出柴油和石蜡等产品，如果由于需求和价格上升，汽油产量增加，那么其他油类的供给也会增加。

5) 厂商对未来行情预期。如果预期价格会上升，生产者会暂时减少出售产品的数量，将商品储存起来，在价格上涨时再卖出去。同时他们会通过安装新机器，招收新工人来扩大产品生产，这样在价格上涨时可以增加供给数量。如果此种商品的行情看跌，也有两种可能的选择：厂商会把现有的存货尽快抛售出去，从而增加现在的供给；再就是降低产量，这会减少供给。

能够影响供给量的其他因素还有很多，例如，气候的影响(农作物最为明显)，新供给资源的开发或旧资源的耗竭等，都会给供给带来巨大的影响。此外战争会影响进口原材料的供给，机器的损害、行业摩擦、地震、洪水、火灾等也会影响到某种产品的供给数量。

如果我们把某种商品的供给作为因变量,把影响供给的各种因素作为自变量，那么就可得出供给函数。供给函数是用公式表示的某一特定时期内商品的供给量与决定这一供给量的各种因素之间的关系。与需求函数一样，我们不可能同时对各种影响供给的变量进行分析，而只能在假设其他因素既定的条件下，就自身商品价格与供给量之间的关系进行局部均衡的分析。这样，供给函数可简化为：

$$Q_s = f(P)$$

式中，P 为自身的商品价格，Q_s 表示某种商品的供给量，f 表示函数关系。

3.2.3 供给表和供给曲线

尽管影响供给变化的因素很多，但其中最重要的因素是商品自身的价格。因此，我们首先对价格对供给量的影响进行分析，把它们的函数关系用列表和坐标曲线的方式表现出来，这便形成了供给表和供给曲线。

商品的供给表是表示某种商品的各种价格和与各种价格相对应的该商品的供给数量之间关系的数字序列表。

例如，某养鸡专业户，当鸡蛋价格为 5 元时，供给量为 120 千克；4 元时，为 80 千克；3 元时为 50 千克；2 元时，为 30 千克；1 元时，为 15 千克。将这种价格与供给量之间的关系列如表 3.2 所示，即为个别供给表。

将个别供给表所表示的价格与供给量之间的关系用平面坐标绘出，就得到一条自左下方往右上方延伸的曲线，此即个别供给曲线(如图 3.3 所示)。个别供给曲线是一条有折点的曲线。

表 3.2　个别供给表

价格(元)	供给量(千克)
5	120
4	80
3	50
2	30
1	15

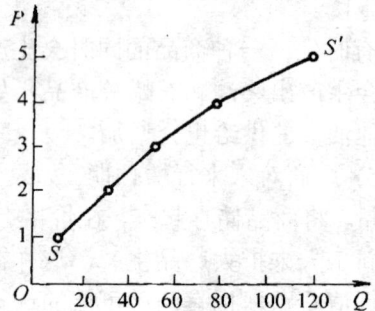

图 3.3　个别供给曲线

图 3.3 中，以纵轴表示价格，以横轴表示供给数量，连接不同点的曲线为供给曲线。从该曲线的形状看，供给曲线的基本特征，与需求曲线相反，是从左向右上方倾斜。这意味着商品价格与商品供给量按照相同的方向变动。

向上倾斜的供给曲线一方面反映厂商对最大的利润的追求，较高的价格意味着较多的利润，较多的利润驱使厂商增加生产，增加供给。反之，当价格跌落时，利润也下降了，这又促使厂商缩减生产，减少商品供给量。

另一方面，向上倾斜的供给曲线也反映随着产量增加，而成本提高。根据收益递减规律和成本递增规律，在一定的技术条件和生产规模之下，产量达到一定程度以后便会出现收益递减和成本递增的现象。在此情况下，商品价格必须同增加的成本(边际成本)相适应，才能使商品的供给量增加。以后我们会看到，供给曲线实际上是边际成本曲线向上倾斜的部分。

由于各个厂商生产的技术条件不同，成本类型不同，他们的供给曲线也是不同的。厂商们的各种不同的供给曲线的加总，便是市场的供给曲线。若供给者的数目足够多，市场供给曲线是一条没有折点的直线或圆滑的曲线。但并不是所有的供给曲线都会向右上方倾斜(斜率为正)，有时它们是垂直的、水平的，甚至向左上方倾斜，这在很大程度上依赖于在这段时间内生产者对价格变化所做出的反应。例如，在某一工资水平之下，劳动者的供给会随着工资水平的提高而增加，随着工资水平的下降而减少。然而，当工资上升到一定水平以后，由于劳动者此

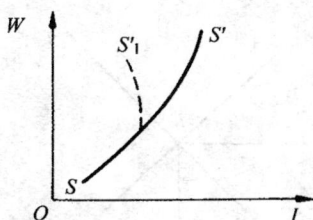

图 3.4 劳动的供给曲线

时对货币的需要不那么迫切，而相对对闲暇、娱乐、旅游等更感兴趣，所以，即使工资再上升，劳动者的供给也不再增加，甚至有减少的趋势，如图 3.4 所示。

图 3.4 的横轴表示劳动供给量，纵轴表示工资水平，SS' 为劳动供给曲线，当工资水平上升到一定程度以后，劳动的实际供给曲线，有可能由 SS' 变为 SS_1'。

由于种种原因(即除了价格以外，其他影响供给因素的变动)，供给曲线本身也会发生位置的移动。像需求曲线的情形一样，区别沿同一条供给曲线的运动与供给曲线本身的位移是很重要的。供给曲线上点的移动是供给数量的变化，供给曲线的移动是供给的变化。曲线本身的向左或向右的位移表明，在任何既定的价格上提供较少或较多的货物。

图 3.5(a)表明，供给量因价格变化而变化，价格从 80 元提高到 100 元，供给量从 3 万件增加到 4 万件，这是沿一条供给曲线运动。

图 3.5(b)则表明，在同一价格 100 元上，可以有不同的供给量，这表现为供给曲线自身的位移。向左移动，表示缩减了供给量，向右移动则表示增加了供给量。

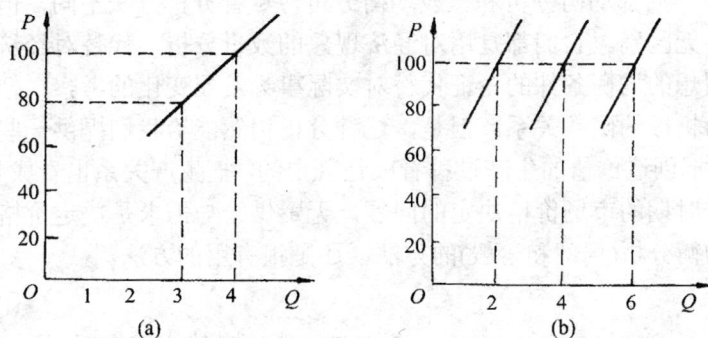

图 3.5 供给曲线的变动

3.3 市场均衡与价格机制

在商品市场中，由于需求和供给两方面共同作用的结果，便形成了市场均衡价格。

3.3.1 均衡的含义

在经济学上，均衡是指方向相反的两种经济力量势均力敌达到平衡的一种状态。其中，在变动过程中保持平衡的状态称为动态均衡，相对静止不变的状态称为静态均衡。

市场均衡是指一种商品(或生产要素)的市场需求与市场供给平衡时的一种状态，也就是市场需求曲线与市场供给曲线相交时的情况，可用图 3.6 说明。

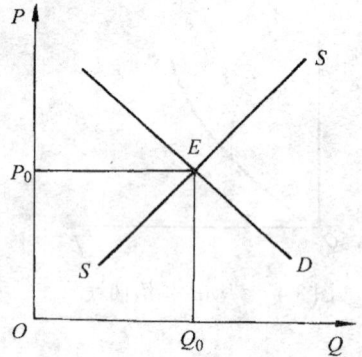

图 3.6 市场均衡

E 点为市场需求曲线与市场供给曲线相交之点，称为均衡点；在 E 点，市场供给等于市场需求，即实现了市场均衡；E 点所对应之价格 OP_0 为均衡价格，即市场需求价格与市场供给价格相一致时的价格；E 点所对应之数量 OQ_0 称为均衡数量，即市场需求量与市场供给量相一致时的交易量。

若其他条件不变，均衡由体系内部力量所决定，这种均衡称为局部均衡，一般短期均衡是这种情况；若所有条件同时可变且互相影响、互相依存，这种条件下的均衡状态称为一般均衡，例如长期均衡。

应该指出，局部均衡分析和一般均衡分析，尽管分析方法不同，但就其实质来说，两者并无区别。它们都是用对经济现象的数量分析，代替对经济范畴的本质分析，用假想的均衡条件的论证代替对实际事物发展变化的考察，把事物的辩证关系归结为机械的函数关系。但是，这种分析仍然能给我们提供一些有益的启示，如果我们把创造价值的生产过程看成是既定的，把生产关系也看成是既定的，只是考虑一定时期的市场价格决定的问题，无疑供给与需求是决定价格的力量，那么，这种均衡分析(局部和一般)的方法，还是很有用的方法。

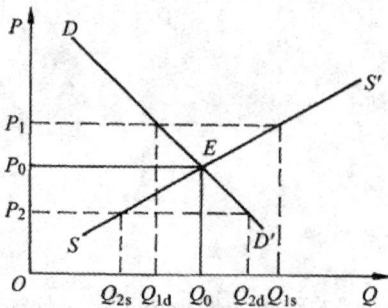

图 3.7 商品均衡价格

3.3.2 均衡价格的形成

西方经济学家认为，均衡价格是在完全自由竞争的条件下，通过市场供求的自发调节而形成的，如图 3.7 所示。

图 3.7 横轴表示商品数量，纵轴表示商品价格，DD'，SS' 分别表示商品需求曲线和供给曲线。当价格为 OP_1 时，商品的供给

量为 OQ_{1s}，而需求量仅为 OQ_{1d}，即供给大于需求($OQ_{1s}>OQ_{1d}$)，因此，价格会自动下降；当价格下降至 OP_2 时，商品的供给量为 OQ_{2s}，而需求量却为 OQ_{2d}，即供给小于需求($OQ_{2s}<OQ_{2d}$)，于是价格又会上升。这样，价格经过上下波动，最后趋向于使商品的供给量和需求量都为 OQ_0，从而使价格达于 OP_0，即形成均衡价格。

西方经济学家认为，从均衡价格的形成过程说明，均衡是市场的必然趋势，也是市场的正常状态，而脱离均衡点的价格，必然造成供过于求或供不应求的失衡状态。

市场失衡有两种可能的情况：从数量来看，市场价格(实际交易价格)大于均衡价格，供给量大于需求量，产生供给过剩；市场价格小于均衡价格，需求量大于供给量，产生供给短缺。从价格来看，市场交易量(实际交易量)小于均衡交易量，需求价格高于供给价格；市场交易量大于均衡交易量，供给价格高于需求价格。在这些情况下，有一种市场力量能够使市场重新恢复均衡。这种能够使失衡的市场重新恢复均衡的市场力量就是价格机制，又称市场机制，亚当·斯密称其为"看不见的手"。

市场失衡是反常的状态，在市场竞争中，失衡将趋于均衡，市场的反常状态将为均衡状态所代替。

3.3.3 均衡价格的变动

前面对市场均衡价格的分析，是以需求和供给既定为前提的。一种商品的均衡价格是由该商品的需求曲线和供给曲线的交点所决定的。然而市场的需求和供给并不是永久不变的。因此，当该商品的需求曲线和(或)供给曲线发生变化时，该商品市场的均衡价格和均衡产量就会发生相应的变化，就会形成新的均衡。

3.3.3.1 需求变动对均衡价格的影响

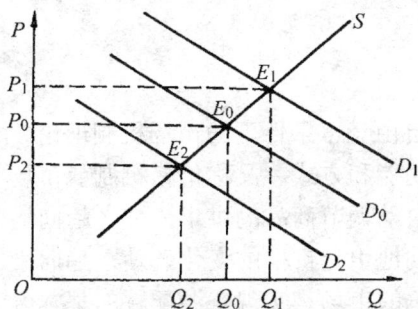

图 3.8　需求变动对均衡价格的影响

在供给不变的条件下，如果价格以外的某一决定需求的因素发生变化，例如人们的收入水平提高，整个需求曲线就会发生移动，反映在图 3.8 中，需求曲线从原来的 D_0 的位置移动到 D_1 的位置，需求曲线和供给曲线的交点也从 E_0 点移动到 E_1 点。此时，均衡价格由 P_0 上升到 P_1，均衡产量也由 Q_0 增加到 Q_1。如果某一特定时期内，其他条件都不变，但是人们的收入水平下降，这时需求曲线就会由 D_0 的位置移动到 D_2 的位置，需求曲线和供给曲线的交点也由 E_0 点移动到 E_2 点，均衡价格和均衡产量也分别降为 P_2 和 Q_2。

可见，需求的变动会引起均衡点变动：需求增加，均衡价格提高，均衡数量增加；需求减少，均衡价格下降，均衡数量减少。

3.3.3.2 供给变动对均衡价格的影响

与需求的变化类似，在需求不变的条件下，如果影响供给的某一因素(价格以外的因素)发生变化，整个供给曲线会发生移动，原均衡点会沿着需求曲线移动到新的均衡点，从而决定新的均衡价格和均衡数量。

例如，在图 3.9 中，由于生产要素涨价，从而使生产成本增加，供给减少，供给曲线从原来的 S_0 位置移到 S_1 位置，需求曲线和供给曲线的交点也由 E_0 点移动到 E_1 点。此时均衡价格由 P_0 上升到 P_1，均衡产量由 Q_0 降为 Q_1。供给增加会产生相反的影响，这里省略说明。

可见，供给增加，均衡价格下降，均衡数量增加；供给减少，均衡价格上升，均衡数量减少。

图 3.9 供给变动对均衡价格的影响

以上概括的需求或供给的变动对均衡价格和数量的影响通常被称为供求定理。供求定理的核心是需求曲线或供给曲线的移动会形成新的均衡点，从而引起均衡价格和均衡数量的变化。实际上，影响需求或供给的很多因素都会发生变化，这就会引起两条曲线同时移动，这时均衡点也会从两条曲线原有的交叉点移动到新的交叉点，从而均衡价格和均衡数量发生相应的变动，只是变化的情形更为复杂而已。

3.3.4 均衡价格理论的应用

均衡价格理论，在一定意义上就是在完全自由竞争条件下的市场机制理论。所谓市场机制，通常是指市场调节经济运行的功能和方式，又称价格机制或市场的自动稳定器。它一方面通过市场价格的波动自动调节商品的供求，使之趋向均衡；另一方面，通过供求关系的变化，它又自动地引起价格的变化，使之趋向于稳定的均衡价格。在市场经济理论中，自由竞争的市场是实现资源配置的基本方式。自由竞争以其灵活的方式增进着人们的经济福利。然而在现实生活中，市场

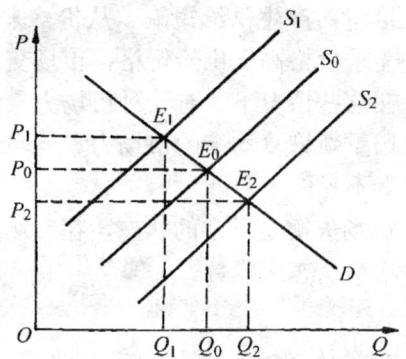

机制由于所借以实现的完全自由竞争条件并不存在或不完全存在，以致必然会出现失灵。

市场失灵表现为三个方面：市场机制运行的条件不能具备；市场运行的结果不能令人满意；市场行为不符合道德和意识形态的要求。

正是由于市场机制可能存在的不完善，人们借助于政府的干预。政府对市场的干预常常采取如下形式：配给、价格控制、税收和补贴政策、法律法规、行业国有化等。其中支持价格和限制价格是其干预商品市场价格和产量的两种重要方式。

3.3.4.1 支持价格

支持价格又称价格支持或最低限价，是指政府为了支持某一行业的生产而规定该行业的产品高于市场均衡价格的最低价格。

在农产品生产中，这种价格支持政策被各国政府广泛采用。因为农产品，特别是粮食、棉花等重要产品，其社会需求量相对比较稳定，但其产量往往受气候等自然条件的影响变动较大。为了社会的稳定，一国政府往往要采取一些有力的措施，确保每年的农产品供给略大于需求。如果农产品的价格完全由市场竞争来决定的话，那么丰收年份，产量增加，价格就会跌到低点，农场主和农民的收入反而不能增加，最终导致第二年减少播种面积，这样就可能导致第二年农产品的供给小于需求，价格上涨，社会动荡。为了稳定农场主和农民的收入，许多国家的政府都对农产品实行价格支持，强行规定主要农产品的最低限价。例如美国政府自 20 世纪 30 年代开始实行支持价格政策，强性规定小麦、玉米、棉花等农产品的最低价，农场主按此价格或高于此价格向市场出售，剩余部分由政府按最低限价收购。支持价格政策的效应可以用图 3.10 来表示。

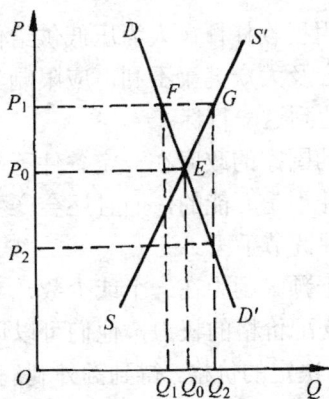

图 3.10 纵轴表示价格 P，横轴表示商品量 Q，DD'、SS' 分别为需求曲线、供给曲线，P_0 为均衡价格，Q_0 为商品需求量，P_1 为政府确定的支持价格。此价格由于比均衡价格(P_0)高，一方面使商品的需求量 Q_1 低于均衡量 Q_0；另一方面使商品供给量 Q_2 高于均衡量 Q_0，于是形成 Q_1Q_2(或 FG)的过剩商品在市场上销售不出去。在没有政府干预而由市场机制充分发挥作用的情况下，如果出现商品过剩，价格自然就会回落到 P_0，使市场出清。而现在由于政府干预，出现的过剩商品 Q_1Q_2，就只有靠政府收购，或者

图 3.10 支持价格政策的效应

用于储备，或者用于出口。在出口不畅的情况下，政府就必须增加财政开支去收购。可见，支持价格往往是靠政府增加财政支出来维持的。

除了直接采用支持价格政策来扶植农产品的生产外，有些国家还采用间接的支持价格政策，即在目标产量的范围内实施目标价格。当市场价格低于目标价格时，政府按目标价格与市场价格之间的差额，给予农场主补贴，而不收购其剩余产品，但消费者则可以按较低的价格在市场中购买。

3.3.4.2 限制价格

限制价格又称冻结价格或最高限价，是指政府为了限制某种价格过度上涨损害消费者利益或为了抑制某些产品的生产而规定的该种商品的最高价格。

通常这一最高限价低于均衡价格。其对市场供求的影响可以用图 3.11 来加以说明。

图 3.11 中，P_0、Q_0 分别表示均衡价格和均衡商品量。P_1 为政府规定的限制价格。它由于比均衡价格 P_0 低，一方面使商品供给量 Q_1 低于均衡量 Q_0；另一方面使商品需求量 Q_2 高于均衡量 Q_0，于是在市场上形成 Q_1Q_2(或 FG)商品量的短缺。这时，政府只有采取凭证供应和限制消费的办法来维持其限制价格，而这又往往会带来抢购和黑市交易现象。所以，许多经济学家认为，限制价格既是在某个时期为适应某种特殊情况不得不采取的政策，又是不宜经常采取的政策。

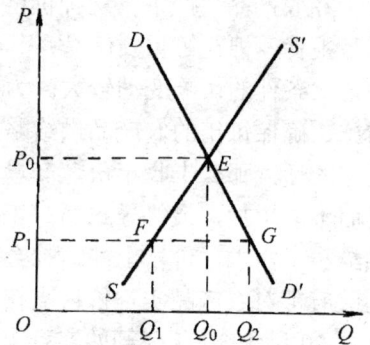

图 3.11　限制价格

有时，政府为了抑制某种产品的产量，往往运用税收杠杆，人为压低供给价格，达到限产目的。假设，政府认为过多吸烟对社会及大众健康不利，应限制其产量，那么它就可运用提高卷烟生产税赋的手段来达到这一目标。

总之，支持价格和限制价格都是实行市场经济的国家的政府在一定条件下不得不采取的对市场经济的干预措施。但政府干预也并不是万能的，而且还会产生某些恶果。因而经济学家主张尽可能少地倚重于这种调节手段。

除了政府对供求的干预，还有垄断对于供求的干预。因为在一个或少数几个生产者对某一行业实行垄断的情况下，垄断者具有支配价格的权力，他们可以通过制定较高的垄断价格，从而使价格大大超过竞争所决定的价格，得到额外利润。西方经济学家对于垄断干预一般都持否定态度。

以上概述了经济学关于供求均衡的理论。应该说，任何一个经济社会都有生产与消费的问题也就是供给与需求的问题。供给与需求的均衡是经济正常运行的条件。因此，研究实现供需均衡的条件，对于经济的正常运行是十分必要的。既然社会主义也在搞市场经济，那么，我们也应该根据供求分析来确定价格，处理经济关系。

3.4 供求弹性及其应用

前面通过对需求、供给与价格之间关系的分析，指明了需求和供给各自受哪些因素的影响而引起变动及其变动方向，揭示了需求规律、供给规律及均衡价格的决定和形成。但它仅仅局限在定性分析上，未具体从量的规定上进一步说明哪些因素会在多大程度上引起需求和供给的变动，弹性分析的目的则试图解决这个问题。

3.4.1 弹性的概念

弹性的概念来自于物理学，在经济学中得到广泛的应用。

弹性又称伸缩性，在经济学中是指当经济变量之间存在函数关系时一变量对另一变量变化的反应程度。通常弹性的大小用"弹性系数"来表示，一般公式为：

$$弹性系数 = \frac{\Delta Y / Y}{\Delta X / X}$$

式中：$\Delta Y / Y$ 为因变量的变动率；$\Delta X / X$ 为自变量的变动率。

现代经济学主要的弹性概念有需求价格弹性、需求收入弹性、需求交叉弹性和供给价格弹性。前三者统称需求弹性，后者简称供给弹性。

弹性概念无论对需求函数还是供给函数都同样适用，而且分析方法也大体相同，下面以需求价格弹性为重点，依次来研究与供求函数有关的几种常用的弹性。

3.4.2 需求价格弹性

从狭义的角度而言，需求价格弹性时常被称为需求弹性，是指某商品的需求量对其价格变化的反应程度，即需求量变化的百分比与价格变化的百分比之比。其计算公式为：

$$E_{\mathrm{d}} = \frac{\Delta Q}{Q} \div \frac{\Delta P}{P} = \frac{P}{Q} \cdot \frac{\Delta Q}{\Delta P}$$

式中：E_{d} 代表需求价格弹性；Q 是需求量；ΔQ 是需求量的增量；P 是价格；ΔP

是价格的增量。

例如，某种商品的价格变动 10%时，需求量变动 20%，则这种商品需求弹性的弹性系数为 2。

按照需求规律，需求量通常与价格呈反向变动，所以 E_d 为负值。为便于分析，习惯上都略去负号，取其绝对值。

根据弹性系数的大小，需求价格弹性可分为五种情况：

1) 需求完全有弹性，即 $E_dp=\infty$，表示价格的任何变化都有会引起需求量无限的变化。

2) 需求完全无弹性，即 $E_dp=0$，表示价格无论如何变化，需求总量是一定的。

3) 需求单位弹性，即 $E_dp=1$，表示需求量变动的百分比与价格变动的百分比相等。一般来讲，接近于生活必需品的商品属于这一类。

4) 需求富有弹性，即 $E_dp>1$，表示需求量变动的百分比大于价格变动的百分比。奢侈品多属于这种情况。

5) 需求缺乏弹性，即 $E_dp<1$，需求量变动的百分比小于价格变动的百分比。属于这种情况的多是生活必需品，例如食盐、粮食等。

这五种情况可用需求曲线表示出来，如图 3.12 所示。

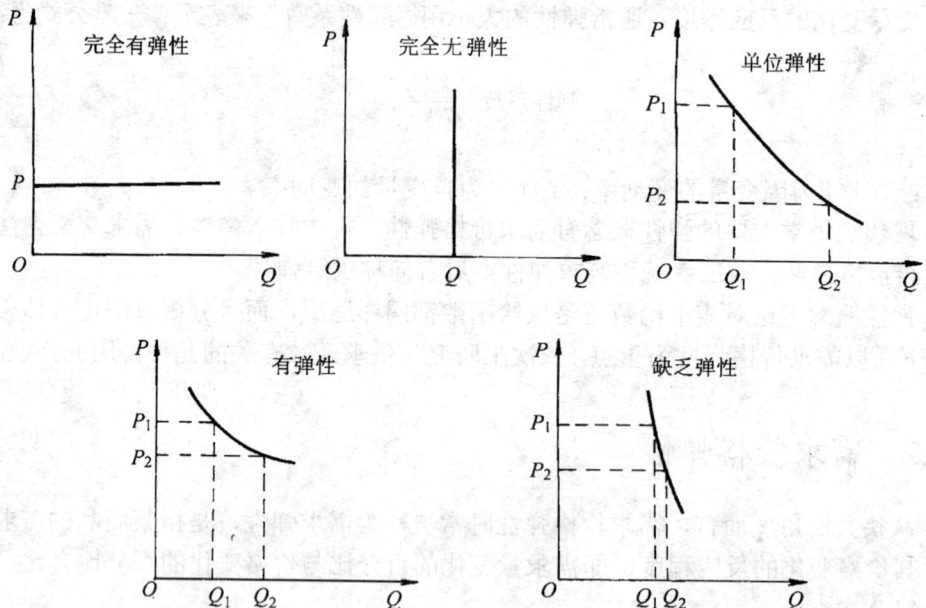

图 3.12　需求价格弹性

上述完全无弹性或完全有弹性的情况是极为罕见的，大多数商品的需求价格弹性是介于完全无弹性和完全富有弹性之间。

需求价格弹性的大小受以下因素的影响：

1) 此种商品是必需品还是奢侈品。一般说来，奢侈品弹性大，生活必需品的弹性小。据测算，在美国，糖、公共交通、服装、食品的需求价格弹性分别为 0.3、0.4、0.6、0.4；家具、小汽车分别为 1.2 和 2.1。

2) 此种商品可被替代的程度。这是最重要的决定因素。容易被替代的商品弹性大，不易被替代的商品弹性小。例如，石油没有接近的替代品，这样需求相对来说是无弹性的，而黄瓜有大量的替代产品，需求相对来说是有弹性的。

3) 此种商品支出占消费者总支出的比例。比例愈大，弹性愈大；比例愈小，弹性愈小。例如，口香糖的需求的价格弹性比彩电要小。又如，对盐的需求的价格弹性也很小，部分原因是没有接近的替代物，而盐的支出在收入中的比例很小也是原因之一：即使它的价格增加很多，我们购买盐也没有困难。相对来说，当主要支出的价格上涨，收入效应就大得多。例如，如果抵押贷款利息率上升(买房时借贷价格)，人们将不得不在相当程度上减少对房子的需求，被迫买更便宜和更小的房子，或者租赁房屋。

4) 此种商品的耐用程度。愈是耐用的商品，弹性愈大；反之愈小。

5) 此种商品用途的多少。用途越多，弹性越大；用途越少，弹性越小。

6) 时间，即相应于价格的变动，人们调整需求量的时间。当价格上涨时，人们需要一些时间来调整他们消费商品的类型，并找到该商品的替代产品，价格变化后这段时间越长，需求弹性就越大。为了描述时间因素对需求价格弹性的影响，我们用石油做例子。在 1973 年 12 月和 1974 年 6 月原油价格上涨到原价格的 4 倍，引起汽油价格上涨。在以后几个月里，对石油产品的消费减少非常少，需求是高度缺乏弹性的。由于汽车的驱动没有替代燃料，拥有汽车的人不得不减少旅行次数(对许多人来说这并不容易)和更经济地驾驶车辆。然而随着时间的推移，由于汽油维持高价，新的节约燃料的汽车得到了发展，许多人购买较小的车子。这样从长远看需求是富有弹性的。

需求的价格弹性是经济学中最重要的概念之一。例如，如果我们知道一种商品的价格弹性，我们可以预测该商品供给曲线移动引起的价格变动对市场的影响。

需求的价格弹性最重要的应用是讨论消费者用于一种商品的支出总量与弹性值之间的关系。所有消费者用于一种商品总支出(E_T)和该商品的生产商得到的总收益(R_T)相等，因而需求的价格弹性与厂商总的销售收入之间存在着相应的关系。

总的消费者支出，即总收益，等于价格与购买数量的乘积：

$$E_T = R_T = P \cdot Q$$

例如，如果消费者以 2 元/单位的价格购买了 3 万单位的商品，他们的总支出为 6 万元。

价格变化对消费者的支出产生的影响依赖于需求的价格弹性。因而需求价格弹性对于销售者具有重要的意义。销售者可以根据某种商品需求价格弹性的大小，来确定适当的销售价格。对于有弹性的商品，不宜于轻易提高价格，因为提高价格会导致销售量以比价格提高的幅度还要大的幅度下降，结果会降低他的销售收入。对于缺乏弹性的商品，为了增加销售收入，可以适当地提高价格。因为价格提高虽然会使销售量有一定程度的下降，但下降的幅度却没有价格提高的幅度大，销售者仍会从提高价格中得到好处。

3.4.3　需求的交叉价格弹性

需求的交叉价格弹性，经常被简称为需求的交叉弹性或交叉弹性，它是一种商品的需求量对另外一种有关的商品的价格变动做出反应的程度。

当代经济学所讲的交叉关系主要是商品之间的替代和互补的关系。当一些商品是互相替代的物品时，有关的其他商品的价格提高，会使这一种商品需求量增加；反之，则减少。当商品间是互补关系时，有关的其他商品价格的提高，会使这一种商品的需求量下降。

需求的交叉弹性对商品经营者来说是一种十分重要的概念。在一个替代性较强的商品市场，一方一旦提高自身商品的价格，那么就必然会失去较大的市场份额。例如，牛肉和猪肉是两种替代性较强的商品，如果经营牛肉者提高牛肉价格，势必会导致牛肉的需求大幅度减少，猪肉的需求大幅度增加。相反，在一个替代性较差的商品市场，例如男鞋和女鞋市场中，生产男鞋的厂商提高男鞋的价格，一般不会导致女鞋需求量的变动。因此在一个替代性较强的商品市场，商品经营者要扩大其市场份额，可采取在降低成本的基础上，降低商品的价格这一方法来实现；也可采用新技术，生产出功能、质量、外观胜人一筹的产品，使其他商品无法替代，来扩大其销售量。

需求交叉弹性也经常应用于国际贸易和收支平衡分析。

3.4.4　需求的收入弹性

需求的收入弹性简称为收入弹性，它用来衡量商品和劳务的需求量对收入水平变化的反应程度。

对大多数商品和劳务来说，收入提高，需求量则增加，收入下降需求则减少。这时收入需求弹性为正值。但也有一些例外的情形，对一些商品，如土豆、玉米等粗粮，收入提高反而需求减少，收入降低需求则增加。经济学家们把这种需求量和收入处于负关系的货物称为"劣等货"。劣等货的收入需求弹性为负值。在发达国家，人们收入增加，对昂贵商品的需求增加迅速，对基本商品如面包的需求仅有微小增长，这样，汽车和到国外度假的收入弹性很高，而马铃薯和公共汽车旅行等商品或劳务需求的收入弹性很低，有时甚至会出现负数值。

需求的收入弹性对于企业在考虑产品未来的市场大小时具有重要的意义。如果产品的需求收入弹性很高，国内收入增加时销售量可能迅速增加，但经济衰退时会有显著的下降。

以上分析了三种需求弹性，它从数量关系上具体地说明了商品需求量受商品自身价格、消费者收入、相关商品价格等变量变动的影响程度。因此，需求弹性是预测商品需求市场变化的重要工具。它对于我们搞好市场经济，做好市场预测都有一定的参考价值。

3.4.5 供给弹性

供给弹性是指某一商品的供给量对其价格变化的反应程度，亦即供给量变化的百分比与价格变化的百分比之比。所以，供给弹性也就是供给的价格弹性。

供给的价格弹性受到许多因素的影响，这些因素主要包括以下几个方面：

1) 产量增加引起的成本增加量。如果产量增加，生产者需要增加的成本很小，那么当价格上涨后，就会有更多的企业进行生产，从而供给量增加就多，供给就越有弹性。反之，供给则越缺乏弹性。

如果生产者能满足所有这些条件：有大量备用生产能力，容易得到更多原材料的供给、容易从其他产品的生产转产、能避免超时工作而引起的高工资，那么厂家的成本就越不容易受到产量的影响，供给相对来说就越有弹性。越不能满足这些条件，供给的弹性就越小。

2) 时间因素。除了上述与生产技术有关联的成本因素之外，时间是影响是否富有弹性的最重要的因素。在瞬时市场上，供给来自现有存货，无法改变产量，因而供给完全无弹性；就短期而言，生产者虽然可以增加产量，但不能增加生产规模，供给缺乏弹性；在长期内，生产者可以通过调整生产规模改变产量，供给弹性很大。

3) 调整产量的难易。一般来说，产量易于调整的产品，供给弹性大；产量难于调整的产品，供给弹性小。例如：农业由于受自然力的影响大，难于调整，因而供给缺乏弹性；工业受自然力的影响小，相对易于调整，因而供给较富有弹性，在工业中，重化工业固定资产大，生产规模也大，"船大调头难"，故弹性小；轻纺工业固定资产比重小，一般规模也小，相对易于调整，故弹性大一些。

供给弹性作为一种衡量和考察供给量与价格变动之间的数量关系的工具，在充分发挥市场调节作用的情况下，对我国有一定的参考价值。它的实际用处是，通过它可以分析生产的实际情况，断定哪种生产最为有利，以决定生产什么、生产多少和如何生产的问题。

🔄 总结提要

1) 需求理论说明价格、收入、偏好、预期等如何影响需求的。

2) 价格是影响需求因素中最重要的因素。经济学用需求表、需求曲线、需求定理、需求价格弹性等概念工具说明需求与价格的关系。需求是价格的反函数，即价格变化引起需求量反方向变动(需求定理)。价格变化引起的需求量变化的程度大小用需求价格弹性来表示。需求价格弹性与总收益(以及总消费支出)有关。

3) 经济学把价格变化引起的需求量变动称为"需求量的变动"或"沿曲线上的点移动"(点移动)，把非价格因素变动引起的需求变动称为"需求的变动"或"需求曲线的线变动"(线移动)。线移动的前提是假定价格水平不变。

4) 供给理论说明价格因素和非价格因素(相关商品价格、生产要素价格、厂商目标、技术、政策、厂商预期、自然社会政治条件等)如何影响供给的。

5) 经济学用供给表、供给曲线、供给定理、供给价格弹性等概念工具说明供给与价格的关系。供给是价格的函数，即价格变化引起供给量同方向变动(供给定理)。价格变化引起的供给量变化的程度大小用供给价格弹性来表示。

6) 经济学把价格变化引起的供给量变动称为"供给量的变动"或"沿曲线上的点移动"(点移动)，把非价格因素变动引起的供给变动称为"供给的变动"或"供给曲线的线移动"(线移动)。线移动的前提是假定价格水平不变。

7) 需求曲线与供给曲线相交决定了均衡(市场均衡)。当供不应求或供过于求时，价格会波动，直至供求两种力量达到均衡状态。均衡时的价格和产量被称为"均衡价格"和"均衡产量"。

8) 影响供求的因素的变动，不仅会引起供求本身的变动，同时还会引起均衡价格和均衡数量的变动。供求定理是指需求的变动引起均衡价格和均衡产量同方向变动；供给的变动引起均衡价格反方向变动而引起均衡产量同方向变动。

9) 供求分析的基本步骤是：

(1) 确定某事件影响的是供给曲线移动还是需求曲线移动，或是两种曲线都移动。

(2) 确定曲线是向左移动，还是向右移动。

(3) 用供求图考察这种移动对均衡价格和均衡产量的影响。

供求分析具有广泛的应用领域，如政府定价、征税等。

阅读资料

鲜 花

现在是星期天的午餐时间，你今天下午要去拜访几位朋友，所以你抽出时间走进一家花店，准备为主人买些鲜花。

至少，这正是英国花业所希望的情况。与其他欧洲国家比较起来，在人均鲜花购买量上，英国显得较低。荷兰的鲜花协会声称，在英国，平均每人每年鲜花消费为13英镑，在欧洲名列倒数第三，而在人均消费最多的瑞典，为48英镑。鲜花协会的英国官员说："这是因为文化上的差别。在欧洲，鲜花与面包、糖一样，是人们生活的一部分。"

尽管夏季的鲜花供应量最大，现在仍然有许多常见的鲜花一年四季被种植在温室或有特殊采光性能的聚乙烯薄膜里，当然，消费者要购买这种环境下生长的鲜花自然要付更多的钱。

新技术被应用于园艺学，以确保高质量产品能有较长的寿命。许多鲜花从种植开始就由计算机管理，种植、温度、营养、浇水都由计算机加以控制。

最高的鲜花零售价格可以比批发价格高出100%。伦敦商业区的一名花商上周以3.5英镑的价格卖了一束10支的黄玫瑰，但他说当天早晨他在新科芬特市场买时只花了1.75英镑。情人节是一年中鲜花业的顶峰，在这一天，每支玫瑰要卖到90便士到1.75英镑。

经济衰退严重影响了英国鲜花和盆栽花的销售。花草协会秘书长说，80年代末鲜花业增长率是两位数，但一年之间下降到了3%，即1991年交易额刚刚超过10亿英镑。鲜花业也必须应付供需的变化无常，这意味着供给过剩时只能降低价格。

(资料来源：李泽·渥格汉.鲜花交易欣欣向荣[J].独立，1993.9)

案例分析

到底哪些因素影响了商品房房价？

2010年北京商品房的成交均价为19994元/平方米，这个接近20000元/平方米的数字，给居民的生活增加了巨大的压力，从2004年到2009年，北京商品房房价以平均每年上涨17%左右的速度增长着，2007年的上涨幅度最高达37%，影响房价的主要因素到底是什么？只有弄清这一问题，才能对症下药，出台相应政策。房地产是一种特殊的商品，它既具有作为住宅的消费功能，同时还具有作为投资品的投资功能，因此，在分析房价时不能单纯地考虑供需平衡的问题，还应考虑多方面的因素。

近几年，我国居民的收入水平随着经济的快速发展有了较大的提升，收入的提高使人们有更充足的经济实力用于购房，即购买能力的增加，同时这也使人们的需求层次提高，产生了改善居住条件的欲望。从理论上讲，收入的提高会使房地产市场中的需求增加，引起房价的上涨。消费者对房价的预期在通常情况下，价格越高，需求量越小，加入预期因素后，当人们预期商品价格在未来上涨的时候，消费者会增加当期对产品的需求；反之，对商品的需求减少。对于房地产也是一样的：虽然房价很高，但仍有人排队购买，原因在于消费者预期房价还会进一步上涨，在房地产行业不景气时期，消费者则会产生相反的预期，这样会使得对房地产的需求减少。从使用的角度讲，消费者购买房屋除了自己使用外，还可以将房屋租给他人使用。因此，房屋租赁市场的繁荣程度也会影响到房屋销售市场的成交价格。中国人民大学经济学院专职研究人员余华义博士认为：如果预期未来租金回报率较低，则会导致购房的机会成本增加，这会导致投机性购房需求的下降，进而导致房价降低；而如果预期未来租金回报率较高，其对房价的影响方向正好相反。

房产商开发房地产时，其购置费用中所占比重最大的就是购买土地的价格。与近几年房价的走势一样，地价也呈现出上涨的态势。任何产品都有制造它的成本，房地产也不例外。从成本的角度来看，建造成本越高，价格自然也会越高，对于成本投入较大的房地产业而言，成本对价格的作用更为突出市场势力。房产商的市场势力即是房产商对房地产市场的控制程度，一般来讲，房产商对市场的控制程度越高，则对价格的控制能力也就越高，也最有可能为获得垄断利润而抬高价格。

除了消费者、房产商两个交易主体外，政府对房价的影响也是不容忽视的，而政府对房地产开发影响因素中最重要的就是金融支持，也就是信贷政策。在房地产业兴盛时期，各主体会预计房地产业有高收益率，因此，房地产贷款的需求就会上升，各银行为占据有利的市场地位，会加大对房地产业的贷款，这进一步提高了投资者和房产商的投资热情。又由于房地产业的供给弹性小，因此，住房价格急剧上升的同时，房价的上升也提高了房屋持有者的资产价值，他们会进一步扩大投资，银行也会进一步增加对房地产业的投入，房价再次上升。如此反复，房价会保持持续上升的态势。房产商融资成本的高低取决于银行贷款利率的高低，当贷款利率较低时，房产商获得资金的成本就较低，因此，房产商的收益就会较高。银行利率对房价的影响主要是由于房地产业的特性决定的，作为高负债的行业，房产商需要通过债务融资获得大部分的资金，因此，房价对利率的变动很敏感。除了贷款利率对房价的影响外，存款利率也会通过影响购房者从而影响房价，当存款利率较低时，人们就有倾向将资金用于购买房屋保值；反之，人们更倾向将钱存起来。

北京近几年来房价居高不下的现象，并不能从消费者生活水平的提高、对房地产需求增大的角度进行分析，事实上，北京目前房价的增长速度已经超过了经济增长的水平，房地产业的发展已经过热，而与房价更为相关的因素是房产商的成本与政府的金融支持，其中，政府的金融支持是根本的影响因素。为使房价稳定下来，甚至回落到正常水平，应在政府的信贷政策上做文章，通过提高对房产商的贷款审批门槛，降低可贷款额度，降低对房地产开发的金融支持，将房地产开发的速度降下来，减少空置房，使有效供给比例增多。此外，目前我国的金融体系不够健全，银行体系中金融资产的密集度较高，因此，各项金融风险也积聚于银行。因此，在调控房价的过程中，还要注意房价下降速度，下降得过快，将给金融业带来巨大影响。为此，还应加强金融体制的创新，扩展房地产业的融资渠道，这不仅能降低房地产业的金融风险，也能使我国的金融体系健康发展起来。

（资料来源：崔承颖.北京商品房房价影响因素的实证分析[J]，生产力研究，2011(9)，P78-80)

分析：

1) 结合资料，谈谈当前影响商品房房价的因素包括哪些。

2) 当前政府出台了哪些调控商品房房价的政策措施？效果如何？

【复习思考】

1) 简释下列概念：需求、需求函数、供给、供给函数、均衡价格、弹性、需求的价格弹性、供给的价格弹性、需求的收入弹性、需求的交叉价格弹性。

2) 影响需求的主要因素有哪些？它们与需求之间呈什么样的关系？

3) 影响供给的主要因素有哪些？它们与供给之间呈什么样的关系？

4) 均衡价格是怎样决定的？哪些因素将影响均衡价格的变动？

5) 如果考虑到提高生产者的收入，那么对农产品和电视机、影碟机一类高级消费品应采取提价还是降价办法？为什么？

4 消费者行为与市场需求

⭐ **学习目标**

★ 了解选择和效用理论、收入和价格变化对消费者选择的影响；

★ 理解基数效用论、序数效用论、跨时期选择理论以及替代效应和收入效应的定义；

★ 掌握总效用和边际效用的概念、边际效用递减规律、无差异曲线、预算线的概念、边际替代率的含义、消费者剩余的含义以及消费者均衡条件。

每天我们都要就如何配置稀缺的钱和时间做出无数个选择。我们应该买书还是买衣服？上学期间是不是外出打工？用掉我们的收入还是储蓄起来以备他日之用？当平衡各种需求和欲望之时，我们就做出了决定自己生活方式的选择。隐藏在这些个人选择背后的是前面章节介绍过的需求曲线和价格弹性。

4.1 选择和效用理论

进一步考察需求，探讨消费者选择和消费者行为的基本原则，可以验证为什么消费者对商品的需求量与其价格之间具有反方向的变动关系。在分析消费行为的过程中，经济学依赖于一个基本的前提假定：人们倾向于选择在他们看来具有最高价值的那些物品和服务。为了描述消费者在不同的消费可能性之间进行选择的方式，经济学家采用了效用这一概念。从效用概念出发，他们推导出需求曲线，并解释它的性质。

"效用"指的是什么呢？效用，被用来描述消费者的主观感受，表示消费者消费商品或劳务所获得的满足程度。更准确地说，效用是指消费者如何在不同的物品和劳务之间进行排序。通常，可将效用理解为一个人从消费一种物品或劳务中得到的主观上的享受或有用性。经济学家用它来解释理性的消费者如何将他们有限的资源分配在能给他们带来满足的各种商品上。在需求理论中，我们说人们在最大化他们的效用，其含义就是他们总是选择自己最偏好的消费品组合。

既然消费物品或劳务所获得的满足是一种主观心理感受，因此产品效用的大小因人而异，因时而异，因地而异。比如，辣椒对于喜欢辣味的人来说，效用很大，但对不喜欢辣味的人来说则效用很小，甚至是一种负担或痛苦，会产生"负效用"；同样一件棉衣，冬天与夏天相比，给人带来的效用也会不同；再如，在水乡的一杯水，与在沙漠的一杯水，对人的效用差别是很明显的。

在西方经济学中，关于效用的衡量存在分歧。一些学者认为效用可以用基数1，2，3，……表示满足程度的大小，它可以加总求和，可以在不同消费者之间进行大小比较。持基数效用论的学者分析选择的工具是边际效用分析方法。另外一些学者认为效用是个人的主观感受，只能进行大小排序，用第一，第二，第三，……表示消费商品或劳务的满足程度，不同消费者之间不能比较，更不能加总求和。持序数效用论的学者分析选择的工具是无差异曲线。下面我们分别用边际效用分析和无差异曲线分析来说明消费者消费原则的确定。

4.2 边际效用分析

4.2.1 总效用和边际效用

如何将效用应用于需求理论？比如说，消费冰淇淋的第一个单位给你带来了一定水平的满足或效用。现在设想消费第二个单位的情况，你的效用会增加，因为该物品的第二个单位给你带来了一些新增的效用。增加同一物品的第三和第四个单位会有什么影响呢？最后，当你吃了足够多的冰淇淋之后，它将不再增加你的满意或效用，相反会使你不舒服。

在这里，涉及两个基本的经济学概念：总效用和边际效用。

以消费面包为例。什么是总效用呢？例如：某消费者连续消费了 5 块面包，每一块面包的效用可分别表示为 U_1、U_2、U_3、U_4、U_5，而将这些单位的效用总加起来即可得到消费面包的总效用(total utility，用符号 U_T 表示)，即：

$$U_T = U_1 + U_2 + U_3 + U_4 + U_5$$

用数学语言可表述为：如果 X 表示消费某种物品的数量，U_T 便是 X 的函数，即 $U_T=f(X)$。将 x 划分为 n 个单位，U_1，U_2，…，U_n 分别表示消费第 i 单位的满足程度，那么总效用 $U_T=\sum U_i(i=1,2,3,…,n)$。这里，总效用的概念可以表述为消费商品或劳务所获得满足的总量。

什么是边际效用呢？如果用 ΔX 表示消费商品数量的变化量，用 ΔU_T 表示总效用的变化量，那么边际效用

$$U_M = \frac{\Delta U_T}{\Delta X}$$

即：新增 1 单位商品消费时所带来的效用。对边际效用和总效用的理解，我们可以借助表 4.1 进一步表述。

表 4.1　总效用和边际效用

某一物品的消费量	总效用	边际效用
0	0	
1	4	4
2	7	3
3	9	2
4	10	1
5	10	0

4.2.2　边际效用递减规律

经济学家们在分析效用时，提出了边际效用递减规律。这条规律指出，随着个人消费越来越多的某种物品，他从中得到的新增的或边际的效用量是下降的。

从表4.1中可以看出，每多消费一个物品，其总效用从 4 单位增加到 10 单位，但边际效用则是递减的，从最初的 4 单位逐步减少到3、2、1、0。边际效用随着消费量的增加而递减这一现象说明了边际效用递减规律。

图 4.1 和图 4.2 将表 4.1 中总效用和边际效用的数据图形化。图 4.1 表示总消费数量对应的总效用大小。它说明总效用是增加的，但以递减的速度增加，并当消费数量为 4 时达到最大值，如果再消费，总效用可能不变甚至减少。图 4.2 描绘了边际效用曲线。边际效用递减规律意味着：图 4.2 中的边际效用(U_M)曲线必然是向下方倾斜的。

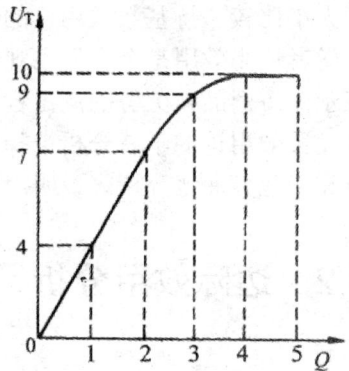

图 4.1　总效用曲线

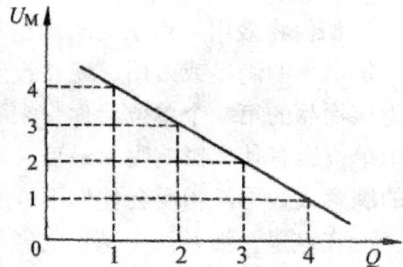

图 4.2　边际效用曲线

为什么边际效用递减呢？根据西方学者的解释，有两个方面的原因：一是因为生理和心理的原因。人的欲望虽然多种多样，永无止境，但受生理等因素的限制，就每个具体单位的欲望满足来说则是有限的。最初欲望最大，因而消费第一单位商品时得到的满足也最大；随着物品消费的增加，欲望也随之减少，从而感觉上的满足程度递减，以致当要满足的欲望消失时还增加消费的话，反而会引起讨厌的感觉。二是设想物品有多种多样的用途，而且各种用途的重要程度不同，人们总会把它先用于最重要的用途，也就是效用最大的地方，然后才是次要的用途，故后一单位的物品给消费者的满足或提供的效用一定小于前一单位。

总效用与边际效用之间的关系运用表 4.1，我们很容易看出，消费一定数量物品的总效用等于一直到这一消费点的各边际效用之和。例如，假设消费 3 个单位。表 4.1 中第(2)栏表明，总效用为 9 个单位。在第(3)栏中，我们看到，前 3 个单位的边际效用之和为 4＋3＋2＝9，也为 9 个单位。考察图 4.2 可以看到，在某一消费水平上，边际效用曲线之下的总面积——不论用方块区域，还是用平滑的 U_M 曲线以下的面积来衡量——必然等于与图 4.1 的消费单位数相同的总效用曲线的高度。无论我们用表还是用图来考察这一关系，我们都可以看到，总效用是从开始处累计起来的所有边际效用之和。

4.2.3 消费者均衡原则

作为一个消费者，他的收入是一定的，消费的物品可以有无数种选择。如果这些物品的价格已定，消费者要从其所消费的物品组合中获得最大的效用，他就必须把有限的收入分配到他所需消费的各种物品中去。那么，他如何做出决策呢？

他应该这样来安排消费，即在每一种物品上花费的最后一元支出，都给他带来相同的边际效用。在这种情况下，他才能从购买中得到最大的满足或效用。

效用最大化的基本条件是等边际准则。它指的是在消费者的收入和各种物品的市场价格既定的条件下，当花费在任何一种物品上的最后一元所得到的边际效用相等的时候，该消费者就得到最大的满足或效用。

为什么必须符合这一条件呢？如果花费在某一种物品上的最后一元能够得到更多的边际效用，那么，钱就会从其他物品的花费中转移到该物品上去，直到边际效用递减规律使得花费在该物品上的最后一元的边际效用下降到与其他物品相等时为止。如果花费在某种物品上的最后一元提供的边际效用低于其他物品一般边际水平，那么，消费者可以减少购买该物品，直到花费在该物品上的最后一美元所提供的边际效用上升到一般边际水平为止。

消费者均衡的这一基本条件可以用不同物品的边际效用和价格之比要相等来

表示，即：

$$\frac{U_{\mathrm{M}X}}{P_X} = \frac{U_{\mathrm{M}Y}}{P_Y} = \lambda$$

这里，$U_{\mathrm{M}X}$、$U_{\mathrm{M}Y}$，P_X、P_Y 分别表示商品 X 和 Y 的边际效用和单位价格，λ 表示单位货币的边际效用。

4.2.4 为什么需求曲线向下倾斜

运用消费者行为这一基本法则，我们很容易理解：为什么需求曲线是向下方倾斜的。为简便起见，假设每一元收入的边际效用是固定不变的，然后提高第一种物品的价格。在消费量不变的情况下，第一个比率(即 $U_{\mathrm{M}1}/P_1$)就会低于所有其他物品每一元的 U_{M}。因此，消费者不得不调整第一种物品的消费。消费者调整的过程是：减少第一种物品的消费，提高了第一种物品的 U_{M}，在第一种物品新的、降低了的消费水平上，花费在第一种物品上的每一元的新的边际效用再次等于花费在其他物品上的每一元的 U_{M}。这样，一种物品的较高价格降低了消费者对该物品所希望的消费量；这也就说明了为什么需求曲线向下方倾斜。

4.3 无差异曲线分析

4.3.1 无差异曲线

在现实生活中，消费者在消费两种可相互替代的商品 X 和 Y 时，可以有多种选择，他可以多消费一点 X 而少消费一点 Y；或少消费一点 X 而多消费一点 Y。如果这两种组合的选择给他带来的效用相同，我们则说消费者在这两种组合之间是无差异的。

我们可以用无差异曲线表示消费者的偏好。那么，什么是无差异曲线呢?无差异曲线表示给消费者相同满足程度的消费组合的一条曲线。

我们假定消费者消费食品和衣服，若衣服的价格因某种原因上升而食品的价格不变甚至下降时，该消费者如果本来消费 10 单位的衣服和 1 单位的食品，现在也许会多买些食品而少买些衣服，但仍可得到同样的满足程度。表 4.2 给出了衣服

表 4.2 衣服和食品的不同组合

组合	衣服(Y)	食品(X)
A	10	1
B	6	2
C	4	3
D	2.5	4

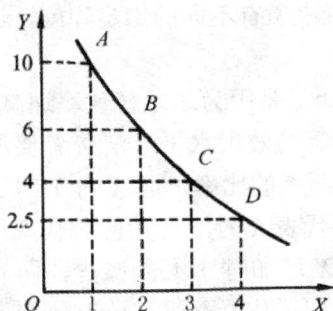

图 4.3　无差异曲线

和食品两种商品有 A、B、C、D 等四种数量不同的组合，但是它们提供的效用水平是相等的，或者说是无差异的。我们把表中所反映的内容在一坐标图上表示出来，即可得到一条无差异曲线。用横轴表示食品的数量，用纵轴表示衣服的数量，每一组合均由图上的一点(如 A，B，C，D)表示，连接各点的连线就是无差异曲线。如图 4.3 所示。

在任一坐标平面上，可以画出无数条无差异曲线，西方经济学家把这种由无数条无差异曲线组成的坐标图称为无差异曲线图。

在任何一条既定的无差异曲线的所有点上，消费者同样满足，但他对某些无差异曲线的偏好大于另一些曲线。因为他对更多消费的偏好大于较少消费，所以，对较高无差异曲线的偏好大于较低的无差异曲线。在图 4.4 中，对无差异曲线 I_2 上任何一点的偏好大于无差异曲线 I_1 上的任何一点。

消费者的无差异曲线图给出了消费者偏好的完整排序。所以，我们可以用无差异曲线来给任意两种物品的组合排序。例如，图 4.4 中，对 C 点的偏好大于 A 点，因为 C 点所在的无差异曲线高于 A 点(然而，这个结论可能是显而易见的，因为 C 点向消费者提供了更多的食品和衣服)。无差异曲线还告诉我们对 C 点的偏好大于 B 点，因为 C 点在更高的无差异曲线上。

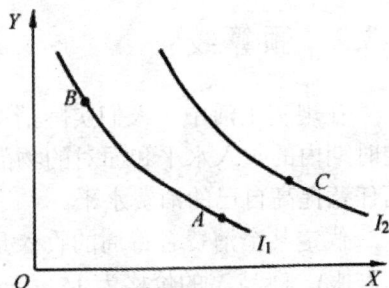

图 4.4　无差异曲线图

无差异曲线有以下特征：

1) 对较高无差异曲线的偏好大于较低无差异曲线。对同一物品而言，消费者通常对数量多的偏好大于数量少的，这种对更大数量的偏好反映在无差异曲线上。正如图 4.4 所示，更高的无差异曲线所代表的物品量多于低的无差异曲线。因此，消费者偏好较高的无差异曲线。

2) 无差异曲线向右下方倾斜。无差异曲线的斜率反映了消费者愿意用一种物品替代另一种物品的比率。在大多数情况下，消费者两种物品都喜欢；因此，如果要减少一种物品的量，为了使消费者同样满足就必须增加另一种物品的量。由于这个原因，大多数无差异曲线向右下方倾斜。

3) 无差异曲线不相交。假设两条无差异曲线相交，那么交点同时在两条无差异曲线上。由于不同的无差异曲线表示不同的满足程度，这就意味着交点所代表的同一个商品组合对于具有一定偏好的同一个消费者来说有不同的满足程度，这显然是不可能的。因此，无差异曲线不能相交。

4) 无差异曲线凸向原点。无差异曲线之所以如此，是因为边际替代率递减。无差异曲线的斜率是边际替代率——是为了保持同等的效用水平，消费者要增加一单位 X 物品就必须放弃一定数量的 Y 物品，这两者的比率，即 X 对 Y 的边际替代率＝Y 的减少量 / X 的增加量，如果用 S_{MRXY} 代表 X 对 Y 的边际替代率，即 $S_{MRXY} = -\Delta Y/\Delta X$，这里 ΔY 前面加一负号表示 X 增加时 Y 必须减少，两者变动方向相反。由于人们更愿意放弃他们丰富的物品，并更不愿意放弃他们不多的物品，所以，边际替代率是递减的。图 4.3 中，在 B 点时，消费者有大量衣服只有少量食品，消费者为了增加一单位食品，就必须拿出 4 单位衣服；边际替代率是每单位食品 4 单位衣服。与此相比，在 D 点，消费者有少量衣服和大量食品。在这点上，他愿意放弃 1.5 单位衣服来得到 1 单位食品，边际替代率是每单位食品 1.5 单位衣服。因此，无差异曲线凸向原点，反映了消费者更愿意放弃他已大量拥有的一种物品。

4.3.2　预算线

在现实生活中，人们实际消费的比他们想要的少，是因为对他们来说，在一定时期内的收入水平和面对的物品的价格都是一定的，他们不可能超越这一现实而任意提高自己的消费水平。

假定某个消费者每周的收入是 600 美元，他需要购买商品 X(比如食品)和 Y(比如衣服)，商品 X 的价格为 15 美元，商品 Y 的价格为 10 美元。如果消费者将其全部收入购买 X，可得 40 单位，如全部收入购买 Y，可得 60 单位。见图 4.5 中 B、A 两点。我们将 A、B 两点连接成线，便可得预算线 AB。

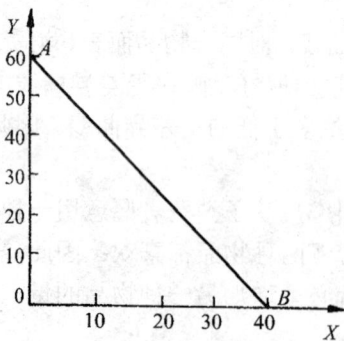

图 4.5　预算线

这条预算线表示，在收入和商品价格为一定的条件下，消费者所购买的不同商品之组合。

若以 M 表示消费者的货币收入，若全部用来购买 Y，则 $M = P_Y \cdot Y$；如全部用来购买 X，则 $M = P_X \cdot X$。显然 $P_X \cdot X = P_Y \cdot Y$，即单独购买商品 X 或单独购买商品 Y 都花掉了消费者的全部收入。上式可进一步改写为 $Y/X = P_X/P_Y$，这意味着预算线的斜率(Y/X)的绝对值等于商品 X

与商品 Y 价格比率(P_X/P_Y)。由于预算线向下方倾斜,斜率是一个负数。在上例中,食品的价格是一个 15 美元,衣服的价格是一个 10 美元。因此,预算线的斜率为 1.5,也就是说消费者可以用一单位食品换 1.5 单位衣服。

4.3.3　消费者的最优选择

我们的目的是分析消费者如何做出选择。我们现在有这种分析所必需的两个方面,消费者预算与消费者偏好。现在把这两个方面放在一起来考虑消费者购买什么的决策。

让我们来看看前面食品和衣服的例子。消费者想达到食品和衣服最好的可能组合——这就是说,在最高可能无差异曲线上的组合。但消费者还必须达到或低于他的预算线,预算线衡量他可以得到的总资源。

图4.6表示消费者的预算线和他许多无差异曲线中的三条。消费者可以达到的最高无差异曲线(图中的 I_2)是只与预算线相切的无差异曲线。

这条无差异曲线与预算线相切的一点被称为最优点。消费者会更偏爱 A 点,但他负担不起那一点,因为这一点在他的预算线之外。消费者可以负担得起 B 点,但这一点在较低的无差异曲线上,因此,给消费者带来的满足程度低。C 点是最优点,代表消费者可以得到食品和衣服最好的消费组合。

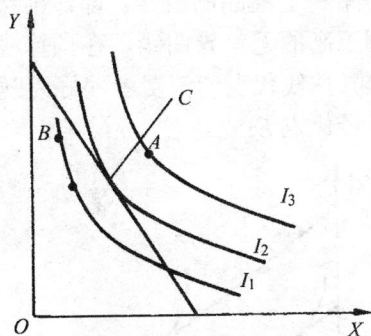

图 4.6　消费者最优

要注意的是:在达到最优时,无差异曲线与预算线相切,无差异曲线的斜率等于预算线的斜率。无差异曲线的斜率是边际替代率,$S_{MRXY}=dY/dX$,而预算线的斜率是商品的相对价格,即:$Y/X= P_X/P_Y$。因此,消费者选择的两种物品组合要使边际替代率等于相对价格才实现最大满足。即:

$$S_{\mathrm{MR}XY} = \frac{P_X}{P_Y}$$

4.4　收入和价格的变化

预算线是在收入和价格为一定的条件下的消费可能性曲线,如果收入或价格变化,预算线将发生变动。

4.4.1 收入变化如何影响消费者的选择

我们已经说明了消费者如何做出消费决策，现在来考察消费如何对收入变化做出反应。假设收入增加了，在更高收入时，消费者可以买得起更多的两种物品。因此，收入增加使预算约束线向外移动，如图 4.7 所示。由于两种物品的相对价格并没有变，新预算约束线的斜率与原来的约束线一样。这就是说，收入增加引起预算线向外平行移动。

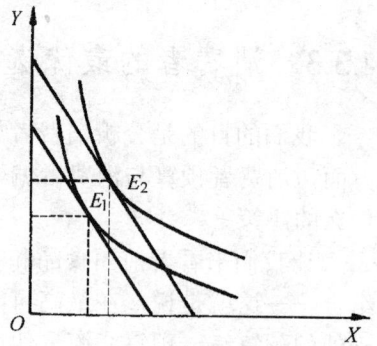

图 4.7 收入变化导致消费组合变化

预算约束线的扩大使消费者选择更多的 X 商品和 Y 商品的组合，即：消费者现在可以达到更高的无差异曲线。在预算线的移动和用无差异曲线代表的消费者偏好为既定时，消费者的最优点从原来最优点 E_1 点移动到新最优点 E_2 点。

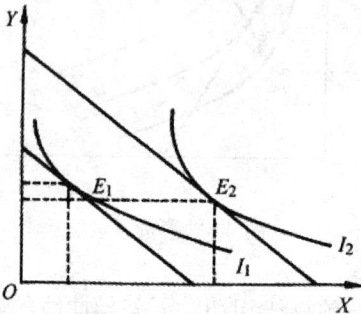

图 4.8 一种低档物品

在图 4.7 中，收入增加后消费者选择更多的 X 商品和 Y 商品。这种情况是常见的。如果当消费者收入增加时，想更多地购买一种物品，经济学家把这种物品称为正常物品。图 4.7 中根据的假设是，X 商品和 Y 商品都是正常物品。

图 4.8 表示一个收入增加引起消费者多买 X 商品而少买 Y 商品的例子。如果消费者在收入增加时少买某种物品，经济学家称这种物品是低档物品。图 4.8 中假设 X 是正常物品而 Y 商品是低档物品。

4.4.2 价格变化如何影响消费者的选择

现在我们用消费者选择模型来考虑一种物品的价格变化如何改变消费者的选择。具体来说，假设 X 商品的价格降低了，较低的价格扩大了消费者的购买机会，这会使预算线向外移动。如图 4.9 所示，如果消费者收入和 Y 商品价格不变，商品 X 价格降低，预算线会由 AB 变成 AB_1、AB_2；如果消费收入和商品 X

的价格不变，商品 Y 的价格降低了，则有图 4.10 预算线由 AB 变成 A_1B、A_2B。

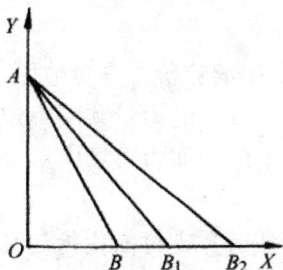

图 4.9 商品 X 价格降低

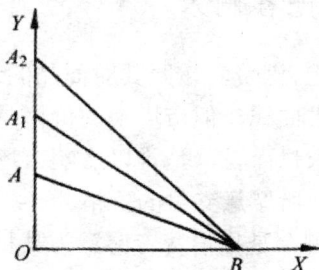

图 4.10 商品 Y 价格降低

要注意图 4.9 中所示，预算线向外移动改变了预算线的斜率(这不同于价格不变但消费者收入变动时所出现的情况)。预算线的斜率，反映两种商品的相对价格，那么任一商品价格的变动，而另一商品价格不变，会引起预算线斜率的变化。

预算线的变化如何改变两种物品的消费取决于消费者的偏好，就 4.11 图中所画出的无差异曲线而言，消费者购买较多的 Y 商品和较多的 X 商品。

4.4.3 需求曲线的推导

以上我们说明了一种物品价格的变动如何改变消费者的预算约束，改变他选择购买的两种物品量，任何一种物品的需求曲线反映了这些消费决策。需求曲线表示一种物品的价格如何影响需求量，因此，消费者的需求曲线可以作为由他的预算和无差异曲线引起的最优决策的总结。

例如，我们从图 4.11 来考虑 X 商品的需求。在图 4.11(a)中由于商品 X 价格的下降，就有不同的购买量 X_0、X_1，此时它们的相应价格分别为 P_0、P_1，我们把商品 X 购买量的变化和价格的变化的关系反映出来，如图 4.11(b)中所示。可以得出一条需求曲线 D。

以上分析表明：购买商品的最大效用原则，是导致需求曲线向右下方倾斜的原因。

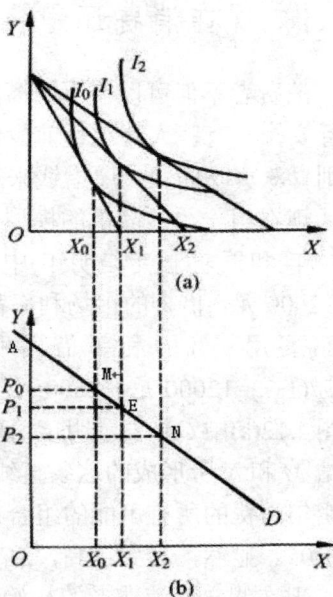

图 4.11 消费者的需求曲线

4.4.4 消费者剩余

在市场上，消费者按照其对商品的边际效用的评价去支付他愿意支付的价格，从而构成需求曲线，但市场上的价格是由供求双方的力量共同确定的，对于某一消费者的需求量而言，是难以影响市场总供求的，即由市场中形成的实际价格往往并不等于他所愿意支付的价格。

消费者剩余是指消费者愿意为某种商品或劳务支付的代价与其实际付出的代价的差额。见图 4.11(b)中，当某消费者购买 X_0 数量的商品时，他所愿意支付的代价为 $OAMX_0$，但他实际支付的代价为 OP_0MX_0，两者之间存在的差额 AP_0M 即为消费者剩余。同理，当市场价格由 P_0 降至 P_1 时，消费者剩余为 AP_1E；当市场价格为 P_2 时，消费者剩余为 AP_2N。

4.5 跨时期选择

4.5.1 现在消费还是将来消费

消费者不但可以在不同商品组合中做出选择，而且可以在不同时期的消费中进行安排。有些人喜欢目前少消费些、多储蓄些，以期将来可更多消费些；有些人则喜欢寅吃卯粮，愿借钱来增加当前消费。这就涉及一个跨时期选择问题。

现在用一个最简单的模型来说明这种跨期选择。假定消费者可以在本期(假定是今年)和下期(假定是明年)中做选择，今年和明年的收入分别是 I_1=12000 元和 I_2=12600 元，借贷的市场利率都为 r=5%。若今、明两年收入全用于今年消费，则由于要用 5%的利率借用明年的收入来消费，故今年的消费金额总共 $I_1+I_2/(1+r)$=12000 元+12600 元/1.05=25200 元。如果用一个坐标图形表示上述情况，则图 4.12(a)中 OM 表示明年消费金额(25200 元)，ON 表示今年消费金额(24000 元)。联结 M 和 N 所形成的这条直线就是跨期消费预算约束线。直线上每一点表示今年和明年消费的所有可能的组合。这条预算约束线的斜率是 OM/ON=1+r，在本例中是 1.05。显然，利率越高，MN 越陡。

现在假定某消费者的初始情况处于 MN 线的 A 点，这时他既不借用明年收入消费，也不储蓄钱到明年消费。他将今年的收入用于今年的消费是 OB，将明年的收入用于明年的消费是 OC，A 点可称禀赋点。经过 A 点的一条无差异曲线 U_1 表示 U_1 上的每一点也是今、明年两期消费的可能组合，但这一组合不同于 MN 线上每一点表示的各种可能消费组合。U_1 上的各种组合表示这些组合点所代表的今、明两年的各种消费量对消费者而言是同样的，即效用是无差异的，而 MN 线上各点所代表的今、明两年的各种消费量都是消费者两期收入所能够消费得起的。MN 线和 U 线都能上下平行移动。U 线越向上移动，表示两期消费的效用水平越高，MN 线越向右上移动，表示两期消费的金额越大。

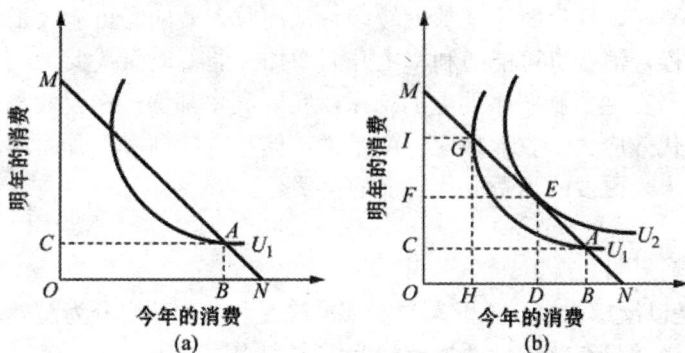

图 4.12　跨期消费选择

4.5.2　跨期消费中的均衡

现在把图 4.12(a)复制到图 4.12(b)中，并把 U_1 向上移动到 U_2，使 U_2 正好和 MN 线相切于 E 点。在 E 点上，无差异曲线上的斜率和 MN 的斜率相等。这时，就说该消费者的跨时期消费达到了均衡状态。消费者今年的消费是 OD，明年的消费是 OF。图形上这种变化的经济含义是，消费者今年少消费一点(BD)，储蓄一点钱到明年多消费一点(CF)，可使他消费的效用水平从 U_1 提高到 U_2。

相反，如果该消费者的初始禀赋是 G 点，则该消费者应当借用一点明年的收入(IF)到今年多消费一点(HD)，也可以使效用水平提高。

4.5.3　替代效应和收入效应

再分析市场上借贷利率发生变化会对今、明两年消费发生什么影响。利率变化会使消费者预算线绕初始禀赋点发生转动。利率上升时，MN 线会变陡峭；利率下降时，MN 线会变平缓。这样，两期消费的均衡点也会相应变动，就是说，当期(今年)的消费和储蓄量值会发生变化。这种变化也可称为价格效应，因为利率是资金借贷的价格。利率越高，表示今年消费相比明年消费来说，代价或者说成本就越大。因此，消费者就会减少目前消费，增加未来消费，即用明年消费来替代今年的消费，这就是利率提高的替代效应。同时，提高了利率，消费者实际财富增加，因此消费也会增加，这是利率提高的收入效应。价格效应就是替代效应和收入效应的合成。利率较低时，提高利率所增加的财富较少，从而收入效应较小，但替代效应较大，故价格效应是减少现期消费、增加未来消费。随着利率提高到较高水平时，现期财富增加就较多，从而收入效应有可能大于减少消费的替代效应。这样，消费有可能随利率上升而增加，储蓄反而减少。

　　一般来说，在通货膨胀不严重的国家，实际利率都保持在较低水平，因此，利率上升的替代效应大于收入效应，就是说，储蓄会随利率上升而增加。多数消费者会以期待未来更多的消费取代当前的消费。

总结提要

　　1) 效用是以欲望出发，分析人类欲望的满足程度。效用分为总效用和边际效用。边际效用递减具有普遍性并据此说明需求和需求曲线。

　　2) 基数效用论说明在收入和价格既定时，消费者如何实现效用最大化。

　　3) 序数效用论认为，效用是消费者个人偏好，是一种心理活动，只能根据偏好程度用序数第一，第二，……加以排列。无差异曲线是序数效用论分析消费者行为，并用以解释需求曲线的成因的主要分析工具。

　　4) 无差异曲线是表示两种物品的各种组合，这些组合对消费者产生的总满足程度(即提供的效用)是相同的。

　　5) 在消费者偏好不变的前提下，如果价格和收入发生变动，消费者的均衡点也就随之发生变动。消费者行为理论为分析此类问题提供了帮助。

　　6) 消费者剩余是指消费者愿意为某种商品或劳务支付的代价于其实际付出的代价的差额。

　　7) 跨时期选择问题指消费者不但可以在不同商品组合中做出选择，而且可以在不同时期的消费中进行安排。

阅读资料

男人和女人的比较：他们是怎样花钱的

　　男人真的和女人不同吗？如果花费习惯算是一些线索的话，男性确实不同于女性。这是从劳动统计署(BLS)最近关于消费者花费的调查中得出的结论。下面是劳动统计署对自食其力的年轻男女(25岁以下)花费习惯的一些发现。

　　共同的特征：

1) 男人能用来花费的收入(11050 美元)比女人能用来花费的收入(9624 美元)稍微多一点。但是，所有的男女都深深地陷入负债中——他们的花费比收入多3000～4000 美元。

2) 男人和女人都不在慈善事业、阅读或卫生保健上花费很多。

不同特征：

1) 男人花费在速食店、饭店和外卖上的费用比女人多出 50％。

2) 男人花费在酒精饮料上的钱是女人的 3 倍，花费在烟上的钱是女人的 2 倍。

3) 男人花费在电视和立体声设备上的钱是女人的 2 倍。

4) 年轻女人把大量的钱花费在衣服、个人保健和她们的宠物上。

注：消费模式由于性别、年龄和其他特征的不同而不同。经济学家设法分离出影响消费者行为的共同因素。

(资料来源：(美)布拉德利•希勒著. 经济学基础(第 4 版)[M]. 王福重译. 北京：人民邮电出版社，2004：63)

案例分析

"幸福方程式"与"阿 Q 精神"

我们消费的目的是为了获得幸福。对于什么是幸福，美国的经济学家萨谬尔森用的"幸福方程式"来概括。这个"幸福方程式"就是：幸福＝效用/欲望。从这个方程式中我们看到欲望与幸福成反比，也就是说人的欲望越大越不幸福。但我们知道人的欲望是无限的，那么，再大的效用不也等于零吗？因此，我们在分析消费者行为理论的时候假定人的欲望是一定的。我们避开分析效用理论，再来思考萨谬尔森提出的"幸福方程式"，真是觉得他对幸福与欲望关系的阐述太精辟了，难怪他是诺贝尔奖的获得者。

在社会生活中，对于幸福有不同的理解，政治家把实现自己的理想和报复作为最大的幸福；企业家把赚到更多的钱当作最大的幸福；教书匠把学生喜欢听自己的课作为最大的幸福；老百姓往往觉得平平淡淡衣食无忧是最大的幸福。幸福是一种感觉，自己认为幸福就是幸福。但无论是什么人一般把拥有的财富多少看作是衡量幸福的标准，一个人的欲望水平与实际水平之间的差距越大，他就越痛苦。反之，就越幸福。从"幸福方程式"使我想起了"阿 Q 精神"。

鲁迅笔下的阿 Q 形象，是用来唤醒中国老百姓的那种逆来顺受的劣根性。而我要说的是，人生如果一点阿 Q 精神都没有，就会感到不幸福，因此"阿 Q 精神"在一定条件下是人生获取幸福的手段。在市场经济发展到今天，贫富差距越来越大，如果穷人欲望过高，那只会给自己增加痛苦。倒不如用"知足常乐"，用"阿

Q 精神"来降低自己的欲望，使自己虽穷却也获得幸福自在。富人比穷人更看重财富，他会追求更富，如果得不到，他也会感到不幸福。

"知足常乐"、"适可而止"、"随遇而安"、"退一步海阔天空"、"阿 Q 时得阿Q"，这些说法有着深刻的经济含义，我们要为自己最大化的幸福做出理性的选择。

(资料来源：梁小民. 微观经济学纵横谈[M]. 三联书店，2005)

分析：根据资料，谈谈你对"效用"的理解，与"幸福"的关系如何？

【复习思考】

1) 简释下列概念：效用、边际效用、无差异曲线、预算线、边际效用递减规律、边际替代率。

2) 某消费者收入为 3 000 美元。红酒 1 杯 3 美元，奶酪 1 磅 6 美元。

(1) 画出该消费者的预算约束线。这条预算约束线的斜率是多少？

(2) 引入红酒与奶酪的无差异曲线。说明最优消费选择应该如何做出。最优时边际替代率是多少？

(3) 消费者收入增加了，从 3 000 美元增加到 4 000 美元。说明如果红酒和奶酪是正常物品，消费者的最优选择会发生怎样的变动。如果奶酪是低档物品呢？

(4) 奶酪的价格由 1 磅 6 美元上升为 10 美元，而红酒仍然是 3 美元 1 杯。对一个收入为 3 000 美元不变的消费者来说，红酒和奶酪的消费会发生什么变动？

5 企业生产成本和收益分析

★ **学习目标**

★ 了解厂商概念、生产的概念;

★ 理解生产函数和成本函数概念,规模收益、规模经济以及范围经济的概念;

★ 掌握短期与长期的区分、边际收益递减规律、边际产量、机会成本、边际成本、固定成本、可变成本、利润、总收益等概念。

前面章节中我们用供给曲线总结了厂商生产决策。根据供给规律,当一种物品价格高时,厂商愿意生产并销售更多的这种物品,而且,这种反应表现为向右上方倾斜的供给曲线。在分析许多问题时,供给规律是你了解厂商行为所需要的一切。

在本章和下一章中,我们更详细地考察厂商行为。这将使我们更好地理解厂商的决策和市场供给曲线背后的机理。本章研究生产理论和成本理论。

5.1 厂商与生产

我们每天享用的产品和劳务是厂商提供的。

厂商是指市场经济中为达到一定目标而从事生产活动的经济单位。它包括个人企业(个人独资经营的企业)、合伙企业(由两人或两人以上的合伙经营的企业)和公司企业(为掌握企业股票的股东所有的企业)等。不管什么形式的厂商组织,都被假定是追求最大利润的,即假定厂商买进生产要素,从事生产经营是为了使总收入与总成本之间的差额达到最大。

所谓生产,从经济学角度看,就是一切能够创造或增加效用的人类活动。生产离不开生产要素。生产要素是指在生产中投入的各种经济资源,包括劳动、土地和资本。劳动是人类为了进行生产或者为了获取收入而提供的劳务,包括体力劳动和脑力劳动;土地是一个广泛的概念,不仅包括泥土地,还包括山川、河流、森林、矿藏等一切自然资源;资本是指机械、工具、仓库、厂房等资本物品。除了以上传统的生产三要素,后来英国经济学家阿·马歇尔在生产要素中又增加了企业家才能。于是,就有了所谓"生产四要素"说。

5.2 生产函数

5.2.1 总产量和边际产量

我们考虑一下繁重的工作。在美国,我们可以看到巨大且昂贵的挖掘机,只有一个人驾驶。一人一机可以轻松地在 2 小时内挖一个 5 英尺长的沟渠。而在一个发展中国家,我们可以看到 50 个劳力,肩扛锄头,挖同样的一段沟渠可能花费 1 天时间。这两种技术(一个为资本密集型,另一个为劳动密集型)代表了挖沟的不同生产函数。

表 5.1 是某蛋糕厂的生产状况。表的第(2)栏表明总产量的概念。总产量表示生产出来的,用实物单位衡量的产出总量。对于这一例子而言,在劳动投入量为 0 时,总产量为 0;此后,随着劳动投入的增加,总产量增加。当劳动投入为 5 个单位时,总产量达到最大值 150。

表 5.1　总产量与边际产量

工人数量	产量	劳动的边际产	工厂的成本	工人的成本	总成本
0	0		30	0	30
1	50	50	30	10	40
2	90	40	30	20	50
3	120	30	30	30	60
4	140	20	30	40	70
5	150	10	30	50	80

一旦我们懂得了总产量的概念,就很容易衍生出来一个同样重要的概念:边际产量。一种投入的边际产量是在其他投入保持不变的情况下,由于增加一单位的该投入而多生产出来的产量。

表 5.1 的第(3)栏给出了一个工人的边际产量,当工人数量从 1 增加到 2 时,糕点产量从 50 块增加到 90 块。因此,第二个工人的边际产量是 40 块糕点。而且,当工人数量从 2 增加到 3 时,糕点产量从 90 块增加到 120 块,因此,第三个工人的边际产量是 30 块糕点。

图 5.1 表示表 5.1 中的总产量和边际产量,仔细研究该图,理解图 5.1(b)中的边际产量曲线是根据图 5.1(a)中的总产量曲线的变化得到。

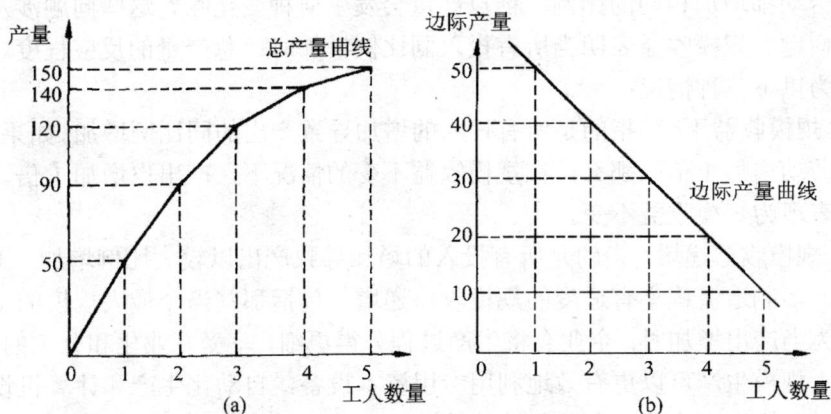

图 5.1　总产量和边际产量曲线

5.2.2　边际收益递减规律

使用生产函数，我们可以理解经济学中重要的一个规律，即边际收益递减规律。该规律认为，其他投入不变时，随着某一投入量的增加，每一单位该种投入的边际产量会下降。

边际收益递减规律表明了一个很基本的关系。当更多的投入，例如劳动，被追加于固定数量的土地、机械和其他投入要素上时，单位劳动所能作用的要素越来越少。土地越来越拥挤，机械被过度使用，劳动的边际产量下降。

在上例中，随着工人数量的增加，边际产量减少。第二个工人的边际产量是40块糕点，第三个工人的边际产量是30块糕点，而第四个工人的边际产量是20块糕点。我们可以看到，当只雇用少数工人时，他们更容易得到设备。随着工人数量增加，增加的工人与别人共同使用设备，而且在较为拥挤的条件下工作。因此，当雇佣的工人越来越多时，每个增加的工人对生产糕点的贡献就越来越少了。

5.2.3　规模收益与规模经济

边际产量或边际收益递减指的是当所有其他投入保持不变时，产出对于单一投入增加的反应。我们看到，在保持其他投入不变时，劳动的不断增加引起糕点产量以越来越小的增量增加。

但有时，我们需要考虑增加所有投入的后果。例如，如果糕点原料、设备、工人的劳动都增加相同的比例，糕点产量会发生何种变化呢？这些问题涉及规模收益的问题。规模收益表明当所有投入同比例增加时，总产量的反应程度。规模收益分为以下三种情况：

1) 规模收益不变：指的是所有投入的增加导致产出的同比例增加。如果原料、设备、劳动增加 1 倍，那么，在规模收益不变的情况下，产出也增加 1 倍。许多手工业表现为规模收益不变。

2) 规模收益递增：指的是所有投入的增加导致产出以较大比例增加。工程研究发现许多制造流程享有适度的规模收益递增，包括那些当今最大规模的工厂。这是因为当产出增加时，企业会将生产过程分得更细，享受专业化和分工的优势。另外，大规模生产可以更有效地利用专用资本设备，自动化生产和计算机设计与操作可以更快地完成简单和重复性的劳动。

3) 规模收益递减：指的是所有投入的增加导致产出以较小比例增加。在许多流程中，规模的增加最终会达到一个极点，超过这一点就会导致非效率。这可能是由于管理成本或控制成本变得庞大而造成的。在电力工业中有这样的例子，当企业规模变得过大时，设备利用非效率的风险就会变得很大。许多涉及自然资源的生产活动，如种植酿酒的葡萄表现为规模收益递减。

与规模收益概念有关的另一个概念称为规模经济。所谓规模经济，是指随着生产规模扩大，产品平均成本下降的情况。如果平均成本随生产规模扩大而上升，则称规模不经济。规模经济与规模收益递增相联系。事实上，规模经济的形成与规模收益递增的原因基本相同，可以说规模收益递增来自规模经济。当然，两者是有区别的，规模收益重点考察产品的数量与投入的数量变化之间的关系，重在实物形态；而规模经济重点考察产量变动过程中成本如何变动，重在价值形态。

与规模收益和规模经济有关的还有一个经济规模的概念。经济规模通常指生产能力大小或企业规模大小。不少产品生产需要有一定的经济规模，才能取得规模经济，并有规模收益递增的好处。然而，各个企业的生产究竟要多大的规模，才有规模经济，需由产品本身的性质决定。一个钢铁厂，几百名职工的规模估计不可能有规模经济；但一家理发店，也许几十名职工就已经够大了，可见经济规模不等于规模经济。

大企业往往不仅有规模经济，还有一种称为范围经济的优势。所谓范围经济，是指企业同时生产基本技术和设备相同(或相关)的多种产品时所拥有的生产和成本的优势，从而使联合生产能超过个别生产。例如，某大型食品生产企业生产系列产品，这些食品在生产过程中由于能联合使用某些设备，又具有共同的知名品牌，因而可联合营销，这些系列食品的成本会低于单独生产这些食品的企业。可见，范围经济和规模经济不同。范围经济是利用相同设备或相关联的生产要素生产多种产品时形成的经济，而规模经济是大规模生产同种产品而形成的经济。

5.2.4　短期和长期

生产不仅需要劳动和土地，而且还需要时间。输油管道不可能一夜之间建造起来，一旦建成，就要持续使用几十年的时间。农民不可能在一个季节当中改变所种植的作物。

考虑到时间在生产和成本中所起的作用，我们区分两种不同的时期。我们定义短期为这样一个时期，在该时期里，企业能够通过改变可变要素，如原料和劳动，但不能改变固定要素(如厂房、机器设备)来调整生产。长期定义为一个足够长的时期，以至于包括资本在内的所有要素都可以得到调整。

我们来分析一个例子。比如说，日本钢铁公司只利用了其高炉生产能力的70%，此时由于日本或加利福尼亚的地震导致钢材的需求量突然增大，为适应钢材的高需求，该公司可以延长工作时间，雇用更多的工人，发掘工厂和设备的最大潜力。在短期内能得到调整的要素称为可变要素。

假设钢铁需求的增长持续了相当长的一段时期，比如说 2 年或 3 年，甚至 10年。日本钢铁公司就会考察它的资本需要，并决定应该增加生产能力。从更一般的意义上讲，公司可能考察所有的固定要素，即那些由于受到物质条件或法律合同限制在短期内不能得到变动的要素。在长期中，日本钢铁公司可能增加新的、更加有效的生产程序，铺设轨道连接或安装计算机化的控制系统，或在国外建造一个新钢厂。

5.3　成本分析

5.3.1　生产与成本

5.3.1.1　成本函数

成本是指厂商为了得到一定数量的商品或劳务所付出的代价。换言之，成本是厂商生产一定数量的商品或提供一定数量的劳务所耗费的生产要素的价值。

我们先来分析成本函数，成本不只是一定量货币，它是和一定数量产品相联系。这种产品数量和相应的成本之间的函数关系称为成本函数，记作：

$$C = F(Q)$$

这里 C 为成本，Q 为产量。

成本分析之所以要讨论成本函数，是因为企业决定生产多少产量，必须比较收益和成本的关系以求利润极大化，而收益和成本都是会随产量变动的。因此，人们必须研究成本和产量的关系。

成本函数取决于两个因素，生产函数和投入要素的单位价格，生产函数所反映的是投入的生产要素与产出的物质技术关系，它揭示在各种形式下厂商为了得到一定数量产品至少要投入多少单位生产要素。生产函数结合投入要素的单位价格就决定了成本函数。

5.3.1.2　从生产函数到总成本曲线

表 5.1 的最后三栏表示某厂生产糕点的成本，在这个例子中，琼斯的工厂成本是每小时 30 美元，工人的成本是每小时 10 美元。如果工厂雇佣 1 个工人，总成本是 40 美元。如果雇佣 2 个工人，其总成本是 50 美元，等等。这个表上的信息表示工厂雇佣的工人数量如何与其生产的糕点量和它的总生产成本相关。

我们的目的是研究企业的生产和定价决策。对于这个目的来说，表 5.1 中最重要的关系是产量(第 2 栏)和总成本(第 6 栏)之间的关系。图 5.2 以横轴表示产量，纵轴表示总成本，画出这两栏的数据。这个图被称为总成本曲线。

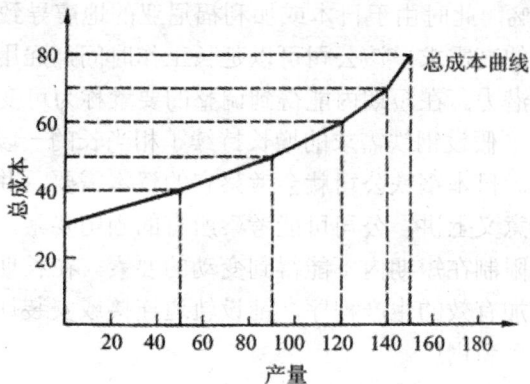

图 5.2　总成本曲线

要注意的是，随着产量的增加，总成本曲线越来越陡峭。这个图上总成本曲线的形状反映了图 5.1 中生产函数的形状。当工厂的生产车间变得拥挤时，每个增加的工人增加的糕点产量就减少了；这种边际产量递减的特点表现为随着工人数量增加，生产函数变得平坦。但现在把这个逻辑倒过来了，当生产的糕点数量多时，工厂必须雇佣许多工人。由于它的生产车间已经拥挤了，所以多生产 1 块糕点成本就很高。因此，随着产量增加，总成本曲线变得较为陡峭。

5.3.2　短期成本

前已说过，在短期投入的要素有固定和变动之分，在长期，一切投入要素都是可变动的,于是短期中发生的成本和长期中发生的成本就有区别。

5.3.2.1　固定成本与变动成本

在短期中,投入的要素分为不变要素和可变要素。购入不变要素的费用支出就是固定成本 C_F,它不随产量变化而变化,因而是个常数,即使企业停产,也要照样支付,包括借入资金的利息、租用厂房或设备的租金、固定资产折旧费、停工期间无法解雇的雇员(如总经理、总工程师、总会计师等)的薪金及保险费等。购买可变要素的费用支出就是可变成本 C_V,它随产量变动而变动,是产量的函数,包括可随时解雇的工人工资、原材料和燃料费用、由于停产停业而发生的水费和维修费等。变动成本加固定成本等于总成本 C_T,可用公式表示为:

$$C_T = C_V + C_F \quad 或 \quad C_T = F(Q) + b$$

式中,$F(Q)$ 为可变成本 C_V,是产量的函数;b 等于固定成本 C_F,是一常数。

我们考察一个企业,它使用资本、劳动和原料等投入,得出产出(用 Q 表示)。假设它的成本函数为:

$$C_T = Q^3 + 12Q^2 + 60Q + 40$$

在这个成本函数中,$C_V = Q^3 - 12Q^2 + 60Q$,$C_F = 40$,产量 Q 变化时,C_T、C_V、C_F 将有表 5.2 中第 1 列、第 2 列、第 3 列的关系。

表 5.2　一个企业的短期成本

产量 Q	(1)C_V	(2)C_F	(3)C_T	(4)C_M	(5)C_{AF}	(6)C_{AV}	(7)C_A
0	0	40	40	/	/	/	/
1	49	40	89	49	40	49	89
2	80	40	120	31	20	40	60
3	99	40	139	19	13	33	46
4	112	40	152	13	10	28	38
5	125	40	165	13	8	25	33
6	144	40	184	19	7	24	31
7	175	40	215	31	6	25	31
8	224	40	264	49	5	28	33
9	297	40	337	73	4	33	37

根据表 5.2 所列数字,我们可作成本曲线图如图 5.3 所示。

图 5.3 中 3 条曲线分别为固定成本曲线、可变成本曲线和总成本曲线。固定

成本曲线 C_F 是一条水平线，表明固定成本是一个既定的数量，它不随产量的增减而改变。

可变成本曲线 C_V 从原点出发，表明产量为零时，可变成本为零，随着产量的增加，可变成本也相应增加。

总成本 C_T 是固定成本与可变成本之和，其形状与可变成本曲线一样，它只不过是可变成本曲线向上平行移动一段相当于 C_F 大小的距离，即总成本曲线与可变成本曲线在任一产量上的垂直距离等于固定成本 C_F，但 C_F 不影响总成本曲线的斜率。总成本曲线也是产量的函数，其形状取决于可变投入要素的边际生产率。这一点与可变成本曲线是一致的。

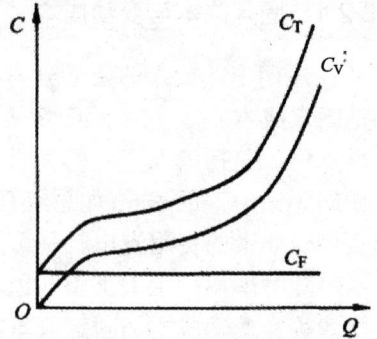

图 5.3　成本曲线一

我们可以看到图 5.2 中总成本曲线和图 5.3 中总成本曲线形状不同。因为在图 5.2 中，企业表现出边际产量递减。但在许多企业中，并不是在雇用了第一个工人后就立即开始表现出边际产量递减。根据生产过程，第二或第三个工人的边际产量可能高于第一个，因为一个工人团队可以划分任务，并比一个工人更有效率地工作。这样，企业的边际产量递减开始之前，首先在一段时期内经历了边际产量递增。

5.3.2.2　平均成本和边际成本

企业的决策者必须决定生产多少。这种决策的关键是成本如何随着产量水平的变动而变动。尤其是下面两个关于成本的问题：

生产一单位产品要多少成本？

增加生产一单位产品要多少成本？

为了得到生产一单位产品要多少成本，我们把企业的成本除以它生产的产量。这就是平均成本(C_A)，即总成本除以产量：

$$C_A = \frac{C_T}{Q}$$

由于总成本是固定成本与可变成本之和，所以平均成本可以表示为平均固定成本与平均可变成本之和。

平均固定成本(C_{AF})是固定成本除以产量，表示每单位产品上分摊的固定成本：

$$C_{AF} = \frac{C_F}{Q} = \frac{b}{Q}$$

平均可变成本(C_{AV})是可变成本除以产量,它表示每单位产品上分摊的可变成本:

$$C_{AV} = \frac{C_V}{Q}$$

边际成本(C_M)是每增加1单位产量所增加的总成本。边际成本也是总成本曲线的斜率:

$$C_M = \frac{\Delta C_T}{\Delta Q} = \frac{dC_T}{dQ}$$

5.3.2.3 成本曲线及其形状

图5.4是根据表5.2的数据画出的该企业的成本曲线。横轴代表企业产量,纵轴代表边际成本和平均成本,图形表示四条曲线:平均成本(C_A)、平均固定成本(C_{AF})、平均可变成本(C_{AV})以及边际成本(C_M)。

该企业所具有的成本曲线的形状与经济中许多企业的成本曲线是相同的。

C_{AF}曲线是一条等轴双曲线,它表示随着产量增加,分摊到单位产品上的固定成本越少,即C_{AF}逐渐变小。

C_{AV}曲线是从图5.3中的C_V曲线推导出来的。C_V曲线上任一点,与原点O的连线的斜率即该产量水平上的平均可变成本。C_{AV}曲线形状为U形,表明平均可变成本随产量增加先递减后递增,其成U形的原因也是可变投入要素的边际生产率先递增后递减。

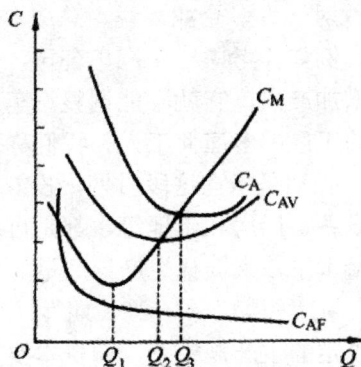

图5.4 成本曲线二

C_A曲线是U形的。$C_A = C_{AF} + C_{AV}$,C_{AF}随着产量的增加总是下降的。平均可变成本由于边际产量先递增后递减,所以一般随产量增加先递减后递增。C_A曲线形状的原因与AVC曲线相同。

C_M曲线是U形的,它表示边际成本随产量增加先递减后递增,当企业的产量小于Q_1时,没有得到利用的设备多,这时增加工人会使设备得到更有效的利用,工人的工作也更有效率,这时增加投入会使产量增加,所以增加产量所增加的成本是递减的。当然,随着产量增加,工人拥挤,而且大部分设备得到充分利用,这时增加投入带来的边际产量是递减的,边际成本也表现为上升。

C_M与C_A之间存在一定的规律,只要$C_M < C_A$,C_A就下降,只要$C_M > C_A$,C_A就上升,产量分界点在Q_3,也就是说,C_M曲线与C_A曲线的交点是C_A曲线的最低点。我们可以用一个例子来说明C_M曲线和C_A曲线的关系,平均成本C_A好比是某排球队队员的平均身高，边际成本 C_M 好比是新加入球队的队员的身高，若新队员身高低于球队的平均身高，使平均身高降低；若新队员身高高于球队的平均身高，则会使平均身高上升；若新队员的身高正好等于球队的平均身高，则球队的平均身高不变。

既然 C_M 曲线与 C_A 曲线的交点在 C_A 曲线的最低点上，那么十分明显，C_M 曲线与 C_{AV} 曲线的交点也必定位于 C_{AV} 曲线的最低点上，产量分界点在 Q_2。

5.3.3　长期成本

5.3.3.1　短期与长期成本

对于许多企业来说，总成本分为固定成本和可变成本取决于所考虑的时间长度。例如，考虑一个汽车公司，开拓了一个新的市场，需要公司在几个月的时间内增加产出，它就不能调整汽车工厂的数量和规模。它要增加生产的方法是在已有的工厂中多雇佣工人。我们称之为短期。

长期是指在这段时期，投入的所有生产要素，不仅指劳动和原材料，而且包括设备、厂房和土地等，都是可以改变的。厂商在"长期"可以按照事先确定的产量水平，来选择生产该产量的最适当的工厂规模。

在"短期"和在"长期"，厂商所做的决策是完全不同的。在短期，厂商必须在既定的生产规模下，即资本要素的数量和质量不变的前提下做出决策，这种决策是确定可变要素的投入数量或要素的组合比例，以获得每单位产品的最低的平均成本，我们把此称之为寻求最优产出率的问题；而在长期，厂商所有生产要素的数量和质量都是可变的条件下，他所做出的决策是寻找一个最佳的生产规模来生产事先计划的产量，在短期中确定的东西在这里是不确定的，但一旦厂商选择了一个特定的生产规模，他的产量决策马上又转化成短期的决策，因此我们说，厂商的经营决策在短期，而战略规划在长期，长期计划的执行决定了该企业未来特定的短期中运行的状况。

企业的长期成本曲线不同于其短期成本曲线。

5.3.3.2　长期总成本

长期总成本是与短期总成本相对而言，它是厂商在长期生产特定产量所花费的成本总量。C_{LT} 由产量水平和工厂规模决定。

长期总成本曲线如图 5.5 所示。

长期总成本曲线是短期总成本曲线的包络线，所谓包络线，是指厂商的长期

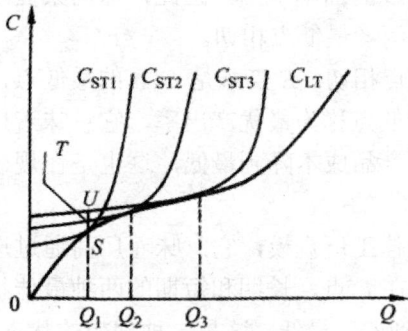

图 5.5 长期总成本和短期总成本

总成本曲线把无数条短期总成本曲线(每条短期总成本曲线对应一个可供选择的生产规模)包围起来,每条短期总成本曲线与长期总成本曲线不相交但相切。

若厂商可任意选择生产规模,那么,对于某个事先确定的产量水平,厂商是要计算在各种可供选择的工厂规模上的生产总成本,并选择总成本最小的那个规模。

在图 5.5 中,假定厂商可以在三种不同的工厂规模中选择产量为 Q_1 的规模,如工厂规模为 C_{ST1},厂商的总成本(注意,一旦确定了工厂规模,此处的总成本就是短期总成本)为 $C_{ST1(Q1)}$,在 S 点;如工厂规模为 C_{ST2},厂商的总成本为 $C_{ST2(Q1)}$,在 T 点;如规模为 C_{ST3},则总成本为 $C_{ST3(Q1)}$,在 U 点。厂商可用三种不同规模来生产同一产量 Q_1,但选择规模 C_{ST1} 时总成本最低,S 点位于 C_{LT} 曲线上,是短期总成本曲线和长期总成本曲线的切点。从图形可见,若产量为 Q_2,则应选择 C_{ST2} 的生产规模;若产量为 Q_3,则应选择 C_{ST3} 的规模,所以,长期总成本曲线是一系列最低成本点的轨迹。

5.3.3.3 长期平均成本

长期平均成本是每单位产品的长期成本,它等于长期总成本 C_{LT} 与产量 Q 之商,即

$$C_{LA} = \frac{C_{LT}}{Q}$$

长期平均成本 C_{LA} 曲线见图 5.6。

长期平均成本曲线与短期平均成本曲线的关系也和长期总成本曲线与短期总成本曲线关系一样,长期平均成本曲线是短期平均成本曲线的包络线。

在图 5.6 中,我们在被长期平均成本曲线所包络的无数条短期平均成本曲线中任选 3 条分别记为 C_{SA1}、C_{SA2} 和 C_{SA3},这 3 条 C_{SA} 线是和图 5.5 中的 3 条 C_{ST} 曲线相对应的。

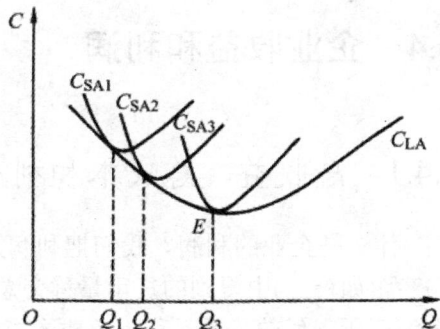

图 5.6 短期平均成本和长期平均成本

3 条短期成本曲线分别表示不同生产规模上平均成本的变化情况,越是往右,代表生产规模越大,每条 C_{SA} 与 C_{LA} 不相交但相切,并且只有 1 个切点。

由于长期平均成本曲线和短期平均成本曲线的曲率不同，因此，这两条曲线相切。但是，在绝大多数的场合下，不可能在两者最低点相切。

在图 5.6 中，C_{SA3} 和 C_{LA} 这两条曲线在 E 点相切，E 点既是 C_{SA3} 的最低点，也是 C_{LA} 的最低点，我们把短期平均成本的最低点称为最优产出率，它意味着厂商通过确定可变投入要素的最佳数量来使单位产品成本降到最低，这也是在规模既定的条件下厂商所能选择的最佳点。

我们把长期平均成本曲线的最低点称为最佳工厂规模，它意味着厂商通过选择最适宜的生产规模来使单位成本降到最低。在 E 点，长期和短期的两种最佳状态重合在一起，使厂商既做到 C_{SA} 最低，又做到 C_{LA} 最低，这是一种理想的状态。

长期平均成本曲线与短期平均成本曲线虽然都是 U 型的，但决定因素截然不同。短期平均成本曲线的形状是由可变投入要素的边际生产率先递增后递减决定的，而长期平均成本曲线的形状是由规模收益决定的。当长期平均成本随着产量增加而减少时，存在规模经济。当长期平均总成本随着产量增加而增加时，存在规模不经济。当长期平均总成本不随着产量变动而变动时，可以说存在规模收益不变。在图 5.6 中，在 E 点左侧，产量水平低时有规模经济；产量处于中等时，即在 E 点时，规模收益不变；在 E 点右侧，即在产量水平高时有规模不经济。规模经济的产生可能是由于现代化装配线要求大量的工人，每人专门从事某种工作。如果产量增多，企业才能利用这种方法，平均成本才可降低。存在规模不经济的原因，是随着生产规模的进一步扩大，企业管理者难以控制一个大型组织，管理效率的下降使单位成本随着产量的增加而增加。

5.4 企业收益和利润

5.4.1 总收益，总成本和利润

什么是企业的利润？我们把利润定义为企业总收益减其总成本。企业从销售其产品(如糕点)中得到的货币量称为总收益。企业为购买投入(如面粉、糖、工人、烤箱等)所支付的货币量称为总成本。这就是：

$$利润＝总收入－总成本$$

厂商的目标是使企业的利润最大化。

为了说明厂商如何实现利润最大化，我们必须全面考虑如何衡量总收益和总成本。总收益是简单的：它等于企业的产量乘以出卖这些产量时的价格。如果厂商生产了 1 万块糕点，并以 1 块 2 美元的价格出售，那么总收益是 2 万美元。与此相比，企业总成本的衡量没有那么明显。

5.4.2　作为机会成本的成本

　　现在我们从另一个角度观察成本。经济学家要切记一个很重要的原则是：资源是稀缺的。那么每次我们采用一种方法使用资源时，我们就放弃了用其他方法利用该资源的机会。

5.4.2.1　机会成本

　　机会成本这一概念是指如果一种生产要素被用于某一特定用途，它便放弃了在其他替代用途上可能获取的收益，这笔收益就是这一特定用途的机会成本。当经济学家讲企业生产成本的时候，他们包括生产物品与劳务量的所有机会成本。

　　企业生产的机会成本有时是明显的，而有时并不那么明显。

5.4.2.2　外显成本

　　外显成本是指厂商购买生产要素而支付货币构成的成本。外显成本包括支付雇员的工资、购买的原材料、燃料和其他生产资源，也包括支付的利息、租金、保险费等。

5.4.2.3　隐含成本

　　隐含成本是指厂商使用自有生产要素而支付的费用。它包括使用自有资金的折旧费，使用自产原材料，燃料的费用(按市价计)，使用自有资金的利息(按市场利率计)和企业主为自己企业提供劳务所应得的酬金。这种酬金又被称为正常利润(如果购买他人的企业家才能而支付的薪金也构成正常利润，但归入外显成本)。

　　这种成本之所以被称之为隐含成本，是因为人们常常使用自有生产要素当作消费自有消费品一样看待，忽略其费用计算。这种成本往往并没有出现在企业的利润表中。

　　但我们知道，隐含成本也是一种机会成本，厂商使用自有生产要素必须支付费用，如果该种要素因为自用而未被别人使用，就意味着放弃了其他的机会。所以经济学家坚持认为，无论生产要素为谁所有，我们应当考虑生产要素的价值。比如，即使所有者没有直接领取报酬，而是以利润的形式得到补偿，我们也应该把所有者的劳动作为成本来计算。因为所有者有其他工作机会，因此，我们必须把失去的机会作为所有者劳动的成本来计算。

　　外显成本与隐含成本之间的区别说明了经济学家与会计师分析经营活动之间

的不同。经济学家关心研究企业如何做出生产和定价决策，因此，当他们在衡量成本时就包括了所有机会成本。与此相比，会计师的工作是记录流入和流出企业的货币。结果，他们衡量外显成本，但忽略了隐含成本。

我们用糕点厂的例子来说明经济学家和会计师之间的差别。设想工厂主精通电脑，作为程序员，工作每小时可以赚 100 美元。那么，在糕点厂工作每一小时，他就要放弃 100 美元收入。这种放弃的收入是他的成本的一部分。这是一种隐含成本。他的会计师并没有把这一点作为糕点经营的成本。因为企业并没有为支付这种成本而花钱，它绝不会出现在会计师的财务报表上。但是，一个经济学家将把放弃的收入作为成本，因为它会影响工厂主在其糕点业务中做出的决策。例如，如果他作为电脑程序员的工资从每小时 100 美元增加到 500 美元，他就会确定，经营糕点事业成本太高了，并选择关掉工厂，以便成为一个全职的电脑程序员。

5.4.3　经济利润与会计利润

由于经济学家和会计师用不同方法衡量成本，他们也用不同方法衡量利润。经济学家衡量企业的经济利润，即厂商的总收益减生产所销售物品与劳务的所有机会成本。会计师衡量企业的会计利润，即企业的总收益减企业的外显成本。

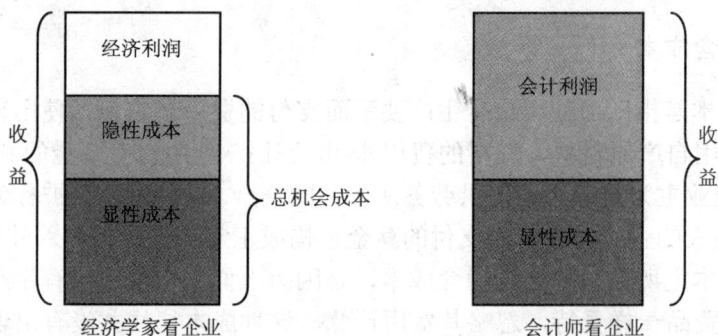

图 5.7　经济学家与会计师衡量成本的方法

图 5.7 概括了这种差别。要注意的是，由于会计师忽略了隐性成本，所以，会计利润大于经济利润。从经济学家的观点看，要使企业有利可图，总收益必须弥补全部机会成本，包括外显成本与隐含成本。

总结提要

1) 生产函数是反映生产者在生产过程中投入的要素数量和获得的最大产品

数量之间关系的一个概念。在技术不变的前提下，假设生产过程中所投入的要素，只有一种要素的投入量不断增加，而其他要素投入量固定不变，那么这种要素增加到一定数量后，所得到的产品增加量便会逐渐递减。经济学称其为边际收益递减规律。

2) 和一定的生产规模相对应的收益，称之为规模收益。规模收益分为三种情况：规模收益不变、规模收益递增、规模收益递减。

3) 规模经济是指随着生产规模扩大，产品平均成本下降的情况。如果平均成本随生产规模扩大而上升，则称规模不经济；经济规模通常指生产能力大小或企业规模大小。不少产品生产需要有一定的经济规模，才能取得规模经济，并有规模收益递增的好处；范围经济是指有的企业同时生产基本技术和设备相同或相关的多种产品时所拥有的生产和成本的优势，从而使联合生产能超过个别生产。

4) 成本是指厂商生产产品或劳务时对使用的生产要素所做的支付。短期成本是指厂商只调整某些生产要素量时所发生的成本。长期成本是指厂商调整全部生产要素量时所发生的成本。

5) 在短期，企业成本分为总成本、固定成本、可变成本、平均成本、平均固定成本、平均可变成本和边际成本等。可以用规模经济和规模不经济等现象来解释长期平均成本曲线的形状。

6) 经济成本(总机会成本)包括外显成本和隐含成本，它一般大于会计成本，因为会计成本是指外显成本。由此，可以计算出经济利润和会计利润。

案例分析

某商户的经营困境——显成本、隐成本和经济利润

小李是某品牌灯具的代理商，大学毕业后，小李在一家外企从事机加工技术工作，虽说工作比较辛苦，但收入尚可，月工资 2 000 多元，2008 年以来由于金融危机，企业经济状况每况愈下。公司为降低成本，开始对员工减薪以渡过难关。小李的工资最初被减为 1 200 元，几个月后又降到 800 元，想到又苦又累的工作，小李认为 800 元的工资太低了，不甘心就这样下去，一气之下辞职走人，心想，自己干什么也比挣这 800 元强。辞职没多久，刚好小李姐姐的同学想为某品牌灯具寻找代理商。创业心切的小李便很快签下了代理合同，以每年 4 万元的租金承租了某建材城的一家店铺。由于社会阅历浅，也没有做生意的经验，签合同时没有注意到价格问题，灯具进价太高，一年下来，小李的销售收入只有 1 万元。因为生意差，他一直没雇人，而且每月的水电费也得上百元。无奈之下，小李有时也跑跑车给人家拉货赚些钱补贴家用。合同期满后，他打算经营其他品牌的灯具，

看能否扭转目前的局面。

分析：

1) 小李过去一年的经济利润是多少？

2) 显成本、隐成本各是多少？

3) 你认为创业需要具备哪些基本条件？小李失败在哪里？

【复习思考】

1) 简释下列概念：边际产量、生产函数、固定成本、可变成本、平均成本、平均固定成本、平均可变成本、边际成本、利润、总收益、总成本。

2) 表 5.3 中的数据描述的是 ABC 公司的短期生产函数。请填出表 5.3 中边际产量值，并使用表中的数据描绘总产量曲线和边际产量曲线。

表 5.3

工人数量	总产量(每天)	边际产量	工人数量	总产量(每天)	边际产量
0	0		50	600	
10	50		60	650	
20	150		70	650	
30	350		80	640	
40	500		90	620	

3) 本章讨论了许多成本类型：机会成本、总成本、固定成本、可变成本、平均成本和边际成本。填写最合适的成本类型使以下句子完整：

A. 采取某个行为的真正成本是其_____。

B. _____是当边际成本低于它时下降，当边际成本高于它时上升。

C. 不取决于产量的成本是_____。

D. 在冰淇淋行业里，短期中，_____包括奶油和糖的成本，但不包括工厂的成本。

E. 利润等于总收益减_____。

F. 生产额外一单位产量的成本是_____。

4) 对表 5.4 填空。

5) 根据表 5.4 中所计算出的平均固定成本 C_{AF}、平均成本 C_A 和边际成本 C_M 画出相应的曲线。边际成本曲线与平均成本曲线之间的关系是什么？边际成本曲线与平均可变成本曲线之间的关系是什么？并解释之。

表 5.4

产量 Q	总成本 C_T	固定成本 C_F	平均成本 C_V	平均固定成本 C_{AF}	平均可变成本 C_{AV}	平均成本 C_A	边际成本 C_M
0	50						
1	70						
2	100						
3	120						
4	135						
5	150						
6	160						
7	165						

6) 考虑表 5.5 中三个不同企业的长期总成本：

表 5.5

产量(单位：美元)

	1	2	3	4	5	6	7
企业 A	60	70	80	90	100	110	120
企业 B	11	24	39	56	75	96	119
企业 C	21	34	49	66	85	106	129

试问：这里的每个企业是处于规模经济呢，还是规模不经济呢？

6 厂商均衡理论

★ 了解市场结构的类型以及划分标准；

★ 理解完全竞争、完全垄断、垄断竞争和寡头垄断这四种市场结构中厂商达到短期均衡和长期均衡的条件；

★ 掌握超额利润、经济利润、完全竞争市场、完全垄断市场、垄断竞争市场和寡头垄断市场的概念。

本书第 4 章假定消费者的收入和他打算购买的各种消费品的价格是已知的情况下，考察消费者如何根据其效用函数进行选择，以使他花费既定收入用来购买各种消费品的某一组合，实现效用最大化，同时得到向右下方倾斜的需求曲线，验证了第 3 章的需求规律。

有些类似地，本书第 5 章假定生产技术和生产要素价格是确定的，分析厂商如何按照既定的生产函数选择各种要素组合，以使他花费既定成本所能生产的产品产量最大，或产出一定量产品所费成本为最小。

前两章都假定厂商供应并由消费者购买的商品的价格是已知的，本章将进一步分析前面被假定为已知的商品价格是怎样被决定的，以及结合成本理论分析在此价格水平下厂商能否实现利润，进而决定商品的供应量。

在正式分析之前，我们首先来看大米与电这两种商品。如果某个生产大米的农民把他出售的米价提高 20%，我们会发现大米的销售量会大幅下降，因为买家会很快转而去买其他农民的大米。但如果电力公司把电价提高 20%，电的销售量只是微不足道的减少。大米市场和电力市场的差别是显而易见的：有很多农民卖米，而只有一家公司卖电。这种市场结构的差别影响了在这些市场中经营企业的定价及其生产决策。

在经济学当中，通常按照不同市场中的厂商数量、厂商对价格的控制能力、产品的差别程度及厂商进入市场的难易程度等标准，将市场分为完全竞争、完全垄断、垄断竞争和寡头垄断这四种市场结构类型。

6.1 完全竞争市场中的厂商均衡

6.1.1 完全竞争的条件及其收益规律

完全竞争又称纯粹竞争，是指不存在丝毫垄断因素的市场结构。一种产品的市场具有完全竞争的性质，必须同时具备下述四个条件：

1) 很多的小规模买者与卖者。每个卖者可以提供的产品数量和每个买者打算买进的产品数量在市场总量中所占的比重都是微不足道的，以致单个卖者(或买者)增减其供给(或需求)对于产品市场价格不产生任何影响。例如某个加油站企图以减少其汽油的供应量来达到汽油价格上涨的想法是无法实现的，因为这个加油站提供的汽油数量在整个汽油市场中所占的比例太小，根本没有能力影响市场供求的能力。同样买汽油的普通消费者试图以低于市场价来购买汽油也是不可能的，毕竟这个消费者的需求在市场中份额太小，加油站完全可以维持原价把汽油全部卖出。从这个角度上说，无论消费者还是厂商，只能是价格的接受者而非价格的决定者。

2) 产品不存在差别，是同质的。在买者看来，所有生产者的产品具有完全的相互替代性质。如果一个生产者稍微提高其产品的卖价，所有消费者将会转而购买其他竞争厂商的产品。在所有生产者的卖价相同时，消费者购买哪个生产者的产品完全是随机的。

3) 产品生产者可以自由进入或退出该行业。前面举的例子，生产大米的农民完全可以今年不种，明年再种，进入或退出这种行业都是自由的。而对于电力的供应，由于法律、资金等因素阻碍潜在的生产者进入此行业，退出也是困难的。

4) 信息是完全的。在完全竞争市场结构中，生产者和消费者被假定为对于有关市场的信息具有完全知识。这样，市场上的每一个消费者或生产者都可以根据自己所掌握的完全信息，确定自己的最优购买量或产量，从而获得最大的经济利益。这样就排除了由于市场信息不畅而可能产生的一个市场同时存在几种价格的情况。

只有同时具备上述四个条件的市场才是完全竞争市场。理论分析所假设的完全竞争的条件是严格的。在现实生活中，可以说几乎没有一个行业能完全满足这四个条件，通常只是将某些市场看作是比较接近的市场类型，如农产品市场。

依据以上性质，我们可以进一步分析完全竞争厂商的收益规律。

在完全竞争市场中，商品的市场价格是由整个行业的供求关系所决定的(如图6.1 所示)。

不过，价格一旦决定以后，对于每一个厂商而言，只能按照既定的价格出售。如图 6.2 所示，表示一个厂商无论出售多少产品，也只不过是整个行业供给的微乎其微的小部分，无法改变市场价格，厂商所面临的需求曲线为一条水平线。

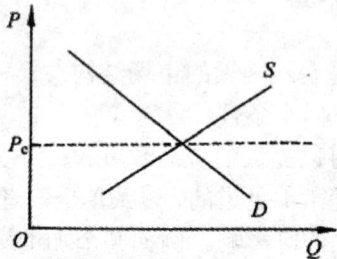

图 6.1 完全竞争市场的需求曲线   图 6.2 完全竞争厂商所面临的需求曲线

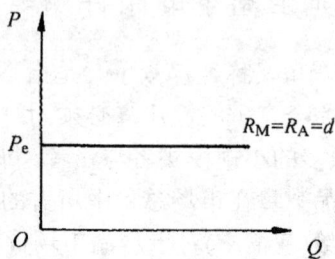

厂商的总收益(R_T)，即厂商售出一定数量的产品所得到的全部销售价款。

$$R_T = P(Q) \cdot Q$$

厂商的平均收益(R_A)，即厂商销售一定量商品时，平均每一单位产品所获得的收益。

$$R_A = \frac{R_T(Q)}{Q} = \frac{P(Q) \cdot Q}{Q} = P(Q)$$

厂商的边际收益(R_M)，即厂商每增加一个单位的商品销售所获得的收益增量。由于在完全竞争市场中，厂商是价格的接受者，所以，商品的价格是不随自己销售量变化的，$P(Q)=P$，由此可知 $R_A = R_M = P$，如图 6.2 所示，厂商所面临的需求曲线、平均收益曲线以及边际收益曲线重合在一起。

6.1.2 完全竞争厂商的短期均衡

在完全竞争市场上，任一厂商可以按照既定的市场价格卖出他愿意销售的任何数量，那么旨在赚取最大限度利润的任一厂商一旦在分析比较成本与收益后，如果认为已使利润达到最大化，那么他就不再改变其产量，从而实现经济分析中的均衡状态。这里我们也要分析短期与长期两种情况。

所谓短期，是指在这样一段时间内，由于时间之短，厂商来不及改变诸如厂房、设备等固定要素的投入，新厂商也来不及加入该行业。利润 π 是指总收益超过总成本的剩余部分，$\pi = R_T - C_T$。对于厂商而言，总收益、总成本都是随产量变化而变化的函数，所以，又有 $\pi(Q) = R_T(Q) - C_T(Q)$。厂商的短期均衡问题也就是厂商在既定的厂房设备规模下，通过调整其可变要素(如劳动力)的投入量来选择一个产出水平，使他在这个产量下的总收益超过总成本最多，也就是利润实现最大化。

在微观经济学中，往往将利润最大化的均衡条件简化为 $R_M(Q) = C_M(Q)$。如果厂商选择的产量在小于 Q_e 的范围内，比如图 6.3 中的 Q_1 水平，显然有 $R_M(Q_1) > C_M(Q_1)$，厂商此时如果增加一单位的产量所获得的

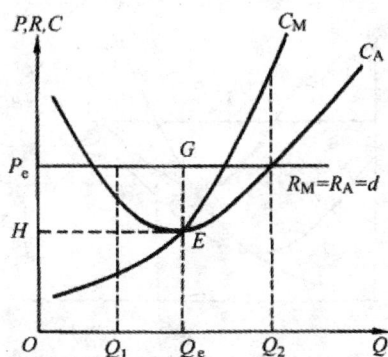

图 6.3　厂商实现最大利润的均衡条件: $R_M = C_M$

收益增量将大于所付出的成本增量，厂商会继续增加可变要素的投入，以增加利润。但是随着产量的增加，C_M 是在上升，而 R_M 则是在下降，总有一个产量水平 Q_e，使得 $R_M(Q_e) = C_M(Q_e)$。该厂商所获得的利润就是图中矩形 P_eHEG 的面积(总收入为矩形 P_eOQ_eG 所表示的面积，总成本为矩形 HOQ_eE 所表示的面积，两矩形面积之差为利润)。如果厂商继续扩大产量至 Q_2，意味着 $R_M(Q) < C_M(Q)$，也就是每增加一个单位产品的提供所获得的收益增量小于付出的成本增量，厂商不会干这么不明智的事。所以说 $R_M = C_M$ 时的产量水平是厂商的均衡产量，此时的利润为最大利润。

这里需要强调的是，在 $R_M = C_M$ 的均衡点上，厂商可能是盈利，这时的利润水平一定是在此规模下的最大利润如图 6.4(a)所示；厂商也可能是亏损，这时的亏损一定是最小的亏损。如图 6.4(b)所见，由于整个行业处于供过于求的局面，价格必然走低，如厂商面临需求曲线为 d_2，按照厂商的最大利润的条件，其产量应是由 $R_M = C_M$ 对应的 Q_e'，这时的收益能够弥补可变成本，但不能全部弥补固定成本。不过，我们把已经投入的固定成本作为沉没成本的话，生产比不生产要强，企业会继续维持开工。但如果需求曲线降到了 C_{AV} 曲线最低点之下，这时的销售收入连可变成本都已经无法全额弥补，更谈不上弥补固定成本了。此时不生产要比生产强。我们常常将 C_{AV} 的最低点称为停止营业点(或称关门点)。

总之，$R_M = C_M$ 时，厂商处于由既定的收益曲线和成本曲线下所能产生的最好结果中。

综上所述，完全竞争厂商的短期均衡条件是: $R_M = C_{SM}$，其中 $R_M = R_A = P$。在短期均衡时，厂商可以获得最大利润，也可能是承受最小损失，当然也可能是利润为零。

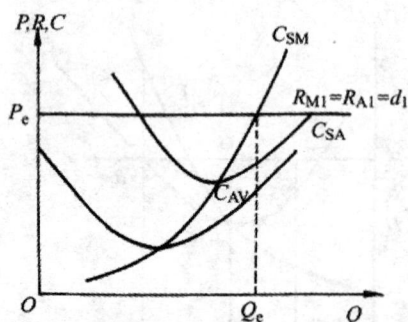

(a) 存在超额利润的完全竞争厂商的短期均衡   (b) 亏损但继续营业的完全竞争厂商的短期均衡

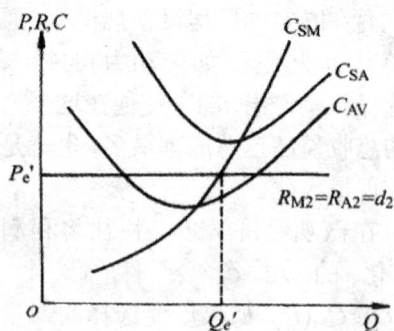

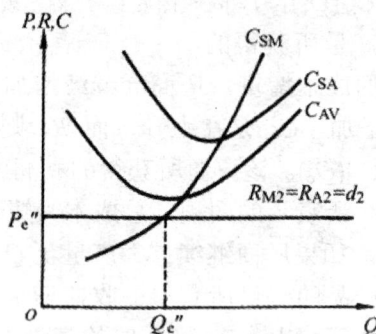

(c) 亏损且应停止营业

图 6.4   完全竞争厂商短期均衡

6.1.3   完全竞争厂商的长期均衡

在长期中，各个厂商都可以根据市场价格来调整全部生产要素的投入，甚至是可以自由进入或退出该行业。当整个行业的供给小于需求时，均衡价格较高，厂商有超额利润，各厂商会扩大生产，其他行业的厂商也会转而涌入该行业，从而商品供给增加，价格水平下降，超额利润逐渐消失。反之，当整个行业的供给大于需求时，均衡价格较低，厂商的收益不能弥补其成本，各厂商会立即减少生产，甚至是退出该行业。从而商品供给减少，价格水平上升，亏损逐渐减少。最终，市场价格会达到一种使各个厂商既无超额利润，又无亏损的水平，这时无论是行业中厂商的数量还是厂商的规模都不会变化。这就是完全竞争厂商的长期均衡。

如图 6.5 所示，某个厂商正处于长期均衡状态。C_{LA} 与 C_{LM} 分别代表厂商的长期平均成本和长期边际成本。在 Q_e 水平，厂商所面临的需求曲线 d 与 C_{LA} 曲线相切于最低点，同时 C_{LM} 经过该点。这时总收益等于总成本，企业无超额利润。当然，生产要素之一的企业家才能的报酬—正常利润是有的。由此，在完全竞争状态下，厂商的长期均衡条件可以表示为：

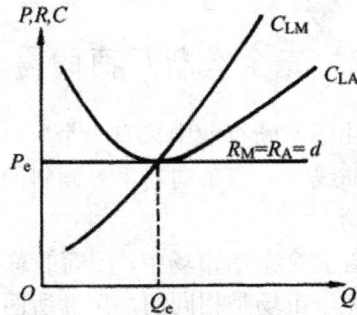

图 6.5　完全竞争厂商长期均衡

$$C_{LM}=C_{LA}=R_M=R_A$$

6.2　完全垄断市场中的厂商均衡

6.2.1　完全垄断的条件及其形成原因

完全竞争市场的另一极端便是完全垄断。如果某个行业的商品都是由一家生产厂商提供的，这种不存在丝毫竞争因素的市场结构，我们称之为垄断或独占。

具体地说，具备以下三个条件的市场属于垄断市场：

1) 市场上只有唯一的一个厂商生产和销售这种商品。这样无须考虑其他卖主的厂商，可以根据自己利润最大化原则，来决定整个产品的市场供给与市场定价，因而它不像完全竞争市场中的厂商那样是价格的接受者，而是价格的制定者。

2) 该厂商生产和销售的商品没有任何相近的替代品。当商品价格上升时，想消费这种商品的消费者仍要购买此厂商的商品，没有其他替代品可以选择。否则，这种商品市场上就存在竞争了。

3) 存在进入壁垒。其他任何厂商进入该行业都是极为困难的或不可能的。这也就意味着独占。

形成垄断的原因主要有以下几个方面：

1) 由于某厂商控制了生产该商品的主要资源或关键技术，使得其他厂商无法生产该种商品。

2) 政府或法律特许的独家经营，其他厂商不许进入该行业。

3) 自然垄断。有些行业其产品的提供，首先需要大量的投资才能使单位生产成本大大降低，并且一家厂商一旦达到这种规模就可以满足整个市场的需要，两家厂商提供产品就会造成厂商亏损。这是从规模经济效益考虑。

6.2.2 完全垄断厂商的需求曲线和收益曲线

由于垄断行业中只有一个厂商，整个行业的需求曲线也就是此厂商所面临的需求曲线——一条向右下方倾斜的曲线，市场价格随着自己供应量的变化而反方向变动。

在完全垄断市场中，厂商的总收益 R_T、边际收益 R_M 及平均收益 R_A 的含义与完全竞争市场是相同的，厂商所面临的需求曲线与平均收益曲线仍然是重合。不同的是在完全垄断市场中，厂商的平均收益曲线与边际收益曲线并不是重合在一起，R_M 曲线始终在 R_A 曲线的下方。这是因为，厂商增加销量必然导致市场价格的下降，即最后销售的那个单位的产品价格低于其所售产品的价格，也就必然低于已销售的所有产品的平均价格，$R_M < R_A$。

接下来分析完全垄断厂商的收益规律：

$$R_T(Q) = P(Q) \cdot Q$$

$$R_M = \frac{dR_T}{dQ} = \frac{dP(Q)}{dQ}Q + P(Q) = P(Q)\left(1 + \frac{Q}{P(Q)} \cdot \frac{dP(Q)}{dQ}\right)$$

$$= P(Q)\left[1 - \left(-\frac{1}{\dfrac{dQ}{Q} \cdot \dfrac{P(Q)}{dP(Q)}}\right)\right] = P\left(1 - \frac{1}{|E_d|}\right)$$

当 $|E_d| > 1$ 时，$R_M > 0$，R_T 随着产量的增加而增加；

当 $|E_d| < 1$ 时，$R_M < 0$，R_T 随着产量的增加而减少；

当 $|E_d| = 1$ 时，$R_M = 0$，R_T 达到最大值。

以上三种情况，在图 6.6 中都得到了体现。

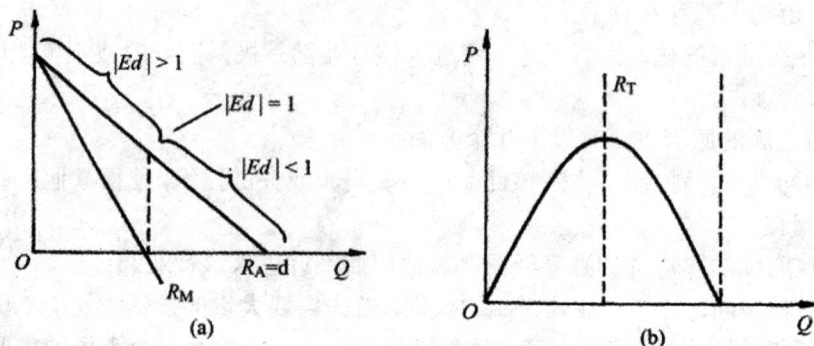

图 6.6 完全垄断厂商的收益曲线

6.2.3　完全垄断厂商的短期均衡

　　垄断厂商为了获得最大利润，也必然遵循 $R_M = C_M$ 的原则。在短期内，厂商在既定的生产规模下通过可变要素投入量的改变来调整产量，确定市场的均衡价格，以期实现利润的最大化。如图 6.7 所示，C_{SM} 曲线和 C_{SA} 曲线确定了厂商的规模，厂商会在 C_{SM} 与 R_M 交点对应的产量 Q_e 上生产，此时的市场价格为 P_e，那么垄断厂商的总收益就是矩形 P_eOQ_eA 的面积，而总成本是由矩形 BOQ_eC 的面积，所以，最大利润便是矩形 P_eBCA 的面积。

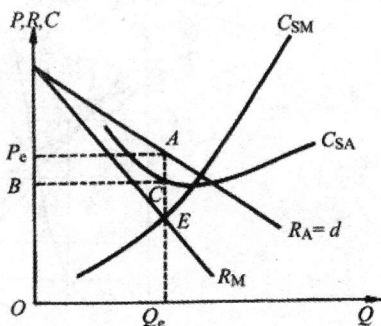

图 6.7　完全垄断厂商的短期均衡

　　符合 $R_M = C_{SM}$ 的条件是否意味着厂商一定有超额垄断利润呢？这与完全竞争市场一样，也是不一定的。$R_M = C_{SM}$ 对应的产量可能是厂商超额利润最大的产量，也可能是亏损最小的产量。在亏损的情况下，只要 $R_M = C_{SM}$ 对应的产量上 $R_A > C_{AV}$，会继续生产，因为垄断厂商可以弥补全部的可变成本，以及部分的固定成本。但是如果 $R_M = C_{SM}$ 对应的产量上 $R_A < C_{AV}$，也就意味着垄断厂商的收益还不能弥补可变成本，这将导致更大的亏损，厂商将停止生产。

6.2.4　完全垄断厂商的长期均衡

　　垄断厂商在长期内排斥了其他新厂商的进入，它可以调整全部生产要素的投入量，实现利润的最大化。需要特别注意的是，这里是利润最大化，而并非亏损的最小化。因为短期内，垄断厂商一旦存在亏损，如果在长期中也不存在使得厂商能获得利润的生产状态，该厂商必然会退出此行业。所以，垄断厂商真正意义上的调整有两种情况：第一种，垄断厂商在短期内是亏损的，在长期中，它通过最优生产规模的选择，摆脱了亏损的状况，甚至获得了利润。第二种，垄断厂商在短期内利用既定的生产规模获得了利润，在长期中，它通过对生产规模的调整，使自己获得更大的利润。我们以第二种情况为例进行说明。

　　如图 6.8 所示，C_{LM} 以及 C_{LA} 说明此垄断厂商一定有存在利润的生产状态。当曲线 C_{SM1} 以及 C_{SA1} 表示的生产规模下厂商的最大利润应该是 Q_e 表示的产量生产，利润为矩形 P_eHFA 所表示的面积。在长期内，经过扩大生产规模，确定 C_{SM2}

以及 C_{SA2} 表示的生产规模为最优规模，在这个规模下产量确定为 Q_e'，因为此时实现了 $C_{LM}=R_M$，利润为矩形 P_e' IGB 表示的面积，且为最大。完全垄断厂商长期均衡的条件是 $R_M=C_{LM}=C_{SM}$，此时的产量对应的利润为最大。

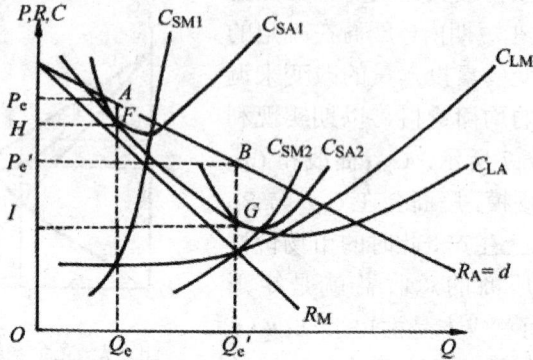

图 6.8　完全垄断厂商的长期均衡

6.2.5　完全垄断厂商的差别定价

厂商按照市场需求状况与自身成本曲线，确定它生产的数量以及价格，这里的价格是对所有购买者索取相同的价格。在现实经济生活中，许多市场上都存在着差别价格，即厂商对同一种商品向不同的消费者收取两种甚至两种以上的价格。比如：村子里有 99 个穷人和 1 个地主，假设他们每年都要得一次病，村里唯一的老郎中该如何收取就诊费？如果老郎中实行统一低价，每人收取一个铜板，那么老郎中 1 年能够收取 100 个铜板。如果老郎中实行统一高价，每人收取 50 个铜板，那么只有地主才能付得起就诊费，穷人有病也请不起医生，老郎中 1 年只能收取就诊费 50 个铜板。如果实行差别定价，对穷人收取就诊费每人 1 个铜板，对地主收取就诊费 50 个铜板，结果老郎中 1 年能够获得 149 个铜板。可见实行差别价格，能够获取更多的利润。

在实行差别价格之前，必须首先考虑是否满足以下三个条件：

1) 市场存在不完善之处。在完全竞争市场上实行差别定价是不可能的，因为厂商是市场价格的接受者。但是，当市场存在不完全性，或者当市场的各部分被运输成本、消费者的无知等因素所阻隔时，厂商就可以对各个市场或市场的不同部分对消费者索取不同的价格。

2) 在各个市场或市场的不同部分，消费者的需求价格弹性不相同。正是因为地主既有钱又重视自己的健康，对老郎中就诊费的需求弹性较小，从而实行高价。

而穷人没有多少钱，一旦老郎中就诊费提高他们就无力承担医疗费用，其需求价格弹性较大，从而实行低价。这样无论穷人还是地主都会付就诊费，使老郎中有较大收益。

3) 各市场之间或市场的各个部分之间必须完全有效分开。如果厂商无法隔离他的市场，消费者将都到低价市场上购买商品，那么实行差别价格就没有意义了。

按照价格差别的程度不同，厂商的差别定价一般有三种类型：一级、二级、三级价格差别。一级价格差别是指厂商向每个顾客索取其愿意支付的最高价格。在日常生活中，买卖双方进行讨价还价，卖方试图通过信息了解买方愿意支付的最高价，然后告诉买方是物有所值的。二级价格差别又称数量折扣定价策略，它通过相同货物或服务的不同消费量或"区段"索取不同价格来实现更多利润的目的。在美国电力市场上，如果消费者每月电量消费超过第一段消费区间，超过部分将可以享受折扣，如果消费者的电量消费还超过第二段消费区间，超过部分将可以享受更大的折扣。这种措施将激发消费者的电力需求，电力公司大大降低单位成本，获得更多的利润。三级价格差别是指厂商把消费者分为具有不同需求的两组或更多组，就同一种商品或服务向不同组的消费者索取不同的价格。如电信收费中有代表性的收费方式有两种：高月租低话费与低月租高话费。对于那些电话较多的消费者，高月租低话费要比低月租高话费实惠；对于那些电话寥寥无几的消费者，显然是低月租高话费要比高月租低话费要实惠。这样,电信企业就迎合了不同的消费者的需求，大家都会接受电信服务。消费者与厂商都获得收益。

6.3　垄断竞争市场的厂商均衡

6.3.1　垄断竞争市场的条件

完全竞争市场和完全垄断市场是理论分析中两种极端的市场组织，在现实经济生活中，通常存在的却是垄断竞争以及寡头市场。所谓垄断竞争市场,就是有许多厂商生产和销售有差别但为同种商品的市场结构。一方面，生产该种产品的厂商数量非常多而且规模小，新厂商能够比较容易地进入该行业，这样垄断竞争市场就比较接近完全竞争市场。另一方面，垄断竞争厂商提供的产品是非同质的，不过产品间又具有较高的替代性。这种既有垄断势力又有竞争关系的市场结构相对于完全垄断行业而言，更接近完全竞争行业。

垄断竞争市场中的产品差别一般来自两方面，一是产品本身的化学或物理属性具有细微的差别。例如两包食品，即使色、香、味甚至营养成分都完全相同，只要包装不同，就是属于有差别的不同产品。二是销售条件的差别。两包食品如果连包装都是一样的，但是它们是在两家不同的商店里出售的。商店规模有不同、服务态度有不同，因为影响了顾客的喜好，也应看作是不同的产品。

6.3.2　垄断竞争厂商的产品需求曲线

由于垄断竞争厂商提供的产品是有差别的，在一定程度上可以通过改变自己产品的数量来控制产品的价格。所以，如同完全垄断厂商一样，垄断竞争厂商所面临的需求曲线是向右下方倾斜的，所不同的是由于产品差别较小，它们之间有较高的替代性，市场中竞争因素又使得垄断竞争厂商所面临的需求曲线有较大的弹性。因此，垄断竞争厂商向右下方倾斜的需求曲线是比较平坦的，比较接近完全竞争厂商的水平状需求曲线。在垄断竞争条件下，厂商所面临的需求曲线有两种。一条需求曲线 d，表示当一个厂商改变自己产品的价格，而且行业中其他与之竞争的厂商并不随它改变价格时，该厂商的价格与销售量的关系。另一条需求曲线 D，表示当一个厂商改变自己产品的价格时，该行业中其他与之竞争的厂商也随之同向调整价格时，该厂商的价格与销售量的关系。显然在后一种情况下，厂商原来改变价格所预期的目标就未必能够达到。

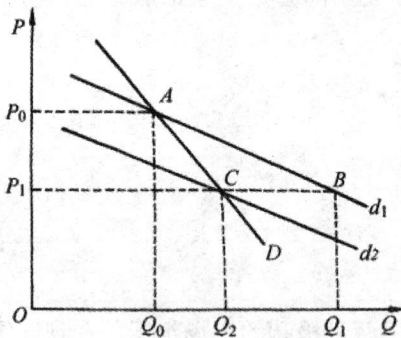

图 6.9　垄断竞争厂商的需求曲线

如图 6.9 所示，当一个厂商在 A 点时价格为 P_0，销售量为 Q_0，它试图通过降低价格来实现提高销售量的目的。当价格 P_0 降到 P_1 时，如果其他厂商没有改变原有价格，销售量会从 Q_0 增加到 Q_1，原来在其他厂商购买商品的部分消费者因为此厂商价格便宜而吸引过来。如果其他厂商也随之降价，垄断竞争厂商的销售量必然是不可能像前种情况那样增加到 Q_1 水平，只能是小于 Q_1 水平如 Q_2，这是因为市场价格的下降导致整个市场需求量的上升，对于此厂商的产品需求也有所增加。市场对此厂商的需求从 A 点变化到 C 点的这一过程就是需求曲线 D。我们通常称 d 曲线为厂商主观预期需求曲线，而 D 曲线为厂商的长期需求曲线。

6.3.3 垄断竞争厂商的短期均衡

在短期内，垄断竞争厂商也是在现有的生产规模下通过对产量和价格的同时调整来实现 $R_M=C_{SM}$ 的均衡。

C_{SM} 曲线和 C_{SA} 曲线代表厂商现有的生产规模。R_{M1} 是相对于 d_1 的厂商边际收益曲线，R_{M2} 是相对于 d_2 的厂商收益曲线。假定厂商现在 A 点生产，如图 6.10 所示。此时的价格与产量分别是 Q_1 与 P_1，显然没有符合 $C_{SM}=R_M$ 的条件。于是垄断竞争厂商试图通过增产的方法，达到 B 点实现 $C_{SM}=R_{M1}$。但 d_1 是厂商主观预期需求曲线。其他厂商看到它的增

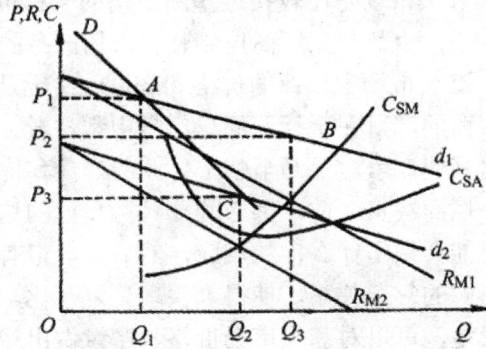

图 6.10 垄断竞争厂商的短期均衡

产降价也会纷纷效仿，使得不会沿着 d_1 曲线移动，而是沿着 D 曲线移动，一直到 C 点，此时实现 $C_{SM}=R_M$，而这里的 R_M 是厂商需求曲线 d_2 对应的 R_{M2}。

当然，垄断竞争厂商在短期均衡点上并非一定能获得利润，也可能是实现亏损的最小。这要取决于均衡价格是大于还是小于 C_{SA}。如果企业亏损，只要均衡价格大于 C_{AV}，企业在短期内是继续生产；反之，则是停产。

6.3.4 垄断竞争厂商的长期均衡

长期内，在一种存在超额利润形式的垄断竞争市场条件下，原有厂商规模将进一步扩大，并伴有新厂商的加入，结果都会是行业供给量的增加。在行业中需求水平不变的情况下，厂商所面临的需求曲线将要向左下方旋转，超额利润逐渐消失。

如图 6.11 所示，需求曲线 d 与 C_{LA} 曲线相切，垄断竞争厂商的总收益为矩形 P_eOQ_eA 表示的面积，总成本也为矩形 P_eOQ_eA 表示的面积，厂商无超额利润。这时实现了长期均衡。

垄断竞争厂商长期均衡的条件是：

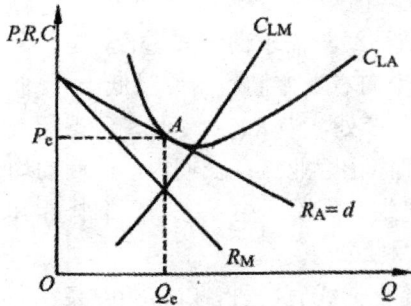

图 6.11 垄断竞争厂商的长期均衡

$$R_M = C_{LM}, \quad C_{LA} = R_A$$

6.4　寡头市场的厂商均衡

　　寡头市场是比较接近垄断市场的一种市场组织，又称寡头垄断市场，在这个市场上，少数几家厂商控制整个市场产品的生产和销售。

　　寡头市场上厂商的价格和产量的决定是一个很复杂的问题。主要原因是：每个厂商的产量在全行业的总产量中都占较大份额。每个厂商的产量和价格变动都会对其他竞争对手乃至整个行业的产量和价格产生举足轻重的影响。正因为如此，每个厂商决策之前，都必须要预测自己的这一决策对其他厂商的影响以及其他厂商可能会做出什么样的反应，然后采取最有利的行动。正因为这样，厂商之间相互影响的复杂关系，使得寡头理论复杂化。在西方经济学中，还没有一个寡头市场模型，可以对寡头市场价格、产量做出一般性的理论总结。我们只能根据不同的假设条件做出对寡头市场特殊性的研究。

总结提要

　　1）按照不同市场当中的厂商数目、产品差别程度、厂商对价格的控制能力，以及厂商进入市场的难易程度等标准，将市场划分为完全竞争、完全垄断、垄断竞争和寡头垄断等四种市场结构类型。

　　2）在完全竞争市场条件下，厂商所面临的需求曲线、平均收益曲线以及边际收益曲线这三条线是重合的。完全竞争厂商的短期均衡存在着不同情况。在$R_M = C_M$所决定的均衡点E外，当$R_A > C_A$时，厂商获得超额利润；当$R_A = C_A$时，厂商利润为零；当$\text{AVC} < R_A < C_A$时，厂商亏损，但继续生产；当$R_A = C_{AV}$时，厂商停止营业。厂商实现长期均衡的条件为$R_M = C_{LM} = C_{SM} = C_{LA} = C_{SA}$，厂商通过对生产规模的不断调整，逐渐消除利润和亏损，实现均衡。

　　3）在完全垄断市场条件下，厂商的平均收益曲线与需求曲线d重合，是一条向右下方倾斜的曲线，厂商的边际收益曲线R_M也向右下方倾斜，并且低于R_A曲线。厂商的短期均衡遵循$R_M = C_M$原则，在均衡点E处，当$R_A > C_A$时，获得超额利润，$R_A = C_A$时，利润为零，$R_A = C_{AV}$时，为厂商停止营业点；长期内，厂商的均衡条件是$R_M = C_{LM} = C_{SM}$，垄断厂商依此逐渐调整生产规模，由于垄断厂商排斥其他厂商的进入，因而垄断厂商在长期内获得最大利润。

　　4）在垄断竞争市场条件下，厂商所面临的需求曲线有两种，以市场中某一厂商改变价格，其他厂商是否跟随为准，区分为d曲线与D曲线；厂商在短期中持续降价，直至实现$R_M = C_M$的均衡条件为止，这使得d与D的交点所确定的产量

价格恰好是 $R_M=C_M$ 均衡点 E 处所要求的产量和价格；垄断竞争厂商的长期均衡条件是 $R_M=C_{LM}=C_{SM}$，$R_A=C_{LA}=C_{SA}$，在厂商的长期均衡产量上，厂商的经济利润为零。

案例分析

牛奶：哺育完全竞争模型

这里简要地考察一下 1790 年到 1914 年期间伦敦牛奶零售业的发展，其目的是概括一下 19 世纪一个行业的发展是怎样彻底改变其特征的。例如，考虑表 6.1 中的数据。

表 6.1 伦敦卖牛奶者、养奶牛者和乳品商人的数目

年份	男性	女性(%)	总数
1841	1950	738(27.5)	2688
1851	3938	1262(24.3)	5200
1861	4273	1321(23.6)	5594
1871	5113	1211(19.1)	6324
1881	6597	1219(15.6)	7816
1891	8850	1319(13.0)	10169
1901	9360	1211(11.5)	10571

当今牛奶生产与销售相分离的商业做法对理解该行业于 18 世纪末 19 世纪初在伦敦的情况是很不合适的。例如，在 1850 年以前，对预先订购牛奶的定期上门送货是很少的……

牛奶零售业的早期形态起源于公众对牛奶零售商的欺诈行为的普遍怀疑。对新鲜纯粹牛奶的渴望，形成对当顾客面挤出的牛奶的需求。这种需求可以在牛棚里得到满足，也可以在 19 世纪至 1905 年詹姆斯公园的"牛奶集市"中得到满足，而尤为普遍的是驱赶着母牛、山羊和驴沿街到顾客门前挤奶……

1840～1914 年期间，伦敦牛奶业的最重要的特点是平均零售价格的稳定性。尽管工资和一般商品价格在变动，但是一夸脱牛奶的"真实"成本每年都不一样，但在该行业内，纯粹的标准牛奶的价格在时间和空间上的变化却很小。所以，竞争围绕着给顾客提供各种各样的服务或销售不同品质的牛奶而展开。

品质应从新鲜和纯度方面考虑。不用说，所有乳品商人都声称自己提供的是所谓的新鲜或"新"牛奶，有的甚至会加入热水以便使顾客相信牛奶是刚从牛身上挤出的。任何承认其牛奶不"新"的人都会失去顾客。实际上，公众会无意地要求牛奶商人别告诉他们说"铁路牛奶"在运抵之前通常都已过24小时，而在饮用之前都已达36个小时之久。而且，伦敦人对油腻样牛奶的需要鼓励了对黄色植物染料阿楠托的使用，该染料可以冒充奶油颜色，而他们不愿意购买酸牛奶则鼓励了有助于保持新鲜外观的化学防腐剂的使用。来自商家的沉默和来自公众的冷漠共同推动这些行为成为挣取零售利润的必要因素，虽然据说"许多商人都乐意放弃这些行为，如果放弃这些行为不会影响他们的生计的话……"

这里对提供服务和牛奶品质的讨论首先假定消费者或者需要某种类型的服务，或者选择他们所想要的牛奶品质。但是，对许多伦敦居民来说，选择更要受低收入的限制。例如，送货在19世纪最后10年或20年前在一些最穷的地区是不普遍的，许多牛奶通过小的街头杂货店出售。这些商店充当"食品柜商店"，拥有所有可能会突然需要的实用货品，比如食品、二手衣物和燃料。营业时间长使其一度成为一种有价值的社区服务，当时许多劳动阶级家庭几乎没有什么食品储备，更不用说易腐食品了。1/4便士或1/2便士的牛奶，不管是新鲜的还是浓缩的，一般是这些顾客们所能负担的最大量，所以牛奶更多的是以及耳而不是以品脱或夸脱来销售。因为平均交易量是很小的，所以即使零售商稍微做一点手脚，累积起来也会赢得丰厚的利润……

1850年以后——19世纪下半叶，送货上门成为牛奶零售业的主要结构特点。每天送货两次，有些地区甚至每天三次，竞争通常是激烈的，因为零售价格趋于稳定，所以乳品商只有依靠薄利多销才能取得成功。

赢得新的顾客成为乳品商的强烈愿望，他们或者扩展售货路线，或者侵占竞争对手的地盘，而降低分送成本的努力则降到次要地位。到19世纪末，激烈的竞争使得销货路线相互重叠，有时一条街上就有五六个零售商。

这种缺乏效率的状况由于一群以每夸脱3便士价格销售注水牛奶的不定期的巡回牛奶商而更加恶化。他们只需很少的资本——估计1英镑——来租用或购买扁担、桶、巡回车等必要设施。每天可以销售2加仑牛奶以维持生计。这些数量加起来给伦敦中西部的商家带来了严重的问题……1876年，大城市乳品商协会被迫绝望地承认："旨在伦敦一些地区建立统一价格的所有企图都已经失败了"。

19世纪50年代和60年代牛奶运送业的一项极重要发明是巡回车的出现，这是一种两轮或三轮手推车，可以装载一或两满罐的牛奶并由一个人来推动。虽然这些手推车在多山地区需要极大的力量来推动，但它们还是得到了广泛的应用。由于其负载多的优点，熟悉的扁担和桶从街道上消失了，到19世纪80年代早期，这种转换在伦敦可能已完成。据估计，1880年一个普通推销员在伦敦利用手推车平均兜售一圈一天最多可售出 30 加仑，相对比而言，用扁担和桶仅可售出 20 加仑，用一辆马车拉车可售 40 加仑。事实上，售出牛奶的数量要依赖于许多因素，比如所服务地区的地形，付账和出售日用品的时间，所走线路的密集度和牛奶需求的密度。例如，在贫民区，每人的需求量是很低的，一个推销员一天也许要叫卖 500 次。

（资料来源：胡代光等译.《经济学解说》(第三版，下册).(英)彼得·蒙德尔等著.北京：经济科学出版社，2000.7：708-710)

分析：

1) 为什么说 1850 年前的伦敦牛奶市场是完全竞争的一个好例子？

2) 1850 年后伦敦牛奶市场的竞争在多大程度上是不完全的？

3) 技术条件是如何影响伦敦牛奶市场的竞争属性的？

4) 为什么现在很少有在完全竞争的模式下运行的市场？

5) 哪些论断可用来支持对牛奶市场的管制？

6) 被管制的市场是否可能具有完全竞争的特点？

7) 在一个完全竞争市场上销售牛奶有哪些缺点？

【复习思考】

1) 解释下列概念：完全竞争市场、完全垄断市场、垄断竞争市场、寡头市场。

2) 为什么在 $C_M = R_M$ 时，厂商能够获得利润的最大化？

3) 说明在完全竞争市场条件下，厂商所面临的需求曲线与边际收益曲线、平均收益曲线重合的内在原因。

4) 解释垄断厂商总收益曲线、平均收益曲线和边际收益曲线的特征以及相互关系。

5) 试述垄断竞争厂商是如何实现短期均衡的。

7 要素收入理论

⭐ **学习目标**

★ 了解完全竞争的生产要素市场的特点、工会对工资的影响、利率在经济中的作用、寻租行为、社会收入分配的政策；

★ 理解生产要素的需求与供给以及均衡价格的决定、工资理论、利息理论、地租理论、利润理论；

★ 掌握劳动的需求与供给以及工资的决定、利率的决定、级差地租、准地租、经济租的概念、正常利润、超额利润、洛伦斯曲线和基尼系数的概念。

前面介绍了均衡价格和均衡产量的决定，分析了价格机制如何解决"生产什么？如何生产？"的问题，本章所要讨论的是价格机制如何解决"为谁生产"的问题，这一问题是通过分析生产要素的价格如何决定来完成的。而各种生产要素在生产中做出贡献所获得的报酬就是生产要素的价格，它们正好代表了生产要素所有者的收入，所以生产要素价格的决定与收入分配是在同一个过程中实现的。正因为如此，要素价格理论就是收入分配理论。

19世纪法国经济学家萨伊曾提出了一个"三位一体"的公式，这就是劳动——工资，资本——利息，土地——地租。以后英国经济学家马歇尔又在此基础上增加了企业家才能——利润，而成为"四位一体"公式。这个公式概括了经济学分配理论的中心，即四种生产要素(劳动、资本、土地、企业家才能)都根据自己在生产中所做的贡献获得相应的价格(工资、利息、地租、利润)。本章所讨论的是该四种要素的价格决定和收入分配。而生产要素本身的市场结构和产品市场结构一样分为完全竞争市场和不完全竞争市场，本章所考察的是完全竞争的要素市场。

7.1 完全竞争的生产要素市场

同产品市场类似，生产要素的价格也是由其市场的供求关系决定的。这就是说，生产要素的供给与需求决定了生产要素的价格。因此，分配理论是价格理论在分配问题上的应用。但是，生产要素的供给和需求有许多不同于一般产品市场的特点，本节将在充分考虑这些特点的基础上阐明要素价格决定的基本原理。

7.1.1 生产要素的需求

7.1.1.1 生产要素需求的特点

1) 生产要素的需求是一种派生的需求或引致的需求。因为厂商之所以需要购买劳动、原材料、机器和其他生产要素，不是为了它自身消费的需要，而是为了生产出售给消费者的商品和劳务，也就是说，生产要素的需求是由于消费者对消费品的需求而"引致的需求"或"派生的需求"。

2) 生产要素的需求是一种联合的或相互依存的需求，即任何生产行为所需要的都不是一种生产要素，而是多种生产要素，各种生产要素之间是相互依存的。如果只能增加一种生产要素而不增加另一种，就会出现边际收益递减现象，而且在一定范围内，各种生产要素也可以相互代替。

3) 对生产要素的需求者不是一般产品的消费者而是生产者——厂商，即可把厂商看成是要素市场的消费者。

4) 厂商对生产要素需求的目的不是满足消费的欲望，而是为了满足追求利润的欲望。

7.1.1.2 生产要素的需求曲线

厂商购买生产要素是为了实现利润最大化，因此，厂商在增加生产要素投入量的过程中，不断地把用于购买生产要素的成本和这些新增生产要素的产出收益进行比较，根据利润最大化原则（$R_M = C_M$），必须使购买最后一单位生产要素所支出的边际成本与其所带来的边际收益相等，这也就决定了厂商使用生产要素的数量。

为了便于分析问题，我们假定厂商进行生产时只有一种生产要素的数量可变，其他生产要素不变，且厂商数量仅为一家。

生产要素的边际收益取决于要素的边际生产力。在其他条件不变的情况下，每增加一单位的某种生产要素带来的产出的增加量，即为该生产要素的边际生产力。它有两种基本的表现形式：边际物质产品（P_M）是以实物来表示的生产要素的边际生产力；边际收益产品（P_{MR}）是以货币来表示的生产要素的边际生产力，它等于产品边际收益与边际物质产品的乘积，即 $P_{MR} = R_M \cdot P_M$。当产品市场处于完全竞争状态时，边际收益等于商品价格，所以 $P_{MR} = P_M \cdot P$。

厂商增加一个单位生产要素，所花费的成本，被称为边际要素成本（C_{MF}），在完全竞争条件下，厂商只是要素价格的接受者，因而边际要素成本，也就是一个单位要素本身的价格，而对一家厂商来说，在完全竞争条件下，价格是不变的，所以厂商对于生产要素的需求取决于生产要素的边际收益产品。根据边际收益递减规律的作用，随着要素投入量的增加，每个单位要素的边际产量和边际收益产品先递增后递减，即 P_{MR} 曲线也是先上升后下降，其下降部分即为生产要素的需求曲线，可用图 7.1 加以说明。

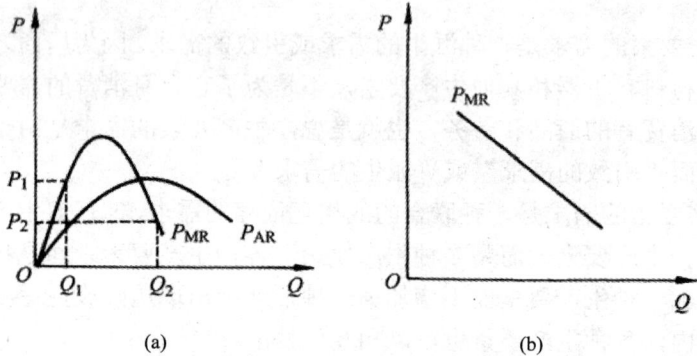

图 7.1　生产要素的需求曲线

图 7.1(a)中，P_{AR} 是变动要素的平均收益产品曲线，它等于每单位要素的平均产出量与产品价格的乘积，即 $P_{AR}=P_A \cdot P$。P_{MR} 相交于 P_{AR} 的最高点。如图 7.1a 所示，如果使用 $Q_1 O$ 的要素量，并按 P_1 的价格支付，这时每单位可变要素的 $P_{MR} >$ P_{AR}，显然对厂商不利。如果厂商在 $P_{MR} < P_{AR}$ 时的向下倾斜部分使用 $Q_2 O$ 的要素量，并按 P_2 的价格支付，这时每单位要素的 $P_{MR} < P_{AR}$，显然对厂商有利，所以厂商对生产要素的需求曲线只能是 $P_{MR} < P_{AR}$ 时的向下倾斜部分，如图 7.1(b)所示。

7.1.1.3　生产要素需求的均衡

厂商对生产要素需求的均衡条件是生产要素的边际收益产品等于边际要素成本，即 $P_{MR}=C_{MF}$。如果 $P_{MR} > C_{MF}$，厂商将增加要素量，因为增加一个单位要素所增加的收益大于增加的成本。如果 $P_{MR} < C_{MF}$，则增加的收益小于增加的成本，厂商将减少要素量。只有当最后一单位的 $P_{MR}=C_{MF}$ 时，厂商的收益达到最大，对生产要素的需求量才处于不增不减的均衡状态。这可用图 7.2 来说明。

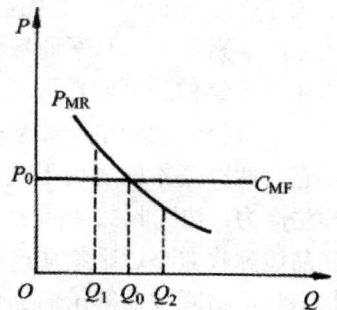

图 7.2　厂商对生产要素需求的均衡量

图 7.2 是在完全竞争条件下，厂商对生产要素需求的均衡量的图示。由于这时厂商只是要素价格的接受者，所以它对每单位的生产要素都必须支付生产要素市场决定的同量价格 P_0，这也就是使用该要素的一个单位量的 C_{MF}。如图 7.2 所示，如果厂商使用 Q_1O 的要素，这时 $P_{MR} > C_{MF}$，厂商仍然有利可图，因而应增加要素需求量；反之，如果使用 Q_2O 的要素量，这时 $P_{MR} < C_{MF}$，形成亏损，厂商应减少所使用的要素量，只有当 $P_{MR} = C_{MF}$ 时，Q_0O 的要素使用量才是厂商的最佳使用量，厂商对该要素的需求将处于均衡状态。

整个行业众多厂商的要素需求曲线应该如何表示呢？它是否能像产品需求曲线那样，通过把各个消费者的需求曲线在水平方向加总而得出来呢？一般认为，市场的要素需求曲线不能简单地把各个厂商的要素需求曲线水平相加而得出。主要原因在于，单个厂商对生产要素的需求量取决于该生产要素的边际收益产品 P_{MR}，即 $P_M \cdot P$。只考虑单个厂商增加其生产要素使用量即增加其产品数量时，在完全竞争的市场里并不会使产品的价格下降。但是，若整个行业无数个厂商都增加生产要素的使用量时，就会大量增加其产品数量，导致该产品的市场价格下降，从而使单个厂商的要素需求曲线向左移动。图 7.3 说明整个行业的要素需求曲线的推导。图 7.3(a)中 d_1 表示某一厂商的需求曲线，即它在现行价格下的边际产品价值 P_{MR} 曲线。设价格为 P_1 时，该厂对这种生产要素的需求量为 Q_1，则把在价格为 P_1 时该行业所有厂商对这种生产要素的需求量相加，可得出此时市场要素需求量 Q_1，如图 7.3(b)中所示。

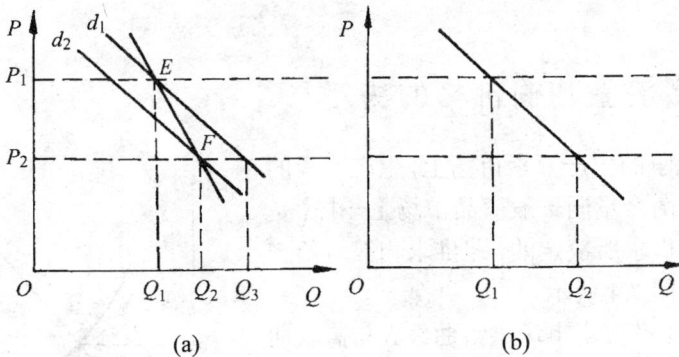

图 7.3　整个行业的要素需求曲线

当要素价格从 P_1 下降到 P_2 时，如果产品的销售价格不变，只是就该厂而言，它对这种生产要素的需求量为 Q_3。可是，实际上当要素价格从 P_1 下降到 P_2 时，其他厂商也会增加对这种生产要素的需求量，从而在总体上增加了产品的供给量。于是，就会导致产品的销售价格下降。因为 $P_{MR} = P_M \cdot P$，所以当产品价格下降，就会在边际物质产量既定的情况下使边际产品价值减少，即必然使 P_{MR} 曲线向左移动。这在图 7.3(a)中表现为厂商对要素的需求曲线从 d_1 移到 d_2。P_2 与 d_2 相交于 F。这表示当要素价格从 P_1 下降到 P_2 时，每家厂商对要素的需求量不是从 Q_1 增加到 Q_3 而只是增加到 Q_2。换句话说，当考虑到随着整个行业产品供给增多而使产品销售价格会下降时，单个厂商对生产要素的需求曲线实际上是图 7.3(a)上连接 EF 点的那条曲线。整个行业的要素需求曲线，就等于把各个厂商的要素需求曲线 EF 加总而成，如图 7.3(b)所示。

7.1.2　生产要素的供给

生产要素有各种各样，不同的生产要素各有自己的特点。一般说来，可以把生产要素分为三类：

第一类是自然资源，在经济分析中假定这类资源的供给是固定的。

第二类是资本品，是利用其他资源生产出来的。对于这类生产要素，微观经济学认为，生产要素的所有者在提供生产要素为生产者使用时，考虑的是由此获得最大净利益，正如厂商使用生产要素时考虑的是获得最大利润一样，因此这类要素的供给曲线同一般产品的供给曲线一样，与价格同方向变动，向右上方倾斜。

第三类是劳动，这种生产要素的供给有其特殊性，我们将在工资理论中再详细介绍。

7.1.3　生产要素均衡价格的决定

在完全竞争的生产要素市场上，生产要素的均衡价格和均衡产量同一般商品市场上一样，是由生产要素的供求所决定的，即供求相等时的产量和价格，如图 7.4 所示。

图 7.4 中生产要素市场供给曲线 S 与需求曲线 D 相交于均衡点 E，由 E 点所决定的 P_0 和 Q_0，即为均衡价格和均衡产量(具体可详见第三章关于均衡价格决定的分析)。以上是一般生产要素的均衡分析，以下各节将根据各生产要素的不同特点来分别说明各种生产要素的价格决定，即各种收入理论。

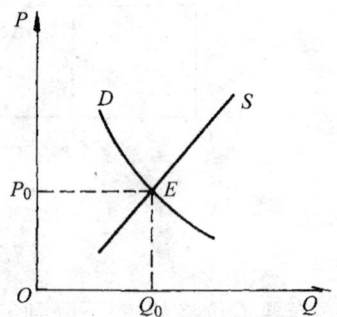

图 7.4　供求相等时的产量和价格

7.2 工资理论

工资是劳动力所提供的劳务的报酬，也是劳动这种生产要素的价格，劳动者提供了劳动，获得了作为收入的工资。工资收入是家庭最基本的收入来源，工资的高低大体上是由劳动供求决定的，但是在劳动市场上，工会和垄断厂商两大垄断势力对工资的决定具有不可忽视的影响。

7.2.1 劳动的需求与供给

7.2.1.1 劳动的需求

厂商对劳动的需求取决于多种因素，例如，市场对产品的需求、劳动的价格、劳动在生产中的重要性等。但劳动的需求主要还是取决于劳动的边际生产力或劳动的边际收益产品，根据前述，生产要素的边际收益产品曲线是递减的，所以劳动的需求曲线也是递减的，即向右下方倾斜，如图 7.5 所示。

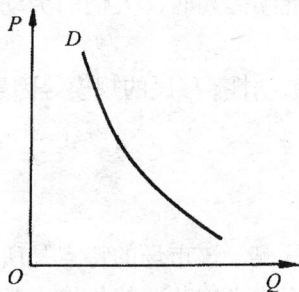

图 7.5 劳动的需求

7.2.1.2 劳动的供给

劳动的供给由劳动供给曲线反映出来，劳动供给曲线有自己的特点，即它是一条向后弯的曲线，如图 7.6 所示。

图中 W 表示每单位劳动时间的报酬，又称为工资率，该曲线表示劳动量与工资率的对应关系。产生这种向后弯曲现象的主要原因在于劳动者的劳动供给要受两方面的影响。一方面是收入的高低；另一方面是闲暇时间。在一天 24 小时的时间中，劳动时间多了固然得到的收入也多了，但闲暇时间却少了，若是想多享受闲暇时间，则只能得到较少的收入。究竟是多劳动一些时间，还是多一些闲暇时间？劳动者就需要在收入和闲暇之间进行选择。有两种效应在这种选择中起作用。

一种叫做替代效应。它表示当工资率上升时，闲暇造成的牺牲显得较大，这时人们也就可

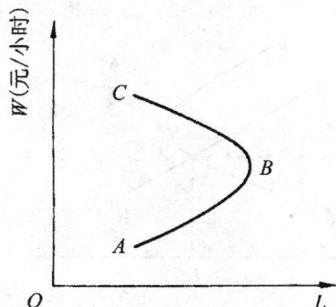

图 7.6 劳动的供给

能更愿意多劳动一些时间来减少牺牲，即人们愿意用劳动来替代闲暇。另一种叫收入效应。它表示工资率上升时，减少劳动时间可能不会减少劳动要素所有者的收入水平。或者说，这时人们的生活水平已经达到这样的高度，以至于使他们感到增加劳动时间所带来收入的效用已低于闲暇时间给他们带来的效用。因此，人们宁愿选择多一些闲暇时间而不是增加劳动时间。

这两种效应都是由于工资率的提高而产生的，但作用的方向却正好相反。当替代效应大于收入效应时，工资率的上升使劳动的供给量上升，即 AB 段曲线；当收入效应大于替代效应时，工资率的上升就会使劳动供给量下降，即 BC 段曲线。

对单个劳动要素所有者来说，这种替代效应和收入效应的共同作用，使他的劳动供给曲线呈向后弯的现象比较明显，因为劳动要素所有者供给劳动的目的毕竟是为了消费，他不可能随着工资率的上升一直增加其劳动供给。从效用的角度说，收入越多，带给他的效用是递减的。因此，必然可以找到这样一点，在这时候，单位闲暇时间的效用大于单位劳动时间。从这一点开始，劳动的供给曲线就开始向后弯曲了。

所有的这一切，用一般语言来说就是：当工资提高使人们富足到一定程度后，人们会更加珍视闲暇。因此，当工资达到一定高度又继续提高时，人们的劳动不但不会增加，反而会减少。

此外，劳动的供给还取决于人口增长率、劳动力的流动性、移民的规模等因素。

7.2.2 完全竞争市场上工资的决定

这里所说的完全竞争是指在劳动市场的完全竞争状况，该市场的特点是所有劳动都是同质的，该种劳动的买方和卖方都很多，都不能影响劳动的价格，都没有形成对劳动的垄断。在这种情况下，工资完全是由劳动的供求关系决定的，如图 7.7 所示。

劳动的需求曲线 D 与供给曲线 S 相交于均衡点 E，这就决定了均衡的工资水平 W_0，均衡的劳动量 L_0。

一般认为，在完全竞争市场上，当劳动的需求大于供给时，工资会上升，从而增加劳动的供给，减少劳动的需求。反之，会增加劳动的需求。这正如价格的调节使物品市场实现供求相等一样，工资的调节也使劳动市场实现供求相等，并保证充分就业。

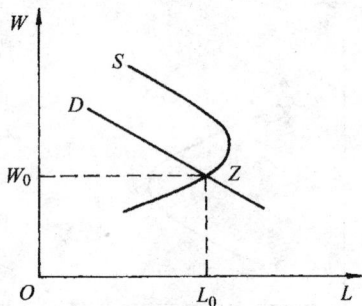

图 7.7 完全竞争市场上工资的决定

7.2.3 不完全竞争市场上工资的决定

7.2.3.1 劳动市场不完全性的主要表现

1) 自由进入劳动市场的条件受限制。例如接受训练的能力有限等，因而能够进入该市场的人总是比希望进入该市场的人少。

2) 卖方垄断的存在。即劳动者组成工会对抗买方，垄断了劳动的供给，影响工资水平。

3) 买方垄断的存在。当某一劳动市场的买方只是少数几个厂商时，这些买方就可通过协议或单方的行为，压低工资水平。

4) 社会习俗的限制。如种族、性别等方面的歧视。

我们主要分析工会的存在(即卖方垄断)对工资决定的影响。在西方国家中，工会是工人自己的组织，是在与资方进行各种形式的经济斗争，争取更好的工作条件与工资水平的斗争中成立、发展起来的。工会一般是按行业组织的，例如美国的汽车工人联合会；也有的是跨行业的组织，例如美国的劳联—产联。在社会中，工会、政府、企业被认为是三个并列的组织。在工资决定中，工资水平一般是由工会与企业协商确定的，政府在其间起一种协调作用。因为工会控制了入会的工人，而且工会的力量相当强大，所以在经济学中被作为劳动供给的垄断者，并以这种垄断来影响工资决定。

7.2.3.2 工会影响工资的方式

1) 增加对劳动的需求。在劳动供给不变的条件下，通过增加对劳动的需求的方法来提高工资，不但会使工资增加，而且可以增加就业。这种方法对工资与就业的影响可用图 7.8 来说明。

在图 7.8 中劳动的需求曲线原来为 D_0，这时 D_0 与 S 相交于 E_0，决定了工资水平为 W_0，就业水平为 L_0。劳动的需求增加后，劳动的需求曲线由 D_0 移动到 D_1，这时 D_1 与 S 相交于 E_1 决定了工资水平为 W_1 就业水平为 L_1。$W_1 > W_0$ 说明工资上升了；$L_1 > L_0$，说明就业水平提高了。工会增加厂商对劳动需求的方法最主要的是增加对产品的需求，就是要通过议会或其他活动来增加出口，限制进口，实行保

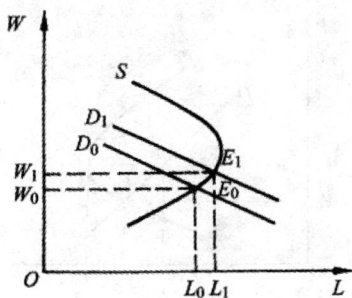

图 7.8 增加对劳动的需求

护贸易政策。在增加对产品需求这一点上，工会与企业是共同的。在议会中，代表这两个利益集团的议员往往会在要求保护贸易或扩大出口这类问题上站在同一立场上。此外，机器对劳动的代替是劳动需求减少的一个重要原因，因此，工会也会从增加对劳动的需求这一目的出发，反对用机器代替工人。尤其在早期，这一方法被广泛使用。

2) 减少劳动的供给。在劳动需求不变的条件下，通过减少劳动的供给同样也可以提高工资，但这种情况会使就业减少。这种方法对工资与就业的影响可以用图 7.9 来说明。

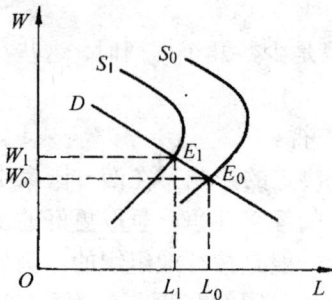

图 7.9 减少劳动的供给

在图 7.9 中，劳动的供给曲线原来为 S_0，这时 S_0 与 D 相交于 E_0，决定了工资水平为 W_0，就业水平为 L_0。劳动的供给减少后，劳动的供给曲线由 S_0 移动到 S_1，这时，S_1 与 D 相交于 E_1，决定了工资水平为 W_1，就业水平 L_1，$W_1 > W_0$，说明工资上升了；$L_1 < L_0$，说明就业水平下降了。

工会减少劳动供给的方法主要有高额的入会费，限制非工会会员受雇，迫使政府通过强制退休、禁止使用童工、女工、限制移民、减少工作时间的法律等。

3) 最低工资法。工会迫使政府通过立法规定最低工资，这样，在劳动的供给大于需求时也可以使工资维持在一定的水平上。这种方法对工资与就业的影响可以用图 7.10 来说明。

在图 7.10 中，劳动的需求曲线 D 与供给曲线 S 相交于 E_0，决定了工资水平为 W_0，就业水平为 L_0。最低工资法规定的最低工资为 W_1，$W_1 > W_0$。这样能使工资维持在较高的水平。但在这种工资水平时，劳动的需求量为 L_1，劳动的供给量为 L_2，有可能出现失业。

当然，在劳动市场上还有厂商买方的垄断因素。当厂商的垄断程度高时，就会竭力把工资压低到劳动的边际生产力之下。这一点不详细论述了。

应该说，尽管劳动市场上的垄断因素对工资的决定有相当大的影响，但从长期来看，还是劳动的供求状况在起决定性作用。劳动的供求是决

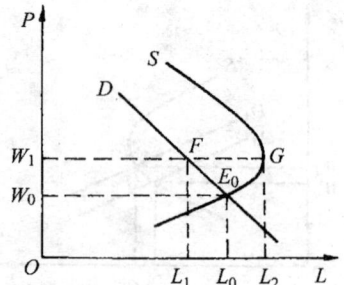

图 7.10 最低工资法

定工资的关键因素。

7.3 资本和土地

7.3.1 资本价格——利息理论

资本作为生产要素有两种基本表现形式：一是机器、建筑物等实物形式；二是以可贷资金形式表示的货币资本。本节所述资本即为此。

利息是资本这种生产要素的价格或者说是资本的报酬。资本的利息是厂商成本的一部分，对资本的所有者来说是收入。利息不是用货币的绝对量来表示的，而是用利息率来表示，利息率是利息在每一个单位时间内(通常是 1 年)在货币资本中所占的比率。例如：货币资本为 1 000 元，利息为 1 年 100 元，则利息率为10%。

7.3.1.1 利率的决定

经济学对于利率的决定，仍然是以供求关系来加以说明的。

1) 资本需求。资本的需求取决于资本的边际生产力，根据前述，生产要素的边际生产力向右方递减，因此资本的需求曲线也向右下方倾斜。也可从投资的角度解释。企业的资本需求主要是企业的投资需求。

企业借入资本进行投资，是为了实现利润最大化，这样投资就取决于利润率与利息率之间的差额。利润率与利息率的差额越大，即利润率越是高于利息率，纯利润就越大，企业也就越愿意投资。反之，利润率与利息率的差额越小，即利润率越接近于利息率，纯利润就越小，企业也就越不愿意投资。这样，在利润率既定时，利息率就与投资呈反方向变动，从而资本的需求曲线是一条向右下方倾斜的曲线。

2) 资本的供给。资本的供给主要是储蓄，即通过家庭牺牲现在的消费而形成的。人们进行储蓄，放弃现期消费主要是为了获得利息，利息率越低，人们就越不乐意推迟消费，储蓄的意愿就越低。这样利率与储蓄呈同方向变动，从而资本的供给曲线是一条向右上方倾斜的曲线。

3) 均衡利率的决定。均衡利率是由资本的供求决定的。如图 7.11 所示。

资本的需求曲线 D 与供给曲线 S 相交于均衡点 E，由 E 点决定了均衡的利率水平 I_0，资本量为 K_0。

应该注意的是，这里所说的利率一般称为"纯粹利息率"，是在理想的市场环境中单纯地由资本供求关系决定。理想的市场环境包括：资本自由流动，没有任何风险，不考虑借贷期限，不考虑管理费用，不考虑市场分割和借贷方式的差别等。而在实际的资本市场无法达到这种理想状况，利率受到各种因素的影响，因此纯粹利率和实际利率并不相同，例如政府对利率的管制。如图 7.12 所示。

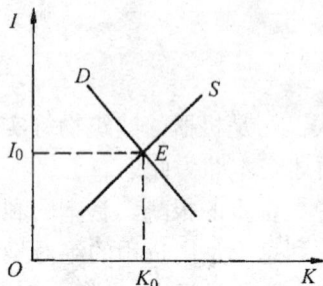

图 7.11   均衡利率的决定   图 7.12   政府对利率的管制

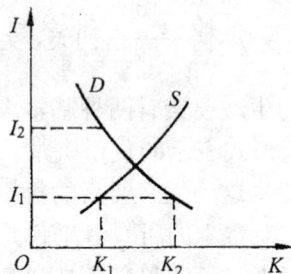

若政府利用行政手段规定利率的最高界限 I_1，那么会使供给量 K_1 少于需求量 K_2，导致资本短缺。它有可能诱发人们进行非法的高利贷交易，其利率可能高达 I_2。

此外，投资风险的大小、对经济形势的预期、借贷时间的长短、通货膨胀的大小等，这些因素都会对市场利率产生影响。

在发生通货膨胀的情况下，区分真实利率和货币利率是很重要的。真实利率是以利息实际能够购买的商品和劳务来测量的利息率，货币利率是单纯以支付的货币来测量的利息率。例如 1 年支付 100 元借款的利息 8 元，货币利率就是 8%，如果物价水平上升了 8%，则真实利率为零。因为现在 108 元所买到的商品和劳务同过去 100 元所买的商品和劳务一样。因此真实利率是货币利率同通货膨胀率的差额。如果借出货币的人们期望保证一定的真实利率，他要求的利率必须是在真实利率的基础上加上预期的通货膨胀率(如物价上涨率)。

7.3.1.2   利率在经济中的作用

通过利率的调节作用，可使资本市场达到均衡，这也是现实经济中市场机制调节经济的作用之一。具体作用如下：

首先，利息的存在可以鼓励储蓄，为资本提供供给，增加储蓄是发展经济的关键，而刺激人们增加储蓄的最有力的手段就是提高利息率。也正因为如此，一般国家在经济开始发展时总要采取高利息率的政策。

其次，利息的存在可以调节和配置资源，使资本得到最有效的利用。如果社会的利息率水平是既定的，那么，人们就会把资本用于获得利润率最高的部门，利润率高的部门也就是资本能最好地发挥其作用的部门。

此外，企业在支付利息的情况下就要更节约、更有效地利用资本。

最后，当一个社会出现了通货膨胀时，提高利息率可以压抑对可贷资金的需求，刺激可贷资金的供给，从而制止通货膨胀。

7.3.2　土地价格——地租理论

地租是土地这种生产要素的价格，或者说是转让土地使用权的报酬。此外土地也可以泛指生产中使用的自然资源，地租也可以理解为使用这些自然资源的租金。

地租的产生首先在于土地本身具有生产力；其次，土地作为一种自然资源具有数量有限、位置不变及不能再生的特点。这些特点与资本和劳动不同，因此地租的决定就有自己的特点。

7.3.2.1　地租的决定

地租由土地的需求和供给决定。土地的需求也取决于土地的边际生产力，土地作为生产要素，其边际生产力递减，所以土地的需求曲线向右下方倾斜。

从整个社会来看土地的供给是固定的，所以土地的供给完全没有弹性，即无论地租高低，土地供给量不变。这使它在图形上表现为一条与横轴垂直的线。地租的决定可由图 7.13 来说明。

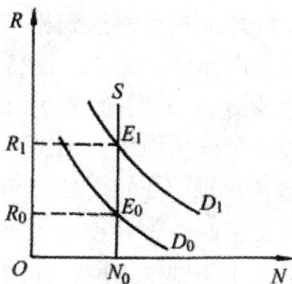

图 7.13　地租的决定

如图 7.13 所示，横轴 ON 表示土地量，纵轴 OR 表示地租，曲线 D_0 和垂线 S 分别代表土地的需求与供给曲线。D_0 和 S 相交于均衡点 E_0，由 E_0 点决定了地租 R_0。

随着经济的发展，对土地的需求不断增加，而土地的供给不能增加，所以地租有上升的趋势。见图 7.13，土地的需求增加，导致需求曲线 D_0 向右方移动到 D_1，D_1 与 S 相交于 E_1，决定了地租 R_1。可以看出 R_1 高出原来的地租 R_0，即地租上升了。

7.3.2.2　级差地租

以上关于地租决定的讨论是假定所有的土地都是同质的，即不考虑不同土地在肥沃程度，地理位置等方面的差别。但实际上，土地肥沃程度与地理位置的差别是相当大的，而且这种差别对地租的形成也有相当重要的影响。这种因土地肥沃程度和地理位置等方面的差别而引起的地租在经济学上被称为级差地租。

我们可从图形来说明级差地租的形成，根据土地的肥沃程度或地理位置的差异，设把土地分成优等、次优等、次等这样的等级。显然，人们会倾向于先耕种优等地，因为优等地上花费较少的投入就能得到较多的收成。但是随着社会人口的增加和对农产品需求的增加，人们会发现优等地已不够用了，必须利用次等地了，并且会有利用再次等地的倾向。在不同等级土地上生产的成本曲线是不同的。

如图 7.14 所示，当人们只利用优等地就能满足社会对农产品的需要时，农产品的价格等于优等地的平均成本最低点，即 P_1，产量则是 Q_1，如图 7.14(a)所示。此时农产品的生产者总收益和总成本相等，无金额来支付地租。次优等地和次等地的最低生产成本均高于 P_1，人们不会去耕种它们。

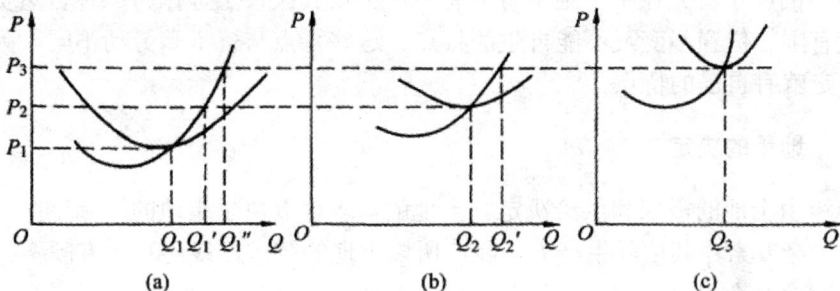

图 7.14　级差地租的形成

随着社会对农产品需求的增加，农产品的价格也随之上涨，当价格涨到相当于次优等地的最低成本点时，人们开始耕种次优等地。此时农产品价格为 P_2，次优等地的产量为 Q_2，次优等地的总收益等于总成本，没有余额来支付地租，如图 7.14(b)所示。但优等地的产量为 Q_1' 总收益大于总成本，形成优等地的地租。当农产品价格进一步上涨到次等地的最低成本点时，人们开始耕种次等地。此时次等地的总收益等于总成本，它没有余额作为地租，而优等地和次优等地则分别有大小不等的总收益大于总成本的余额来作为地租，见图 7.14©。这种由于土肥沃程度、地理位置，以及气候条件等不同而使不同等级的土地产生的地租，称为级差地租。

7.3.2.3　准地租与经济租

从对地租的分析中还引申出了两个重要的经济概念：准地租和经济租。

1) 准地租。准地租又称准租金或准租，是英国经济学家 A·马歇尔提出的一个概念。

准地租指固定资产在短期内所得到的收入，因其性质类似地租，而被马歇尔称为准地租。在短期内，固定资产是不变的，与土地的供给相似。不论这种固定资产是否取得收入，都不会影响其供给。只要产品的销售价格能够补偿平均可变成本，就可以利用这些固定资产进行生产。在这种情况下，产品价格超过其平均可变成本的余额，代表固定资产的收入。这种收入是由于产品价格超过弥补其可变平均成本的余额而产生的，其性质类似地租。可以用图 7.15 来说明准地租。

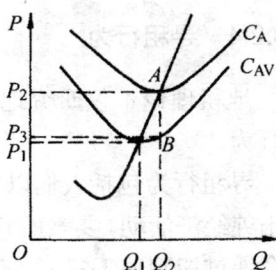

图 7.15 准地租

在图 7.15 中，如果价格为 P_1，产量为 Q_1，则收益只能弥补平均可变成本，这时不存在准地租。如果价格上升为 P_2，产量为 Q_2，这时，收益除了弥补平均可变成本外尚有剩余，剩余部分就是准地租，即为面积 P_2P_3BA。

这里要注意的是，准地租只在短期内存在。在长期内固定资产也是可变的，固定资产的收入就是折旧费及其利息收入。这样，也就不存在准地租了。

2) 经济租。如果生产要素的所有者所得到的实际收入高于他们所希望得到的收入，则超过的这部分收入就被称为经济租。这种经济租类似消费者剩余，所以也称为生产者剩余。

例如，劳动市场上有 A、B 两类工人各 100 人。A 类工人素质高，所要求的工资为 200 元，B 类工人素质低，所要求的工资为 150 元。如果某种工作 A、B 两类工人都可以担任，那么，厂商在雇佣工人时，当然先雇佣 B 类工人。但在 B 类工人不够时，也不得不雇佣 A 类工人。假设某厂商需要工人 200 人，他就必须雇佣 A、B 两类工人。在完全竞争的市场中，个别厂商无法改变生产要素的价格，必须按 A 类工人的要求支付 200 元的工资，这样 B 类工人得到的收入超过了他们的要求，超过的 50 元即为经济租。其他生产要素所有者也可以得到这种经济租。其他生产要素所有者也可以得到这种经济租。可以用图 7.16 来说明。

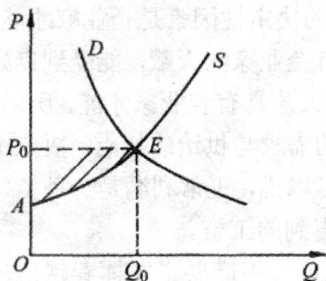

图 7.16 经济租

企业若使用 Q_0 个单位的生产要素，则必须付出面积 OP_0EQ_0 的总金额，如果企业可以在生产要素供给者之间完全予以待遇差别，在同一时间，在必需的金额上雇佣 1 个单位，使这个单位生产要素进入生产领域，则付给生产要素总额是面积 $OAEQ_0$。可是在完全竞争市场上，企业必须付给全部要素以 P_0 的价格，所以 AE 部分供给的每一单位的生产要都获得了经济租，总额为面积 AP_0E。

7.3.2.4　寻租行为

地租理论不仅研究地租的决定和形成，以及其他形式的租金，而且也说明寻租行为。

寻租行为包括人们以各种方式拿取获得租金的行为。它的涉及面十分广，甚至超出纯经济活动。要素所有者可以采取寻租行为，如银行家说服政府放宽利率管制，工会通过谈判使工资高于劳动供给价格，土地投机等。企业也可以采取寻租行为，最典型的是垄断企业扩大垄断势力，从而可以限产提价，使实际收入增加。

西方学者对发展中国家中的寻租行为进行了大量的分析，发展中国家寻租行为泛滥，比较典型的是特权阶层的寻租行为，主要指政府官员享有一定的特权，利用特权获取额外的收入，比如收受贿赂。此外大企业可以利用经济势力影响政府采取对己有利的政策，也可以利用人情、关系等争取政府购买、进口配额、外汇等。寻租行为的泛滥是由于市场不发达、行政权力大、法律不完善、缺乏制衡机制等原因引起的。

7.4　利润理论

在经济学上，一般把利润区分为正常利润和超额利润。

7.4.1　正常利润

正常利润是企业家才能的价格，也是企业家才能这种生产要素所得到的收入。它包括在成本之中，其性质与工资相类似，也是由企业家才能的需求与供给所决定的。

如前所述，对企业家才能的需求是很大的，因为企业家才能是企业经营好坏的关键，使劳动、资本与土地结合在一起生产出更多产品的决定性因素是企业家才能。而企业家才能的供给又是很小的，并不是每个人都具有企业家的天赋，能受到良好的教育。只有那些有胆识、有能力、又受过良好教育的人才具有企业家才能，所以，培养企业家才能所耗费的成本是很高的。企业家才能的需求与供给的特点，决定了企业家才能的收入——正常利润——必然是很高的。可以说，正常利润是一种特殊的工资，其特殊性就在于其数额远远高于一般劳动所得到的工资。

尤其在现代市场经济激烈的竞争中，企业家才能这种生产要素发挥着越来越重要的作用。世界经济证明，它是企业发展的首要因素，谁拥有它，珍惜它，并有效地发挥它，谁就能在竞争中占有优势，就能够保持企业的生命与活力。中国青岛双星集团第一届职工代表大会第 15 次联席会议做出决定,现任总裁汪海为该集团的"终身总裁",而中国实行的是"60 岁退休制"。这一举动体现了青岛集团对企业家才能这一生产要素在企业经营中的重要作用有了切实的认真和了解,也表现了职工对企业家才能的珍惜和爱护。

7.4.2　超额利润

超额利润是指超过正常利润的那部分利润,又称为纯粹利润或经济利润。在完全竞争的条件下,在静态社会里,不会有这种利润产生。只有在动态的社会中和不完全竞争条件下,才会产生这种利润。以下我们分析超额利润的产生和性质。

7.4.2.1　创新与超额利润

创新是指企业家对生产要素实行新的组合。它包括五种情况:第一,引入一种新产品;第二,采用一种新的生产方法;第三,开辟一个新市场;第四,获得一种原料的新来源;第五,采用一种新的企业组织形式。

创新是社会进步的动力,因此,由创新所获得的超额利润是合理的,是社会进步必须付出的代价,也是社会对创新者的奖励。

7.4.2.2　承担风险的超额利润

风险是从事某项事业时失败的可能性。由于未来具有不确定性,人们对未来的预测有可能发生错误,风险的存在就是普遍的。在生产中,由于供求关系难以预料的变动,由于自然灾害、政治动乱,以及其他偶然事件的影响,也存在着风险,而且并不是所有的风险都可以用保险的方法加以弥补。这样,从事具有风险的生产就应该以超额利润的形式得到补偿。

7.4.2.3　垄断的超额利润

由垄断而产生的超额利润,又称为垄断利润。垄断的形式可以分为两种:卖方垄断与买方垄断。

卖方垄断也称垄断或专卖,指对某种产品出售权的垄断。垄断者可以抬高销售价格以损害消费者的权益而获得超额利润;在厂商理论中分析的垄断竞争的短期均衡、完全垄断的短期与长期均衡,以及寡头垄断下的超额利润,就是这种情况。

买方垄断也称专买,指对某种产品或生产要素购买权的垄断。在这种情况下,垄断者可以压低收购价格,以损害生产者或生产要素供给者的利益而获得超额利润。

垄断所引起的超额利润是垄断者对消费者、生产者或生产要素供给者的剥削，是不合理的。这种超额利润也是市场竞争不完全的结果。

7.4.3 利润在经济中的作用

经济学家认为，利润是社会进步的动力。这是因为：第一，正常利润作为企业家才能的报酬，鼓励企业家更好地管理企业，提高经济效益。第二，由创新而产生的超额利润鼓励企业家大胆创新，这种创新有利于社会的进步。第三，由风险而产生的超额利润鼓励企业家勇于承担风险，从事有利于社会经济发展的风险事业。第四，追求利润的目的使企业按社会的需要进行生产，努力降低成本，有效地利用资源，从而在整体上符合社会的利益。第五，整个社会以利润来引导投资，使投资与资源的配置符合社会的需要。

7.5 社会收入分配与分配政策

前面我们已经分析了经济学分配论的要素价格决定理论，这构成了分配论的一个重要部分，但并不构成分配论的全部内容，除此之外，还包括收入分配的平等程度等。为了研究国民收入在国民之间的分配，美国统计学家M·O·洛伦斯提出了著名的洛伦斯曲线。

7.5.1 洛伦斯曲线和基尼系数

洛伦斯曲线是用来衡量社会收入分配(或财产分配)平均程度的曲线。如果把社会上的人口分为五个等级，各占人口的 20%，按他们在国民收入中所占份额的大小可以做出表 7.1。根据表 7.1 可做出图 7.17。

表 7.1　国民收入占人口的百分比

级　别	占人口的百分比	合　计	占收入的百分比	合　计
1	20	20	6	6
2	20	40	12	18
3	20	60	17	35
4	20	80	24	59
5	20	100	41	100

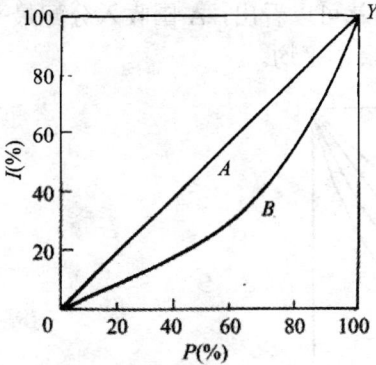

图 7.17   洛伦斯曲线一

在图 7.17 中，横轴 OP 代表人口百分比，纵轴 OI 代表收入百分比。OY 为 45 度线，在这条线上，每 20％ 的人口得到 20％ 的收入，表明收入分配绝对平等，称为绝对平等线。OPY 表示收入绝对不平等，是绝对不平等线。根据表 7.7 所作的反映实际收入分配状况的洛伦斯曲线介于这两条线之间。洛伦斯曲线与 OY 越接近，收入分配愈平等。洛伦斯曲线与 OPY 越接近，收入分配愈不平等。如果把收入改为财产，洛伦斯曲线反映的就是财产分配的平均程度。

根据洛伦斯曲线可以计算出反映收入分配平等程度的指标，这一指标称为基尼系数。

如果我们把图 7.17 中实际收入线与绝对平均线之间的面积用 A 来表示，把实际收入线与绝对不平均线之间的面积用 B 来表示，则计算基尼系数的公式为：

$$基尼系数 = \frac{A}{A+B}$$

当 A＝0 时，基尼系数等于 0，这时收入绝对平均。

当 B＝0 时，基尼系数等于 1，这时收入绝对不平均。

实际基尼系数总是大于 0 而小于 1。基尼系数越小，收入分配越平均；基尼系数越大，收入分配越不平均。按国际上通用的标准，基尼系数小于 0.2 表示绝对平均，0.2～0.3 表示比较平均，0.3～0.4 表示基本合理，0.4～0.5 表示差距较大，0.5 以上表示收入差距悬殊。

运用洛伦斯曲线与基尼系数可以对各国收入分配的平均程度进行对比，也可以对各种政策的收入效应进行比较。作为一种分析工具，洛伦斯曲线与基尼系数是很有用的。

据中国国家统计局测算，1990 年全国收入分配的基尼系数为 0.343，1995 年为 0.389，2000 年为 0.417。而 2002 年，挪威的基尼系数为 0.258，瑞典为 0.250，芬兰为 0.256。另据中国国家统计局收入分配课题组的调查研究显示：1998 年我国的基尼系数为 0.386，接近 0.4 的国际警戒线，同时也超过了高收入国家 90 年代 0.338 的平均水平。与经济发展水平相当(人均 GDP1000 美元左右)的世界其他国家相比，也明显偏高(东欧为 0.289，南亚为 0.381，东亚和太平洋地区为 0.381，中东和北非为 0.380，拉美和加勒比地区为 0.493)。

在图 7.18 中有 a、b、c 三条洛伦斯曲线。我们如果把 a、b、c 三条洛伦斯曲线分别作为 A、B、C 三个国家的洛伦斯曲线，那就可以看出，A 国收入分配最平均，B 国收入分配平均程度次之，C 国收入分配最不平均。

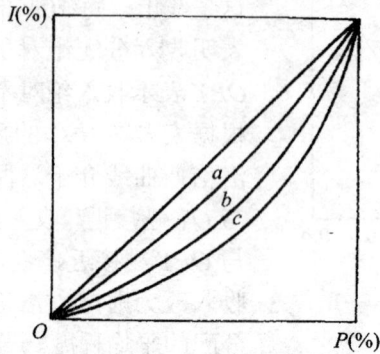

图 7.18　洛伦斯曲线二

同样，我们还可以根据洛伦斯曲线计算的基尼系数来进行比较。

7.5.2　收入分配政策

在市场经济中，是按效率优先的原则来进行收入分配的。但每个人进入市场时拥有生产要素量不同，能力不同，在竞争中的机遇不同，所以贫富对立不可避免。这种分配状态不利于社会的安定，不合乎人们公认的理论原则，因此就要通过政府的收入政策来缓和收入分配不公的现象。

7.5.2.1　税收政策

在微观经济政策中，税收的目的在于通过税收手段缩小收入差距，而不是宏观经济中的财政政策，其主要手段是个人所得税。

累进所得税制就是根据收入的高低确定不同的税率，对高收入者按高税率征税，对低收入者按低税率征税。以美国为例，按收入的高低分为 14 个税率等级。最低的税率为 11%，最高税率为 50%。其他各国的所得税也是这种累进税制，只是具体的税率规定不同。

这种累进所得税，有利于纠正社会成员之间收入分配不平等的状况，从而有助于实现收入的平等化。此外，在个人所得税方面，还区分了劳动收入税与非劳动收入税。对劳动收入按低税率征收，而对非劳动收入(股息、利息等收入)按高税率征收。

除了个人所得税之外，还有遗产和赠予税，即对财产的转移征收税收；财产税，即对不动产(如土地、房产等)征收税收；消费税，即对某些商品和劳务的消费征收税收。

在实际中，遗产税、赠予税、财产税和消费税，在某种程度上减少了富人的收入，但作用并不明显。这是因为富人可以用各种办法逃税。

7.5.2.2 社会福利政策

如果说税收政策是要通过对富人征收重税来实现收入分配平等化的话，那么，社会福利政策则是通过给穷人补助来实现收入分配平等化。因此，我们把社会福利政策作为收入分配平等化的一项重要内容。

社会福利政策的历史很长，早在18世纪的英国，就有了"济贫法"。但它作为一项重要的经济政策，是在20世纪30年代形成的。第二次世界大战后，社会福利政策有了迅速的发展，许多国家，尤其是北欧与西欧一些国家，实行了"从摇篮到坟墓"的社会保险福利制度。

总结提要

1) 生产要素的需求曲线由厂商使用这种要素的边际产品价值曲线或边际收益产品曲线构成。而边际产品价值则是要素的边际产量与产品价格之积。当产品价格既定时，边际产品价值曲线的形态，就反映要素边际产量曲线的形态。

2) 生产要素的供给情况较为复杂，视要素类型而异。

3) 生产要素的需求曲线与生产要素的供给曲线之交点，决定生产要素的均衡价格。

4) 均衡的工资率取决于劳动的供给与需求。因为劳动的需求本质上是由劳动的边际生产力决定的，所以劳动的边际生产力是决定均衡工资率高低的重要因素，另一个决定因素是劳动供给，即劳动时间或劳动者人数。

5) 存在各种解释利息实质和利息水平的理论。依照均衡价格理论，也可以对利率水平的决定做出说明。即利率由资本的需求和供给决定，两者达到一致时，均衡利率便形成。

6) 地租是使用土地这一要素的报酬，也是计算土地价格的基础。由于土地不可生产，而土地需求不断上涨，地租从长远看有上涨趋势。

7) 级差地租产生于土地质量的差别；准地租指固定资产在短期内所得到的收入，因其性质类似地租；经济租类似消费者剩余，所以也称为生产者剩余。

8) 利润被看成企业家才能的报酬，它来源于创新、风险和垄断。

9) 在现实世界中人们占有要素的状况是不一样的，所以根据要素在生产中的贡献来分配收入，人们的收入必有差别，或者说不平等，洛伦斯曲线和基尼系数是经济学上广泛使用的用来衡量一国内部或不同国家间穷富差别程度的曲线和指标。

10) 贫富差别的分配状态不利于社会的安定，不合乎人们公认的理论原则，因此就要通过政府的收入政策来缓和收入分配不公的现象，主要包括税收政策和社会福利政策。

阅读资料

明星收入与经济学

无论在国外还是国内，影视和体育明星们的收入都是天文数字。在美国，像泰格尔·伍兹和朱利娅·罗伯茨这样的大牌明星年收入达几千万美元并不奇怪。在国内，名气冲天的大腕们的年收入也不下几百万元。人们对明星有一种矛盾的心态。一方面，看着他们开着保时捷跑车飞驶而过时，心里颇不平衡；另一方面，又不惜用高价弄到一张票去看他们的演出。

明星们的这种高收入合理不合理，或者用经济学的语言说，他们的这种收入公平不公平，有没有效率呢？

在市场经济中，生产要素所有者是根据他们在生产中做出的贡献来得到收入的。这就是按贡献进行分配。对这个原则，反对者不多，问题在于如何衡量各个生产要素所有者在生产中的贡献。社会的最终产品和劳务往往是许多人共同协作努力的结果，要真正衡量出个人在生产中的贡献实际上极为困难，在更多情况下甚至是不可能的。这正如我们过去讲按劳分配，实际上劳也是无法衡量的。并不能认为按劳分配就必定合理。

要按贡献进行分配，必须有一种客观标准衡量贡献。贡献难以直接衡量，但有一个间接衡量标准，这就是生产要素的价格。某种生产要素价格高说明它在生产中做出的贡献大，反之亦然。生产要素的价格也与其他物品的价格一样是由其供求关系决定的。所以，市场经济中，每种生产要素所有者得到的收入就是由供求关系决定的该生产要素价格，以及提供的生产要素数量来决定的。在市场经济中，用这种方法决定的收入分配就是合理的，而且，我们现在也找不出其他更好的方法来代替这种方法。

明星的高收入是由供求关系决定的。社会对明星的需求量是极大的，这种需求来自公众和企业。公众希望看到高水平的体育或影视表演，看伍兹打高尔夫球，欣赏朱利娅·罗伯茨的电影，无疑是一种极大的享受。公众作为需求者对明星的高需求表现为他们愿意为得到这种享受而出高价。企业希望这些公众影响力大的明星为它们做广告，因为这样会扩大它们产品的销路，带来滚滚利润。它们愿意为明星付高价是因为它们觉得值，即由此得到的收益大于所付出的成本。在市场经济中，没有人强迫公众花高价欣赏明星的表演，也没有人强迫企业高价请明星做广告。明星收取高价是公众和企业自愿给的，没有什么不合理之处。

明星能收取高价的更重要原因在于供给极少。一个人能成为明星首先在于天赋。如果人人通过勤奋努力都能成为明星，明星就不值钱了。能成为明星者，一定是极富天才、极努力，又极幸运的极少数人。在任何社会内，这种天才明星都是极少的。明星是一种垄断性极高的稀缺资源。这决定了它可以像任何这类资源(如钻石)一样卖高价。

(选自：梁小民的著作，社会科学文献出版社)

案例分析

马尔萨斯人口论与边际报酬递减规律

经济学家马尔萨斯(1766~1834 年)的人口论的一个主要依据便是报酬递减定律。他认为，随着人口的膨胀，越来越多的劳动耕种土地、地球上有限的土地将无法提供足够的食物，最终劳动的边际产出与平均产出下降，但又有更多的人需要食物，因而会产生大的饥荒。幸运的是，人类的历史并没有按马尔萨斯的预言发展(尽管他正确地指出了"劳动边际报酬"递减)。

在 20 世纪，技术发展突飞猛进，改变了许多国家(包括发展中国家，如印度)的食物的生产方式，劳动的平均产出因而上升。这些进步包括高产抗病的良种，更高效的化肥，更先进的收割机械。在第二次世界大战结束后，世界上总的食物生产的增幅总是或多或少地高于同期人口的增长。

粮食产量增长的源泉之一是农用土地的增加。例如，1961~1975 年，非洲农业用地所占的百分比从 32%上升至 33.3%，拉丁美洲则从 19.6%上升至 22.4%，在远东地区，该比值则从 21.9%上升至 22.6%。但同时，北美的农业用地则从 26.1%降至 25.5%，西欧由 46.3%降至 43.7%。显然，粮食产量的增加更大程度上是由于技术的改进，而不是农业用地的增加。

在一些地区，如非洲的撒哈拉，饥荒仍是个严重的问题。劳动生产率低下是原因之一。虽然其他一些国家存在着农业剩余，但由于食物从生产率高的地区向生产率低的地区的再分配存在一定的困难，且生产率低地区收入也低，饥荒仍威胁着部分人群。

分析：

1) 既然马尔萨斯的预言失败，那么，边际报酬递减规律还起作用吗？
2) 请你谈谈"中国人口太多，将来需要世界来养活中国"或"谁来养活中国？"

的观点。

【复习思考】

1) 解释下列概念：边际收益产品、利息、地租、准地租、经济租、基尼系数。
2) 说明生产要素价格决定的一般原则。
3) 劳动供给曲线为什么向后弯曲？
4) 工会是如何影响工资的决定的？
5) 一厂商生产产品 A，其单价为 16 元，月产量为 200 单位，每单位产品的平均可变成本为 8 元，平均固定成本为 5 元，求其准租金和经济利润。

8 市场失灵与微观经济政策

⭐ **学习目标**

★ 了解什么是市场失灵，相关的微观经济政策包括哪些；

★ 理解外部影响的概念、产生外部影响的原因、政府失灵的原因；

★ 掌握外部影响的类型以及解决负外部影响的措施、公共物品、准公共物品的概念及特点、公共选择理论、投票理论。

由于种种原因，市场不是万能的，利用价格的自动调节并不能使社会经济资源的运用达到最优状态，因而不得不由政府活动加以补救。在现代社会经济生活中，政府的职能不仅限于保护社会和个人，而且还负担了重大的经济责任，对于市场经济中存在的各种缺陷，政府可以通过制定和实施各种经济政策加以纠正。

8.1 外部影响

8.1.1 外部影响的概念

所谓外部影响，是指生产者或消费者在自己的活动中对他人或别的厂商产生了一种有利影响或不利影响，这种有利影响带来的利益(或者说收益)或有害影响带来的损失(或者说成本)都不是消费者和生产者本人所获得或承担的。外部影响也称外部性、外部效果、外部关系、溢出效应和毗邻影响。

外部影响的形式是多样的，例如，一个养蜂场使邻近的果园更丰收了，丰收的果园园主并不是养蜂人，这就是积极的外部影响，也就是说，这种收益不属于从事活动的本人而属于别人，因而不构成私人收益，只构成社会收益。私人收益和社会收益之间出现了不一致。相反，假设一个工厂花费一定成本生产产品，给周围造成污染，这种污染，如果政府不加干预，工厂一般不计入成本的。这就是工厂的生产活动给社会带来了不利影响，这是消极的外部影响。厂商为生产而必须直接投入的费用是私人成本，而工厂排出的有毒气体和其他废料，不计入工厂成本，但却使别人受害，从社会角度看，这种损害应该算作成本的一部分，这部分成本加上私人成本，才构成社会成本。

8.1.2 外部影响的类型

8.1.2.1 生产的外部影响

生产的外部影响是指生产者行为给他人带来好处或损害，却得不到补偿或不用支付成本。生产的外部影响分为外部经济和外部不经济(或者为正外部影响和负外部影响)。

生产的正外部影响的例子很多，如飞机制造厂的扩张，使金属(铝)加工厂及相关行业收益；跨国公司的技术输出使社会各方收益；一种汽车废气净化装置的发明，使其利益外溢到社会上的每一个人，而发明人和制造者只得到部分补偿。

生产的负外部影响的例子有：造纸厂在生产产品时产生的环境污染；生产每一吨钢，其烟尘对大气的污染；货、客运汽车运营伴随的尾气污染和噪音污染；缺乏教养的孩子对社会的损害或负担等等。

8.1.2.2 消费的外部影响

消费的外部影响是指消费者行为给他人带来好处或损害，却并没有得到全部补偿或不用支付成本。消费的外部影响也分为外部经济和外部不经济(或者为正外部影响和负外部影响)。

消费的正外部影响的例子也很多，如房屋所有者对房子外部的维护和草坪的整理使邻居受益；教育子女良好的习惯和有责任感的消费习惯；自己花钱打疫苗等等。

消费的负外部影响的例子：新司机上路导致交通拥挤；吸烟的外溢性；随意扔掷果皮、瓜壳；奢侈性消费行为导致他人心理失衡等等。

8.1.3 解决外部影响的措施

8.1.3.1 税收和补贴

对于产生消极外部影响的厂商征课税金或罚款，使它向政府支付由于污染等导致的社会成本增加的部分，把厂商造成的外在成本内部化。对于产生积极外部影响的机构或单位，政府应该进行补贴。例如，教育事业不但有助于提高公民的素质，为他们提供参与平等竞争的机会，而且会产生巨大的积极的外部影响，科研事业也是这样。

8.1.3.2 企业合并

企业合并是解决外部影响的一种途径，例如，养蜂人和果园主合并为一个经济单位，合并后决定或选择果树和蜜蜂的最适量；又如，产生污染的上游企业与下游受损企业合并为一个企业后，此时上游企业的外部影响就"消失"了，即被内部化了。由于不存在外部影响，合并后的企业成本与收益就等于社会的成本与收益。

8.1.3.3 确定所有权

解决外部影响对社会影响的另一种措施是确定所有权。这种措施是由经济学家科斯提出来的，其理论被称为科斯定理。这里的所有权，是指通过法律程序确定某主体享有某种权利。科斯定理强调了明确所有权的重要性，认为只要所有权是明确的，而且交易成本极低或等于零，则不管所有权的最初配置状态如何，都可以达到资源的有效配置。当然，在现实生活中想通过明确产权来解决外部影响不是一件容易的事情。

8.2 公共物品

8.2.1 公共物品的特点

公共物品是指整个社会共同享用的物品，如国防、警察、消防、公共道路、教育、公共卫生等。与之相对的，私人物品是指由市场提供给个人享用的物品，如商店里出售的面包、衣服、电视机等。公共物品一般由政府提供，它具有两个显著的特点：第一，公共物品的消费不具有排他性，国家提供的国防安全，人人都可享受；又如海洋中的灯塔或航标，甲船使用了，并不排斥了他人使用，这与私人物品显然不同。第二，公共物品的供给不具有竞争性，无论增加多少消费者，却不会减少其他人的消费或增加成本。也就是说增加一个公共物品使用者的边际成本为零。这些特点决定了公共物品只能主要靠政府来提供，那么政府一方面可以用税收获得生产公共物品的经费，这等于免费乘客无形中被迫买了票，另一方面可以免费将此公共物品提供给全体社会成员，使这种公共物品得到最大限度地使用，使社会福利最大化。

8.2.2　准公共物品

在现实生活中，消费上具有完全非排他性和非竞争性的纯公共物品并不多。有些物品，如球场、游泳池、电影院、不拥挤的收费道路等，在消费上具有排他性，即消费者只有付了费才能进入消费。但就非竞争性而言，只有在一定范围内才有非竞争性，即增加消费者并不增加使用成本，不构成对其他消费者的威胁，而消费者增加到一定数量后，消费就有了竞争性。例如，当游泳池里人满为患时，每一个游泳者都会对他人的游泳造成障碍。这样的物品不是纯公共物品，只能算是准公共物品，也称"俱乐部物品"，就是说，这类物品好比俱乐部里的东西，对于付了俱乐部费用加入了俱乐部的成员来说，是公共物品，但对非俱乐部成员来说，就不是公共物品。说明俱乐部物品的理论称为俱乐部理论。这一理论广泛用于生产上有联合性而消费上有排他性的准公共物品的分析。例如，这一理论可用来说明为什么某些高速公路、桥梁等公共基础设施可以通过收费回收投资的途径来建设。

8.3　公共选择

政府在弥补市场缺陷方面而担负的职能大致包括三个方面，一是关于效率方面的职能，如解决外部影响、提供公共物品等方面的立法和政策等；二是关于公平方面的职能，如利用税收和转移支付缩小贫富差距的再分配政策等；三是稳定经济的职能，如财政政策、货币政策等方面的职能。所有这些职能都要政府通过一定的立法、政策和措施来实现。政府立法、制定政策、采取措施，都属于决策活动。决策就是在若干方案中决定选用哪一个。这样就产生了两个问题：谁来决策和怎样决策。研究这方面决策的理论称为公共选择理论。

8.3.1　决策方式

政府的决策是公共选择，个人的决策是私人选择。例如个人购买商品或出售商品都是个人私事，这就是私人选择。公共选择由集体做出或由一些人代表集体做出，这种选择在民主制度下可有多种方式。一种方式是一致同意规则，即一种决策为所有当事人一致同意。这种方式当然极好，但决策成本太大，决策时间太长，因为只要有一个人不赞成，方案就要被否决。第二种方式是多数同意原则，即一种方案只要有比方说1/2或2/3以上当事人同意即可通过。这种方法比较可行，通常被采用，但这种方法难以照顾到少数人的要求，少数对投票不很重视的人还很可能被特殊利益集团用较低成本收买和利用。撇开这两点不说，这种方法还可能出现投票悖论，即假定甲、乙、丙三人面临 A、B、C 三种方案选择时，若他们偏好顺序是：甲：A 优于 B，B 优于 C；乙：B 优于 C，C 优于 A；丙：C 优于 A，A 优于 B；结果是没有一个方案得到多数票选择。也许最终结果是根据独裁者的意志来选择。这一结果是美国经济学家阿罗(K. J. Arrow)发现的。他认为，在非独裁情况下，不可能存在有适用于所有个人偏好类型的社会福利函数，即满足所有个人偏好的社会偏好选择。这被称为阿罗不可能定理。

在西方所谓民主制度的国家中，通过选票做选择时，特殊利益集团的行动常常起着很大作用。这些利益集团常常通过各种方式游说投票人，说服政府给他们以保护和好处，比如说获得津贴、得到订货或垄断经营的权利等，这就是常说的"寻租"活动。寻租是个人或企业为维护既得利益或谋求新的利益而向掌权的人进行的一种非生产性活动。

上述这些就是公共选择理论中的投票理论。

8.3.2 政府失灵

当公众通过投票选择了政府官员并认可了公共物品生产方案，政府能令公众满意吗？政府会做得很好吗？不一定，因为，存在政府失灵。政府失灵主要表现在：第一，为获得投票，竞选者接受大财团资助，采取多种方式争取到中间集团。选举获胜后，政府实施的方案可能有利于部分财团的福利，而不是有利于大多数人的福利；第二，政府的垄断性导致低效率、高成本、低产出；第三，政府官员追求规模最大化、浪费最大化，政府不能追逐和占有利润，使其强化预算支出、改善办公条件、减轻工作负担、提高薪金、寻租行为等，这都导致政府在提供公共物品中的低效率。

对于解决政府无效率问题，公共选择理论认为，可以在政府公共物品生产中引入竞争机制，具体讲可采取以下措施：第一，公共部门权利的分散化。一个国家可以有两个以上的电信部门，一个城市应有几个给水排水公司。公共权力集中带来垄断和规模不经济，而公共部门权利的分散有利于降低垄断程度，增加竞争成分，提高效率。第二，私人公司参与。例如，美国的高速公路由政府投资，但由私人建筑公司生产。在处理城市垃圾、消防、清扫街道、医疗、教育、体格检查等公共劳务的生产都可以实行私人公司参与的方式提高效率。第三，地方政府之间的竞争。如果资源及要素(尤其是劳动力)可以自由流动，则会促使地方政府间的竞争，防止职权被滥用，并提高效率。因为，某地税收太高或者垄断程度高，投资环境差，政府提供的公共服务差、价格高，居民会迁出，从而减少当地政府的税收。

总结提要

1) 外部影响是指生产者或消费者在自己的活动中对他人或别的厂商产生了一种有利影响或不利影响，这种有利影响带来的利益(或者说收益)或有害影响带来的损失(或者说成本)都不是消费者和生产者本人所获得或承担的。类型包括生产的外部影响和消费的外影响。解决外部影响的措施有税收与补贴、企业合并、确定所有权等。

2) 公共物品是指整个社会共同享用的物品，一般由政府提供，它具有两个显著的特点：一是公共物品的消费不具有排他性；二是公共物品的供给不具有竞争性。

3) 公共选择由集体做出或由一些人代表集体做出，这种选择在民主制度下可有多种方式，一种方式是一致同意规则，第二种方式是多数同意原则。但由于种种原因，会产生政府无效率问题，公共选择理论认为，可以在政府公共物品生产中引入竞争机制。

案例分析

企业排污的外部性及政府干预

安徽口子集团是一家制酒企业，位于淮河沿岸。20世纪90年代，该企业向淮河排放的污水构成了对淮河的严重污染。1997年，国家规定了治理淮河污染的硬指标，当年12月31日不能达标的企业必须停产整顿。口子酒厂为了达到国家治理淮河污染的排污标准，通过设备将污水"勾兑"清水，以1份污水加10份清水的方法对污水进行稀释。按照国家对酒类企业的排污标准，污水中COD的含量不得超过150。该企业的污水中COD含量未经稀释达到800多，经过稀释后则为80多。往污水中兑清水不仅不能减少排放到淮河中的污染物总量，还浪费了宝贵的水资源，对于全社会来说，没有丝毫的收益，反而增加了成本，是不经济的。然而，当地的环保局居然承认了口子酒厂对污水的治理是达标的。他们认为，环保部门只能在企业的总排污口进行监督管理，只要企业排放的污水在总排污口达标就可以了。所幸的是，国家环保局污控司并不承认该酒厂的对污水的治理是达标的。

(资料来源：袁志刚. 管理经济学[M]. 复旦大学出版社，2006)

分析：

1) 试分析本案例中口子酒厂排污行为的外部应性。

2) 解决外部性问题的途径有哪些？你认为该企业排污所造成的外部性问题应该如何解决？

【复习思考】

1) 解释下列概念：外部性、公共物品、准公共物品、公共选择、政府失灵。

2) 说明解决外部性问题的措施有哪些。

3) 外部性问题包括哪些类型？

4) 为什么会出现政府失灵的现象？

宏观经济分析篇

9 国民收入分析与核算

⭐ **学习目标**

★ 了解国民收入的循环流程、注入量、漏出量的含义、自发投资的含义；

★ 理解国民收入中五个总量间的关系、投资——储蓄恒等式、消费、储蓄与投资的含义、消费函数、储蓄函数、均衡的国民收入的含义；

★ 掌握国民收入的概念与核算、两部门的国民经济循环模型、三部门的国民经济循环模型、乘数原理及其运用。

9.1 国民收入及其核算

国民收入的概念有广义和狭义之分，广义的国民收入可以是泛指国民生产总值等相关的几个国民经济总量，如国内生产总值、国民生产净值等。狭义的国民收入则具体指全部生产要素所得到的货币收入。国民收入的水平通常在一定程度上反映出一国的经济活动水平。

9.1.1 有关收入的宏观总量

对国民收入的分析主要是通过研究国民经济运行中各有关总量的决定及其变化，说明如何实现资源的充分利用，达到经济均衡状态的问题。

9.1.1.1   国民生产总值

国民生产总值(GNP)是指一个国家(或地区)在一定时期内(通常是 1 年)所创造出的最终产品和劳务的市场价值总和，是综合反映一个国家经济发展总体水平的最主要的概念性指标。要把握好 GNP 这个重要概念，需注意下面几点：

1) GNP 是"市场价值总和"。按定义所说，GNP 是按当年现期的市场价格进行核算的结果，并非"实际产出的价值"。价格因素的变动在其中起了一定的作用。因此，这时的 GNP 又称"名义 GNP"。例如：去年的产出量为 100 单位，市场价格为 10 元/单位；今年的产出量仍为 100 单位，但市场价格为 12 元/单位。于是去年的 GNP 为 1000，今年的 GNP 为 1200。但今年的实际产出并未比去年增加，只是在"名义上"增加了 200。

2) GNP 是"最终产品"的价值总和。所谓最终产品，是指直接满足消费和出口之用的产品，是与"中间产品"相对应的一个概念。中间产品则是指用于再出售或再加工生产别类产品所用的产品。最终产品和中间产品的根本区别在于其购买的目的是用于消费还是用于出售或生产，而不在于产品本身的性质。例如：农民所生产的小麦，被市民(家庭)所购买者，这部分小麦就是最终产品。而被面粉厂所购买者，就属于中间产品。

因此，在统计 GNP 时，就必须严格区分最终产品和中间产品。但这在实践中是很困难的。为了避免重复计算，常采用"增加值法"来统计 GNP。只统计各有关产品的增加值，即产品的销售收入与生产该产品的生产费用之差额。但不论用哪种方法，所得结果应是一致的。

3) GNP 是"流量"而非"存量"。所谓流量，是指一定时期内某种经济变量的量值。而存量，则是指其在某一时点上的量值。例如：某人的收入，它表示在一定时段内(1 年或 1 月)所取得的收入量值，是一个流量。财产，则是个存量，表示该人在某一时刻所拥有的财富总量。

4) 自给自足的非市场性的交易项目及非生产性的项目没有计入 GNP。在现实中，这些经济活动是普遍存在的，但一般未计入 GNP 中去。一方面是这些项目的确较难统计，另一方面也确实被忽视了。无论如何这些实实在在的经济活动在很大程度上增进了人们的生活水平和福利，其价值是巨大的。

非生产性交易主要是指政府及私人的转移支付和证券交易等。这些项目只是资金(货币)、证券的转移，并未出现产品交换，也就是没有出现最终产品的价值变化，因而不应计入 GNP。

5) GNP 仅仅标示了一国产出总量，但不能显示具体产出的结构、质量、效率，以及相对应的人民生活水平。同样水平的 GNP，其背后可能是：质次价高的产品与质优价廉的产品并存，大量积压的产品与供求平衡甚至供不应求的产品并存，以及工时、原材料、能源消耗的较大差异。另外，随着人们越来越重视自己的生存与发展环境，也更加关注 GNP 的"质量"，而不仅是其数量和增长速度。因为，社会为 GNP 的增长付出了巨大的代价，如环境污染、生态环境恶化等。

经济学常用 GNP 来表示一国总产出或国民收入，通常简称为 Y。

9.1.1.2 实际国民生产总值

前面说过，GNP 是按市场价格计算得出的"名义价值"。由于不同年份的价格差异，难以从 GNP 的量值来直接判断和比较产出的实际价值。为了更准确地反映实际产出的水平，统计中常采用实际国民生产总值(实际 GNP)的概念。

实际 GNP，就是排除了价格因素的 GNP。实际 GNP 与名义 GNP 的关系可以用一个较简单的公式来表示：实际 GNP=名义 GNP/价格指数。其中，价格指数=本期价格/基期价格。这里的"本期"就是指所统计的年份，"基期"是指人为选定的要与之相比较的此前某一年份。因此，实际 GNP 也不是绝对的价值量，而是相对的，是相对于此前某一年份而言的，也就是以这一年的价格(即所谓不变价格)计算出来的。

9.1.1.3 国内生产总值

国内生产总值(GDP)是指一个国家(或地区)在一定时间(通常也是 1 年)内在国家的领土范围内所生产的最终产品和劳务的市场价值总和。与 GNP 不同的是，GDP 的统计是以产品生产的国界为准，而不是以投资者所在国家为准。它是按国土原则计算的。

GNP 和 GDP 都是描述经济活动的总量指标，美国的经济文献较多地使用 GNP 指标，西欧各国经济文献中较多地使用 GDP 指标。它们之间的关系是：

GDP=GNP－本国居民在外国的产出和劳务＋外国居民在本国的产出和劳务

例如：一个中国投资者在美国的产出，应计入中国(而不是美国)的 GNP 和计入美国(而不是中国)的 GDP。一个美国投资者在中国的产出，则应计入中国(而不是美国)的 GDP 和计入美国(而不是中国)的 GNP。

GNP 和 GDP 两个指标的比较可反映出一国资本输出和输入的情况：GNP＞GDP 时，显示资本输出较多；而 GDP＞GNP 时，则显示的情况正好相反。

9.1.2 国民收入中五个总量间的关系

这里所说的五个总量是：国民生产总值、国民收入(NI，狭义的)、国民生产净值(NNP)、个人收入(PI)及个人可支配收入(PDI)。其中：个人收入是指个人 1 年内所实际得到的各种收入总和，包括：劳动收入、业主收入、租金收入、利息收入、转移支付等；个人可支配收入(PDI)是个人收入扣除各项税款后的部分，用于个人的消费和储蓄(其实是除去消费的部分)两大项。五个总量间的关系为：

国民收入＝工资＋利润＋利息＋租金；

国民生产净值＝国民收入＋间接税；

国民生产总值＝国民生产净值＋折旧；

个人收入＝国民收入－公司未分配利润－公司利润税－社会保险金＋政府转移支付；

个人可支配收入＝个人收入－个人税＝个人消费＋个人储蓄(假设)。

9.1.3 国民收入的核算

常用的国民收入核算方法是支出法和收入法。两种方法的核算角度不同，但其核算结果是一致的，只是在实际核算中难免要有误差。

9.1.3.1 支出法核算

用支出法核算 GNP，就是把 1 年内全社会对最终产品和劳务的购买支出加总而得到 GNP。最终产品和劳务的购买者主要是四大类：居民、政府、企业、出口。支出法所核算的也就是来自这四方面的购买支出总和。居民购买就是居民个人消费支出(C)，包括耐用消费品，如住房、汽车、冰箱等；非耐用消费品，如服务，医疗等。企业购买就是投资支出(I)，这里购买的是"资本品"，包括厂房、设备、工具及存货(因而不属于中间产品)等。政府购买(G)是政府购买物品和劳务的支出，包括：国防、基础建设、开办学校和医院、雇用各类员工等。但不包括政府转移支付。出口是来自国外的购买，这里指出口(X)和进口(M)的差额，即净出口($X-M$)。因为出口表示收入从国外流入，而进口则表示收入流到国外。上述四项支出相加，即得到核算结果为：

$$GNP = C + I + G + (X - M)$$

9.1.3.2 收入法核算

用收入法核算 GNP，就是用生产要素的收入也就是企业的生产成本来进行核算，具体项目有：生产要素的报酬，包括工资、利息、租金等；非公司企业主收入，即自我使用要素所取得的收入；公司税前利润，包括所得税、社会保险、红利、未分配利润等；企业间接税与转移支付，这些项目将通过价格转移到消费者身上，计入了成本；折旧，目前折旧费包括在总投资内。把上述各项相加，即得到核算结果为：

$$GNP=工资＋利息＋租金＋利润＋折旧＋企业间接税和转移支付$$

9.2 国民收入的循环流程

要说明一国的国民收入受哪些因素的影响，收入最终是如何决定的，首先就要了解和分析宏观经济的运行过程，宏观经济学通常可以建立一个经济模型来反映经济运行的实际。这个模型可以成为一个准确分析宏观经济运行规律的有效工具。以下国民收入的循环模型就是较简单的一种。

9.2.1 两部门的国民经济循环模型

两部门国民经济循环模型是假设一国的经济是封闭型的，其中对外贸易为零或是所占的比重很小，政府在经济活动中的作用同样很小，因而把两者忽略不计。这样，整个国民经济就可以看作是由居民(家庭)和企业两大部门所构成的。全部的交换关系也就只存在于这两个部门之间。居民方面既是最终产品的消费者，又是生产要素的供给者。企业方面既是生产要素的消费者，也是最终产品的提供者。就是说，居民和企业之间互为消费者和供应者，交换过程在两者之间不停地循环进行着。这时，国民收入的循环流量就是：居民向企业供给生产要素，并从企业取得相应的报酬(工资，利息，租金，利润)；企业则通过向居民出售产品，从居民那里取得货款收入。相应的国民收入循环流量模型如图9.1。

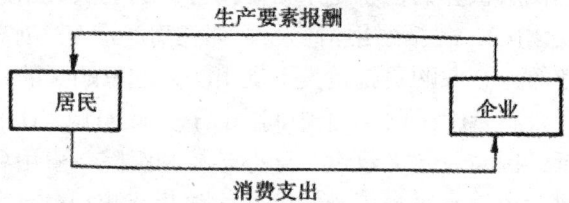

图 9.1 两部门模型

这里显示的只是货币的流动。要达到宏观经济学中所谓的均衡状态，即社会总供给和总需求的平衡，从这个模型来看，就是要使得生产与消费相等。也就是说，企业生产的产品价值同居民消费需要的产品价值两者相等。

但在经济实际运行中，这个模型要实现两个总产量的相等是不可能的。这是因为在国民经济的运行中，国民收入的流量不可能保持恒定不变的循环：生产要素报酬完全转化为消费支出，消费支出再完全转化为生产要素报酬……如此反复。其中间会产生"漏出量"，也会需要"注入量"。经济学中所谓的"漏出量(W)"

是指在国民收入的循环过程中，从两个部门之间产生的"流失量"，也就是没有从一个部门直接流入另一个部门的流量。所谓的"注入量(*J*)"是指在国民收入的循环过程中，发生于两个部门之间的"流入"量，也就是来自于两个部门之外的流入量。

具体来说，居民在取得收入后，通常并不是将之全部用于消费，在收入达到一定水平时就会有所储蓄，用于储蓄的这部分收入就从该模型的循环流程中"漏"出来了。储蓄就属于漏出量。而企业出于各种各样的原因和目的，需要追加新的投资，这些新的投资就被"注入"到该模型的循环流程中。投资属于注入量。

显而易见的是：注入量的增加会使得国民收入增加，漏出量的增加则会使得国民收入减少。引入注入量和漏出量的概念，可以更完善地解释如何保证国民收入循环流程顺利进行。我们假设，居民把钱存入银行或其他金融机构，再由银行或其他金融机构把这些资金贷给企业。企业则利用这些贷款进行投资。于是，漏出的储蓄通过金融机构的作用又回注到国民经济循环的流程中来。如果漏出量全部转化为注入量，国民收入循环过程就可以平稳顺利地进行。引入注入量、漏出量和金融机构以后，两个部门国民经济循环的模型可进一步表示如图 9.2 所示。

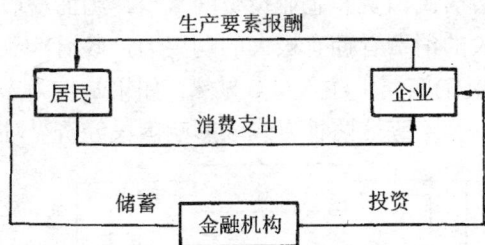

图 9.2　两部门模型

该模型的国民收入循环流程中又包含了一个漏出量：储蓄(S)，一个注入量：投资(*I*)。

从总需求角度看，一国的国民收入是由消费需求和投资需求组成的，国民收入或产量(用 *Y* 表示)就是消费(*C*)与投资之和，即

$$Y = C + I$$

从总供给角度看，一国的国民收入是由全部各种生产要素所生产出来的，是各种生产要素供给的总和，也就等于这些生产要素所得收入的总和。这些收入的一部分用于消费，其余就是储蓄了，所以

$$Y = C + S$$

由于均衡的国民经济和国民收入就是指总需求和总供给相一致的国民经济和国民收入，所以国民收入实现均衡的条件就可以表示为：

$$C + I = C + S$$

两边减除等量的 *C* 即得：

$$I = S$$

就是说，两部门国民经济均衡具体表现是：

$$I = S \qquad (或 J = M)$$

在实践中，居民并非把钱全部存入银行或其他金融机构，其他金融机构也不一定把所有的储蓄全部贷给企业。这就使得储蓄在事实上不可能全部转化为投资，回到国民经济循环中，企业必须有来自其他方面的注入量，否则就难以维持稳定的经济活动。

9.2.2 三部门的国民经济循环模型

三部门国民经济循环模型，是在两部门模型的基础上，再加入政府部门，体现出政府的经济活动及作用。

政府的经济活动主要表现在两个方面：一方面，政府要通过税收(T)来取得收入。税收包括直接税，如所得税、财产税等和间接税，如商品税、营业税等。税收的增加就是对收入的扣减，意味着社会居民消费和企业投资的减少，因而税收应属于漏出量。另一方面，政府作为最大的消费者拥有极大的购买力，政府购买的增加意味着消费的增加，因而政府购买(G)应属于注入量。显然，如果是作为宏观经济运行的调节者，政府可以运用税收和购买这两种方式来影响国民经济循环流程的。三部门国民经济循环模型如图 9.3 所示。

由于三部门国民经济循环模型中加入了政府部门，政府的经济活动就体现到国民收入的循环流量中。从总需求角度看，国民收入是由消费需求，投资需求和政府购买的需求所组成，国民收入就是消费、投资与政府购买的支出之和。即

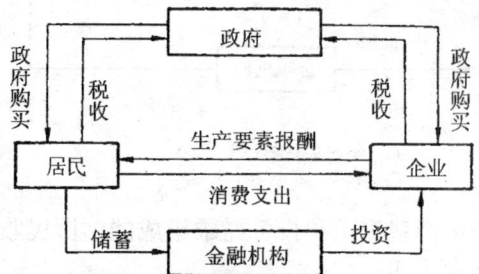

图 9.3 三部门模型

$Y = C + I + G$。从总供给角度看，除了生产要素的供给，又加上了政府的供给，即政府为经济活动所提供的服务。国民收入就是各种生产要素的收入以及体现政府供给的政府税收收入之和。即 $Y = C + S + T$。

于是，均衡的国民经济或国民收入(仍然也就是总供给与总需求相一致的国民收入)实现的具体表现就是：

$$C + I + G = C + S + T$$

两边减除等量的 C 即得

$$S + T = I + G \qquad (亦即 W = J)$$

这说明，三部门国民经济循环实现均衡的具体表现仍然是注入量与漏出量相等。这时的漏出量有两个：储蓄和税收；注入量也是两个：消费和政府购买。

可把上式变形为：

$$I = S + (T - G)$$

说明三部门国民经济循环流程能否顺利完成，也可以从社会储蓄能否全部转化为投资的问题来看。只是，这时的储蓄是由居民储蓄(S)和政府"储蓄"($T - G$)两部分组成的。

9.2.3　四部门的国民经济循环模型

四部门国民经济循环模型，是在三部门模型的基础上，再加上国外部门。与国外部门间的经济关系主要的就是出口(X)和进口(M)两方面，从而体现国际经济活动。其实三部门模型所代表的仍是封闭型的经济形式，四部门模型则是较为完善的和符合当代经济的。

出口是来自国外的购买，相应的货款流入国内，这对本国的国民经济环境来说就是一种"注入"。因而出口属于注入量。进口是指本国向国外购买，相应的货款要流入国外，这对本国的国民经济循环来说是一种"漏出"，因而进口属于漏出量。四部门国民经济循环模型如图9.4所示。

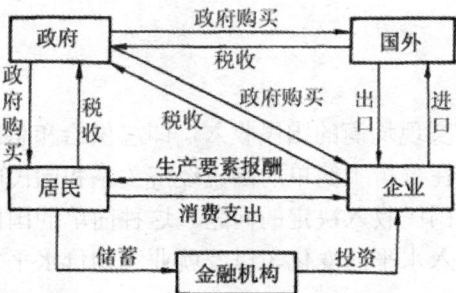

图9.4　四部门模型

四部门国民经济循环模型中加入了国外部门，相应的经济活动在国民收入循环流量中出现的是出口和进口。从总需求角度看，又增加了来自国外的购买需求，对本国来说就是出口。所以国民收入就是消费、投资、政府购买和国外购买(出口)的支出总和，即 $Y = C + I + G + X$。从总供给的角度来看，又增加了来自国外的供给，对本国来说就是进口。所以，国民收入就是各生产要素的收入、政府供给的收入及国外供给的收入之总和。即 $Y = C + S + T + M$。因此，均衡的国民经济或国民收入(同样是总供给与总需求相一致的国民收入)实现的条件是：

$$C + I + G + X = C + S + T + M$$

两边减除等量的 C 即得：

$$S + T = I + G + X \quad (亦即 W = J)$$

这说明，四部门国民经济循环实现均衡的具体表现仍然是注入量与漏出量相等。此时漏出量则是三个：储蓄、税收和进口。注入量也是三个:投资、政府购买和出口。把上式变形为：

$$I = S + (T - G) - (M - X)$$

说明国民经济循环流能否顺利完成，仍可从考察社会总储蓄能否全部转化为投资的问题来看。只不过，这时的储蓄又比三部门模型增加了"外国对本国的储蓄"$(M-X)$。

9.2.4　投资—储蓄恒等式

在两部门国民经济循环模型的分析中我们已经得知，均衡的国民经济(总供给等于总需求的国民经济)运行结果表现为 $I=S$。这是对国民收入进行核算的一个结果，是事后的。而且这是对整个社会经济而言的，至于单个的微观经济单位的实际情况，那是各不相同的。

在三部门和四部门中的情形与两部门相仿，只是储蓄的含义更广。在以后国民收入决定理论的讨论中，还会用到恒等式 $I=S$，只是那时它变成了国民经济均衡条件，是事前的。

9.3　国民收入的决定

国民收入决定理论要说明的是，如何实现均衡的国民收入，即总供给和总需求达到平衡状态的国民收入。这里我们要在分析了简单的国民经济关系和国民收入流量的基础上，从产品市场的角度讨论国民收入决定的问题。这种简单的国民收入决定理论同时也是进一步分析国民收入水平的变化，以及就业和物价水平等社会经济问题的理论基础。

均衡的国民收入是指总供给和总需求达到平衡时的国民收入。因此，国民收入的水平也就要受两个方面因素和条件的影响，或者说就是由这些因素及其相互关系所决定的。为了便于讨论这些因素，对于国民收入决定的影响，需要先做一些假设：

1) 潜在的国民收入(或充分就业的国民收入)水平不变。即一国的可支配生产能力不变。

2) 资源尚未得到充分利用。也就是经济尚未达到充分就业，社会存在闲置资本，因而总需求对国民收入水平有影响。

3) 价格水平不变，以便排除价格因素对国民收入的影响。

4) 储蓄由居民进行，投资由企业进行。

5) 消费(储蓄)—投资分析是在两部门条件下进行的。

简单的国民收入决定分析方法中最常见的是消费—投资分析、储蓄—投资分析等。因此，下面先从研究消费、储蓄、投资入手。

9.3.1 消费、储蓄与投资

9.3.1.1 消费

消费是指居民(家庭)用于各种商品和劳务上的开支。消费是国民收入(总需求)决定因素中首要的因素。通过以下的讨论，我们可以大致搞清楚消费的基本因素、特征及其规律。

1) 消费函数。一般把消费与收入之间的关系称之为消费函数。在影响消费的诸因素中，收入通常是最重要的。假设其他条件不变，收入就是影响消费的唯一因素。

用 Y 表示收入，用 C 表示消费，则消费函数可用关系式 $C=f(Y)$ 来表示。即消费是收入的函数。一般来说，消费与收入是同方向变动的(一定水平的收入对应着一定水平的消费)。随着收入的增加，消费也会相应地增加，但当消费增加到一定的程度后，其增加的速度会趋于平缓，而慢于收入增加的速度。

2) 消费倾向。消费倾向是指消费在收入中所占的比例，用 C_P 表示。消费倾向分为平均消费倾向(C_{AP})和边际消费倾向(C_{MP})。平均消费倾向是指在每单位的收入中，消费所占的比例。用公式表示为 $C_{AP}=C/Y$。边际消费倾向是指在收入的增加量中，消费的增加量所占的比例(或收入每增加一单位所增加的消费)。用公式表示为：

$$C_{MP} = \frac{\Delta C}{\Delta Y}$$

一般来说，边际消费倾向是大于 0 但小于 1 的。这是因为，随着收入的增加，消费必然会增加，因而边际消费倾向大于零。同时，人们在正常的情况下不会把所增加的收入全部用于消费，因而边际消费倾向要小于 1。另外，随着收入的增加和生活水平的提高，边际消费倾向是趋于递减的，边际消费倾向的性质也就决定了平均消费倾向要小于 1(当然也要大于 0)。这些规律我们在生活中是完全可以感受到的。

3) 消费曲线。消费曲线就是消费函数的图形。是用来在直角坐标系中直观地反映消费与收入间关系的曲线。消费曲线分为短期消费曲线和长期消费曲线。

假设 b 代表消费倾向，a 代表自发性消费(即在短期内没有收入时，靠储蓄和贷款也要维持的消费)，也就是最低消费水平(如城市中的最低生活保障线)。则消费函数可表示为具体形式：$C=a+bY$。其图形如图 9.5 所示。

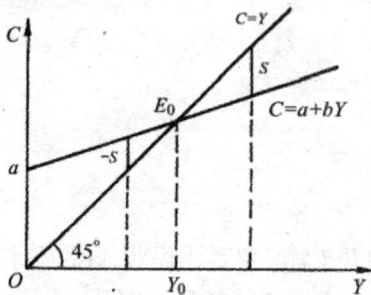

在图 9.5 中，横轴 Y 表示收入，纵轴 C 表示消费，所加上的 45°线表示收入全部用于消费时的情况($C=Y$)，$C=a+bY$ 就是我们的消费曲线。是一条"直线"。因为短期内存在自发性消费 a，所以消费曲线的起点在 C 轴上 a 点，与 45°线相交，交点为 E_0 点。消费水平在 E_0 点时，消费等于收入。在 E_0 点的右方，表示消费小于收入，收入还有剩余，也就是有储蓄 $S(S=Y-C)$。在 E_0 点的左侧，表示消费大于收入，储蓄 $S=Y-C$ 为负值，也就是负债。

图 9.5 消费曲线

图 9.5 中的消费曲线是短期消费曲线。短期消费曲线又称家庭消费曲线。长期消费曲线描述的是，在长期中，整个经济社会国民的消费支出与国民收入的关系。长期消费曲线又称社会消费曲线。长期消费曲线如图 9.6 所示。图中长期消费曲线 C 位于 45°线下方，表示消费小于收入，斜率大于 0 且小于 1，表示 C 随 Y 增加而增加，这是符合现实的。与短期消费曲线不同的是，C 的起点在原点，这表示全社会的国民收入为零时，消费也为 0，但这并不是说公众因没有收入而停止消费，其含义是，当有些居民动用储蓄或举债消费时，另有些居民则在储蓄，从社会的角度看，两者正好互相抵销。

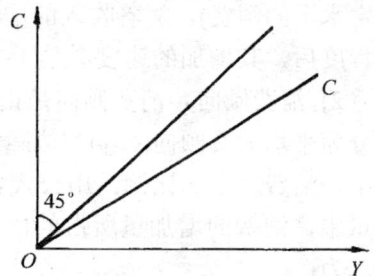

另一方面，长期中全社会不会存在自发性消费的情形，所以长期消费函数关系式为 $C=bY$。这与图形是一致的。

图 9.6 长期消费曲线

4) 影响消费的其他因素。消费函数所反映的仅仅是消费与收入间的关系。实际中影响消费的因素还有许多，下面简单介绍一些：

(1) 物价水平。当收入及其他因素既定时，由需求规律我们可以知道，物价的显著变动可导致购买量的显著变动(需求弹性极小除外)。具体来说，生活必需品的消费变动和价格变动呈负相关，而非生活必需品则相反。

(2) 利率。利率的高低直接影响到储蓄水平，因而影响消费支出。一般来说，消费支出与利率的变动呈负相关。

(3) 预期。主要是对于未来价格和收入水平的预期。如果预期价格将要较大幅度的上涨，将会有更多的收入被用于当前的消费。反之，则会导致当前消费支出的减少。对未来收入的预期有类似的规律。

（4）心理动机。人们的心理动机对经济活动包括消费行为有着直接的影响。许多不同心理动机如谨慎、预防、贪婪等都会影响消费支出。

9.3.1.2　储蓄

储蓄是指收入中未用于消费的部分。因此在数量上有 $S=Y-C$。实践中居民、企业、政府等都进行储蓄。

1）储蓄函数。同消费函数类似，我们称储蓄与收入的关系为储蓄函数。因为在影响储蓄的因素中，收入同样也是最重要的。假设其他条件不变，收入就是决定储蓄的唯一因素。储蓄函数用关系式 $S=f(Y)$ 来表示。即 S 是 Y 的函数，这里与 C 不同的是，S 可以是负的。

储蓄与收入也是同方向变动的，一定水平的收入对应着一定水平的储蓄。随着收入的增加，储蓄也随着相应增加，但收入增加到一定程度后，储蓄的增加速度将快于收入的增加速度。这里正好是与收入增加到一定程度时，消费的增加要慢于收入的增加相对应。

2）储蓄倾向。储蓄倾向是指储蓄在收入中所占的比例，用 S_P 表示。它也分为平均储蓄倾向(S_{AP})和边际储蓄倾向(S_{MP})。平均储蓄倾向是指在每单位收入中储蓄所占的比例。公式为：$S_{AP}=S/Y$。边际储蓄倾向是指在收入的增加量中，储蓄的增加量所占的比例(或收入每增加一单位时所增加的储蓄)。公式为：

$$S_{MP} = \frac{\Delta S}{\Delta Y}$$

由储蓄与消费的关系($S+C=Y$)容易地得到：

$$S_{AP} = \frac{S}{Y} = \frac{Y-C}{Y} = 1 - C_{AP}$$

$$S_{MP} = \frac{\Delta S}{\Delta Y} = \frac{\Delta Y - \Delta C}{\Delta Y} = 1 - C_{MP}$$

因此，由消费倾向的性质可以推知，储蓄倾向也有一些相似的性质。

3）储蓄曲线。储蓄曲线就是储蓄函数的图形。由储蓄与消费的关系：$S+C=Y$，和已知的消费函数 $C=a+bY$，可以得到储蓄函数

$$S = -a + (1-b)Y$$

相应的函数图形图9.7就是储蓄曲线。

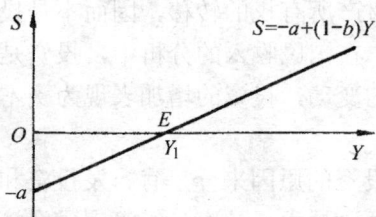

图9.7　储蓄曲线

其中，$-a$ 是负储蓄，对应于没有收入的自发消费，是独立于收入之外的，$1-b$ 是边际储蓄倾向(因为 b 是边际消费倾向)也就是储蓄曲线的斜率。

在图 8.7 中可以看到：在储蓄曲线与 Y 轴的交点 E 处，表示收入为 Y_1 且储蓄为 0，即收入全部用于消费。在 E 点的左侧储蓄为负值，表示收入小于消费，入不敷出。在 E 点的右侧，储蓄为正值，表示收入大于消费，且随着收入的增加而增加。

4) 储蓄函数与消费函数的关系。按照 $Y=C+S$ 的假设，储蓄函数与消费函数存在着密切的内在联系：

(1) 储蓄函数和消费函数是互补的，两者之和总是等于收入。从图形上来看，储蓄曲线与消费曲线相加(叠加)永远是 45°线，见图 9.8。当收入为 Y_0 时，两条曲线上均反映出，消费等于支出，储蓄等于 0。在 Y_0 点左侧，消费曲线位于 45°上方，表示消费大于收入储蓄为负。因此，储蓄曲线位于 Y 轴下方；在 Y_0 点右侧，储蓄曲线位于 Y 轴的上方，储蓄为正值，即收入大于消费，因此，消费曲线位于 45°线下方。

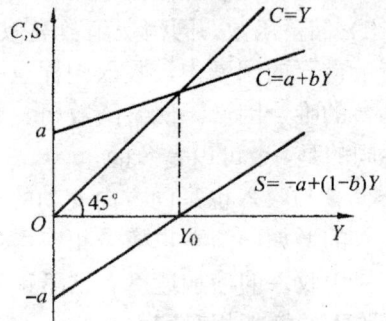

图 9.8 储蓄函数与消费函数的关系

(2) CAP＋SAP=1，CMP＋SMP=1。这两个关系式在讨论储蓄倾向时已导出过。

(3) 消费函数和储蓄函数中只要有一个确定，另一个即随之确定。前面已经利用消费函数导出了储蓄函数。正是由于储蓄函数与消费函数之间的密切关系，我们通常可以侧重于讨论其中的一个而一举两得。

9.3.1.3 投资

1) 投资的含义。经济学中的投资是指资本的形成，即社会实际资本的增加，包括厂房、设备和存货等的增加。这与居民在日常生活中所提到的投资，如购买证券、房地产等经济活动是不相同的。因为从经济学和从社会的角度来看，居民的这些购买没有使得社会实际资本增加，仅仅是财产所有权的转移，因而不是投资。另外，前面作过假设，投资是由企业进行的。在国民收入的分析中，投资是个流量，而资本则是存量。投资表现为资本存量的变动，投资的增加表现为资本存量的扩张。

按不同的标准，投资可分为不同的类型。从投资的原因来分，有自发投资和引致投资两类。自发投资是指由人口、心理、资源、技术、政府政策等国民经济外生变量所引起的投资，是不受国民收入和消费水平影响的投资；引致投资(又称诱发投资），则是指由于国民收入和消费水平的变动所引起的投资。

从投资与资本存量的关系来分，有重置投资、净投资和总投资。重置投资(即折旧)是指用于补偿资本损耗的投资(它取决于原有资本的量值，使用年限及构成)，通常是在价值量上每年按一定的折旧率提取，到期一次性投资形成实物(资本品)。重置投资是为了维持简单再生产。净投资是指扩张资本存量的投资，它取决于收入的变动情况，是为了扩大再生产。总投资就是一定时期内的投资总量，是重置投资与净投资的总和。

2) 资本的边际效率。按照凯恩斯的定义，资本的边际效率是一种贴现率。这种贴现率使得一项资本品在使用年限内各年的预期收益现值正好等于该项资本品的供给价格或重置成本。

所谓现值，通常可以是指在一定的利率(贴现率)下，某项资本品几年后的本利之和在投资当期的实际价值。举例来说：假设现有本金为 1 000 元，利率为 10%，且计算复利，则 1 年后本利和为：$1\,000\times(1+10\%)=1\,100$(元)；2 年后本利和为：$1\,000\times(1+10\%)^2=1\,210$(元)；3 年后本利和为：$1\,000\times(1+10\%)^3=1\,331$(元)。以此类推，$n$ 年后的本利和就是 $1\,000\times(1+10\%)^n$(元)。反过来看，若利率同为 10%，则 1 年后的 1 100 元的现值就是 $1\,100/(1+10\%)=1\,000$(元)，2 年后的 1 210 元的现值也是 $1\,210/(1+10\%)^2=1\,000$(元)，3 年后的 1 331 元的现值也是 1 000 元。

一般说，设 R_n 是 n 年后的本利之和，r 是利率，R_0 是本金，则

$$R_0 = \frac{R_n}{(1+r)^n}$$

再来看资本的边际效率。设 R 表示资本品的供给价格，R_i 表示第 i 年的预期收益，$(i=1，2，\cdots)$，r 是资本边际效率。于是，按资本边际效率的定义可得关系式：

$$R = \frac{R_1}{1+r} + \frac{R_2}{(1+r)^2} + \cdots + \frac{R_n}{(1+r)^n}$$

这就是资本边际效率的一般公式。

显然，资本边际效率取决于资本品的供给价格和各年预期收益。供给价格既定时，预期的收益越大，r 就越大；预期收益既定时，则供给价格越大，r 越小。它要说明的是：一件投资品或投资项目的收益每年应按多大的比例增长才能达到预期的收益。所以，资本边际效率实际上是一种资本的预期利润率。

凯恩斯认为，资本边际效率具有递减的趋势，就是说，随着社会投资的增加，资本边际效率会下降。这是因为，投资越多，对资本品的需求也就越多，因而资本品的供给价格上升，使得资本边际效率下降；另外，投资越多，未来产品的供给越多，产品的价格要下降，因而对预期收益有不利影响。

资本边际效率递减的规律说明：在利率既定的前提下，由于资本边际效率随投资量的增加而递减，使得预期收益(率)相应递减，或使得投资成本相应递增。因此，社会投资量不会无限扩大，而必定存在一个上限。

3) 影响投资量的因素。

(1) 资本边际效率和利率，这是影响投资量的两个主要因素。投资基本上由此两者的对比关系所左右。如果利率大于资本边际效率，对于投资者来说，结果是得不偿失(利润小于利息)，因此不会投资。如果资本边际效率等于利率，对投资者来说结果是收支相抵，此时通常只存在重置投资，而不会有净投资。只有当资本边际效率大于利率时，企业才有可能投资，因为只有在这种情况下投资才会获利。

(2) 投资的预期收益。投资收益的期望越高，投资的可能和投资量就越大。

(3) 投资风险。投资量的大小与投资风险的大小成反比。

(4) 投资成本和资本品的耐用程度。

9.3.2 国民收入的决定

9.3.2.1 消费-投资分析

为讨论方便，我们先假设国民经济是一个两部门的模型，投资是个常数。于是，总需求就是消费需求与投资需求之和，即 $Y=C+I$。

在图 9.9 中，横轴代表收入(Y)，纵轴代表消费(C)和投资(I)，曲线 C 是消费曲线。它与 45°线相交于 E_1 点，若社会总需求只有消费 C 则 E_1 点对应的国民收入就是均衡的国民收入。

曲线 $C+I$ 是由曲线 C 向上平移 I 单位所得，代表社会总需求水平，它与 45°线相交与 E_2 点，对应的国民收入 Y_2 就是此时均衡的国民收入。这说明，当社会总需求由 C 增加到 $C+I$ 时，均衡的国民收入就由 Y_1 增加到 Y_2。投资的增加导致国民收入的增长。

在 E_2 点左侧，$C+I$ 曲线位于 45°线上方，表示总需求大于总供给，会引起国民收入上升(国民经济扩张)。在 E_2 点右侧，$C+$

图 9.9 消费-投资分析

I 曲线位于 45°线下方，表示总需求小于总供给，会引起国民收入下降(国民经济收缩)。只有在 E_2 点是均衡的。当国民经济处于不均衡状态(总供给与总需求不相等)

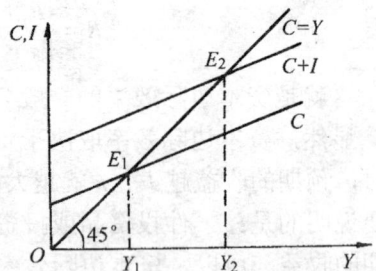

时，可以通过对投资(I)的调整来实现均衡。

在一般情况下，国民经济运行也是如此。以四部门模型为例，总需求多出了政府购买(G)和出口(X)，并设 G、X 也是常数。则，$Y=C+I+G+X$。其关系如图9.10 所示。

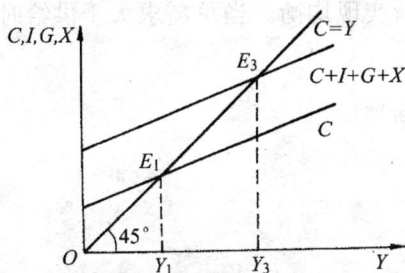

图 9.10　四部门模型

曲线 $C+I+G+X$ 是由曲线 C 向上平移 $I+G+X$ 单位所得，代表现在的国民收入水平，它与 45°线相交于 E_3 点，对应的国民收入是 $Y_3(Y_3>Y_1)$，是此时均衡的国民收入。这说明，社会总需求由 C 增加到 $C+I+G+X$ 时，均衡的国民收入由 Y_1 增加到 Y_3。政府购买和出口的增加也会导致国民收入增长。在 E_3 点左侧，$C+I+G+X$ 位于 45°线上方，表示总需求大于总供给，会使得国民收入上升(国民经济扩张)。在 E_3 点右侧，$C+I+G+X$ 位于 45°线下方，表示总需求小于总供给，会使得国民收入下降(国民经济收缩)。只有在 E_3 点是均衡的。而当国民经济不均衡时，以通过对投资、政府购买和出口的调整来实现均衡。

9.3.2.2　储蓄-投资分析

这里仍然假设是在两部门模型中，投资是常数。

在图 9.11 中，横轴代表收入(Y)，纵轴代表储蓄(S)和投资(I)，曲线 S 是储蓄曲线，水平曲线 I 是投资曲线。

在两部门经济中，均衡的产出是与总需求相一致的产出。就是说，国民收入要恰好等于

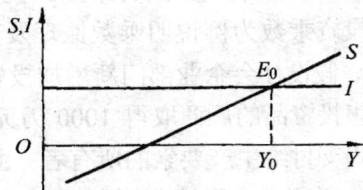

图 9.11　储蓄-投资分析

居民和企业意愿的支出。为此，可以通过实现计划支出与实际产出(收入)的相等，以达到均衡。这里的计划支出就是计划的消费加投资：$C+I$。而产出的收入应等于计划的消费加储蓄：$C+S$。所以，由 $C+I=C+S$ 减除等量的 C 即得 $I=S$ 时就是均衡点，相应的国民收入 Y_0 就是均衡的国民收入。在 E_0 点左侧，I 曲线位于 S 曲线上方，表示总需求大于总供给，会引起国民收入上升(国民经济扩张)。位 E_0 点右侧，I 曲线位于 S 曲线下方，表示总需求小于总供给，会引起国民收入下降(国民经济收缩)。只有在 E_0 点是均衡的。因此，当国民经济处于不均衡状态时，结论同样是可以通过对投资的调整来实现均衡的。一般的情况下(四部门模型)也有

与此相仿的结论。

在这里我们看到，消费—投资分析与储蓄—投资分析实质上是一致的。

通过以上分析我们得知，决定国民收入水平的决定性因素是总需求。当总需求小于总供给时，国民收入可能会下降，使得经济失去均衡。这时可以通过增加消费、投资等措施，对经济进行调整，以重新实现均衡。当总需求大于供给时，则是相应另一方向的问题。

9.4　乘数原理

9.4.1　乘数原理

在分析国民收入的变动时发现，注入量的增加会使得国民收入上升，而注入量的减少则会导致国民收入的下降，我们所关心的是，注入每增加 1 个单位，会使国民收入增加多少单位？ 乘数原理要说明的是：在一定的条件下，收入量的增加量将会是相应注入量的增加量的 K 倍，在这里的常数 K 就称为乘数(投资乘数)，又称倍数。一般说，乘数就是国民收入的变动量与导致国民收入变动的因素的变动量之比率。在实践中，存在多种可引起国民收入变动的因素，相应的也就有多种不同的乘数，如投资乘数、税收乘数等。以下先在两部门经济运行的条件下，以投资乘数为例说明乘数原理及其作用。

假设社会企业部门新增加投资(ΔI)1000 万元，这笔投资即被用于购买投资品。出售投资品的厂商取得 1000 万元的货款收入，然后以工资、租金、利息、利润的形式支付给生产要素的所有者。由此，居民部门得到第一次增加的收入 1000 万元。

再假设边际消费倾向($\Delta C/\Delta Y$)为 2/3，则居民将把所得收入的 2/3 用于购买消费品，出售消费品的企业得到 1 000×2/3 万元的货款，并以同样的形式支付给生产要素的所有者。由此，居民得到第二次增加的收入 1 000×2/3 万元。

这个过程会一直持续下去，从居民部门来看。整个社会因此而增加的收入为：

$$1000 + 1000 \times \frac{2}{3} + 1000 \times (\frac{2}{3})^2 + \cdots = \frac{1000}{1 - \frac{2}{3}} = 3000(万元)$$

所增加的倍数为 3 倍，即：

$$K = \frac{\Delta Y}{\Delta I} = \frac{3000}{1000} = 3, \Delta Y = K \times \Delta I = 3 \times 1000 = 3000(万元)$$

一般的有：投资乘数

$$K_I = \frac{1}{1 - 边际消费倾向}$$

这说明，投资乘数与边际消费倾向成正比，与边际储蓄倾向成反比，边际消费倾向越大，或者说边际储蓄倾向越小，投资乘数就越大。

必须看到，投资乘数的作用是双面的。投资的增加，会使国民收入以相应的倍数增加；而投资减少，也会使国民收入以相应的倍数减少，因而经济学家称其为"双刃剑"。另外，由于经济运行的实际中，一些因素的不完全性和不稳定性，会在一定程度上阻碍或抵销乘数作用的发挥，使得乘数的实际作用并非如公式所表达的那样确切。

加入政府后的三部门模型中，除了投资以外，又有了政府购买、转移支付、税收等影响国民收入的因素，也就有了相应的另外几个乘数。

以上关于乘数理论的分析说明了凯恩斯的一种观点：对于消费需求不足而引起的总需求不足，可以而且只能依靠投资的形式来调整，在私人(企业)投资不足的情况下，则要靠政府的投资来加以补足。事实上在这种情况下投资也确实发挥了相应的作用，但正如前面已经指出的，由于存在其他一些因素的影响，乘数的作用一般达不到理论上的效果。即便就投资的作用机制本身来讲，就存在着"自我削弱"的因素，当投资增加时，会引起物价上升和利率上升(因为对货币资本需求上升)。而物价和利率的上升则反过来削弱了消费增加了投资成本。结果既抵销了一部分由于增加投资而引起收入增加所促进的消费，又削弱了投资本身。

9.4.2 国民收入水平的变动

在国民收入决定的理论中，所讨论和回答的是均衡的国民收入是如何实现的问题，这对于调节失衡的国民经济和保持国民经济的平稳运行是有意义的，在实践中，经济运行的目标不是单纯的维持国民经济水平静止不变，更有在实现均衡的基础上从一个均衡水平变动到另一个均衡水平的要求，像国民收入水平不断提高的均衡变动。这里之所以说"均衡的提高"是要强调并非国民经济的发展越快越好，或国民收入增长得越快越好。而是要在保持总需求与总供给相一致的前提下实现经济以一定的速度持续稳定发展。要解决好这个问题需要做好两个方面的工作：一是准确把握总需求与总供给的关系；二是根据总需求与总供给的关系采取相应的对策。我们所分析讨论的主要是后者。

通过前面对国民收入决定的分析使我们知道，从总体上来说，可以通过注入量和漏出量的相等来实现国民收入的均衡，也可以通过对注入量或漏出量的调整来实现国民收入水平的变动。如通过注入量的增加(减少)来推动国民经济扩张(收缩)，通过漏出量的增加(减少)来推动国民经济收缩(扩张)。而且，在实际运用中，还要考虑到这两种手段合理搭配与协调的问题，这里就不讨论了。

总结提要

1) GNP 和 GDP 是两个重要的宏观经济变量，GNP 是按"国民"原则计算的，GDP 是按"国土"原则计算的。

2) 从支出角度计算 GNP，它有四个组成部分：消费支出、投资支出、政府支出、净出口($C+I+G+X-M$)，这四个部分之和被称为总支出；从收入角度计算 GNP，它有六个组成部分：工资、租金、利息、利润、税收、资本折旧，一国所有居民的收入加上税收和资本折旧即总收入，总收入最终分成消费、储蓄、税收($C+S+T$)。总支出与总收入存在恒等关系，即：

$$C+I+G+(X-M) \equiv C+S+T$$

3) 本章分析的是简单的国民收入的决定理论，简单凯恩斯模型的中心内容是产品市场的均衡，凯恩斯把分析的重点由供给转移到需求，并把总需求函数作为决定就业量和收入水平的关键因素。他采取短期分析方法，在短期内总供给是不变的，只有总需求才是收入水平的决定性因素。

4) 凯恩斯以封闭的两部门经济为考察对象，把总需求分解为消费需求和投资需求，并分别对它们进行分析。就消费而言，消费取决于收入和消费倾向，消费倾向又分为平均消费倾向和边际消费倾向。就投资而言，投资决定于利息率和投资的预期利润率，即资本的边际效率，资本边际效率又决定于预期利润收益和资本品的供给价格或重置成本。

5) 凯恩斯在假定利率水平既定、投资水平为一常数、总供给短期内不变情况下总需求决定国民收入，如果已知消费函数和自发投资量，就可计算出均衡的国民收入。如果总需求发生了变化，就会引起国民收入的增加或减少。

6) 乘数原理是凯恩斯用来说明投资效应的一个理论工具。投资增加所引起的国民收入增加的倍数，就是投资乘数。投资乘数具有正反两方面的作用。

阅读资料

向消费和社会投资双轮驱动型转换

从支出法国内生产总值的角度考察，经济增长主要是由资本形成总额(投资需求)、最终消费(消费需求)和货物与服务净出口(国外需求)这三大需求拉动的。

在国内需求中，近年来投资需求受政府投资的诱导不断扩张，投资率 2002年上升到 39.6%，为 1996 年以来最高水平。虽然我国实行了投资、消费双启动政策，但消费需求受政府政策的直接影响小于投资需求，城乡居民收入增长长期低于经济增长，虽然政府消费率节节上升，但最终消费率在这 5 年中先上升后下降，由 2000 年的 61.1%下降到 2002 年的 58.4%。但从总量角度考察，消费需求仍然是拉动经济增长的份额最大的需求。

我国近几年在扩大内需的同时，千方百计扩大出口，对外贸易的增长对活跃国内经济、提升产业结构有较大的乘数效应。但用支出法 GDP 核算方法直接测算对外贸易对经济增长的贡献，在 GDP 总量中净出口对经济增长的支撑力仅占 2%~4%；在 GDP 增量中，净出口贡献率在若干年中为负值，初步测算，即使出口高增长的 2002 年也只有 0.28%的贡献率。

从三大需求对国内生产总值增长的贡献率看，资本形成总额的贡献率近 5 年不断上升，由 1997 年的 24.23%上升到 2002 年的 54.53%，最终消费的贡献率则由 1997 年的 54.47%下降为 2002 年 45.19%，净出口需求则从前 3 年的负拉动变为 2002 年的正拉动。从增量的角度考察，投资需求是当前拉动经济增长份额最大、动力最强劲的国内需求，消费需求仍显动力不足，经济增长动力机制明显呈现出投资主导型的特征。

按照世界各国经济发展史提供的经验，当一个国家经济发展进入工业化中期阶段，由于制造业加工度提高引起的产业链延伸，会有一个投资率上升的过程。但从我国的实际情况看，我国目前已经居世界少数几个投资率极高的国家之列，要通过进一步提高投资率来拉动经济增长的空间不大。我国今后一段时期，提高投资对经济增长的拉动作用，主要不是通过进一步提高投资率来实现，而要通过投融资体制改革促进投资效率的提高来实现。

当前，我们要提高投资效率，必须以消费需求结构变化为导向进行投资，这样投资所形成的供给能力才是有效供给。同时，提高投资效率，减少重复建设，减少投资领域的资源浪费，使更多的国民财富用于消费，适当提高最终消费率，扩大投资形成的生产能力所需要的市场需求，同时化解供需总量矛盾与结构矛盾。因此，国内需求的支撑重心要逐步从过分倚重固定资产投资，向消费需求和投资需求均衡支撑过渡；我国经济增长的动力机制应从目前的投资主导型向居民消费、社会投资双轮驱动型转换。

(资料来源：国家信息中心经济预测部.向消费和社会投资双轮驱动型转换.中国证券报，2003 年 1 月 25 日)

案例分析

"蜜蜂寓言"的启示

20世纪30年代，资本主义世界爆发了一场空前的大危机。经济的大萧条使3000多万人失业，1/3的工厂停产，金融秩序一片混乱，整个经济倒退到第一次世界大战以前的水平。在经济大危机中，产品积压，工人失业，生活困难，绝大多数人感到前途悲观。持续的经济衰退和普遍失业，使传统的经济学遇到了严峻的挑战。一直关注美国罗斯福新政的英国经济学者，约翰·梅纳特·凯恩斯，从一则古老的寓言中得到了启示：从前有一群蜜蜂过着挥霍、奢华的生活，整个蜂群兴旺发达，百业昌盛。后来，它们改变了原有的生活习惯，崇尚节俭朴素，结果社会凋敝，经济衰落，终于被敌手打败。凯恩斯从这则寓言中悟出了需求的重要性，并建立以需求为中心的国民收入决定理论，并在此基础上引发了经济学上著名的"凯恩斯革命"。这场革命的结果就是建立了现代宏观经济学。

要求：

1) 如何理解以需求为中心的国民收入决定理论？

2) "蜜蜂寓言"给我们什么启示？

【复习思考】

1) 简释下列概念：GDP、国民收入、最终产品、中间产品、注入量、漏出量、消费、消费函数、消费倾向、消费曲线、储蓄、储蓄函数、储蓄倾向、均衡的国民收入、投资、自发投资、资本边际效率、乘数、投资乘数。

2) 试述实际GNP的意义。

3) 注入量和漏出量在国民收入循环中的作用有哪些？

4) 简述$I=S$的意义。

5) 国民收入决定的因素有哪些？其作用如何？

6) 简述乘数原理的意义。

7) 均衡国民收入是如何实现的？

10 失业、通货膨胀与经济增长

★ **学习目标**

★ 了解失业的类型与原因、失业的代价、治理失业的对策、通货膨胀的影响与成因;

★ 理解失业的定义与类型、通货膨胀的定义与类型、失业与通货膨胀的关系、失业率、通货膨胀率的含义;

★ 掌握通货膨胀的测量方法与其治理对策、经济增长与经济周期的含义、经济周期波动的原因。

失业和通货膨胀是各种经济"病症"中最常见,后果最为严重的经济现象,西方经济学家对这两种现象做了大量理论研究并取得了不少成果,各种经济政策也主要被用来对付这两种经济现象。经济增长与经济周期理论也是现代宏观经济学的重要理论。

10.1 失业

失业与就业是一对对称的概念。

10.1.1 失业与就业

一般认为,凡在一定年龄内没有职业(工作),但愿意并且正在寻找工作的人即为失业者。在不同的国家,对工作年龄和失业的范围有不同的具体规定和解释。

在我们中国,目前实行的是登记失业制度。只有到当地劳动与社会保障部门登记且符合失业条件的人员方统计为失业人员,没有登记的不统计为失业人员(不论其找到工作与否)。而且登记对象只针对城镇人口,不包括进城务工的农民劳动力和农村剩余劳动力。2000年我国的城镇登记失业率为 3.1%,就是据此得出的(其中也不包括"下岗"者)。

在美国,按照萨缪尔森的说法是:"有职业的人是就业者;没有职业但寻找工作的人是失业者;没有职业但不寻找工作的人不属于劳动力。失业率是失业人数除以总劳动力而得到的数字。"

除了统计形式和年龄等人身要求,失业者的一个最重要的特征是:想要工作并正在寻找工作。

失业率是衡量社会失业状况最基本的指标。

失业率就是失业人口占劳动力总人口的百分比。

自然失业率与充分就业。自然失业率是指自愿失业和摩擦失业人数与全体劳动力总数的比率。自然失业率又称"充分就业的失业率",也就是实现了"充分就业"的失业率。所谓充分就业,在西方经济学中并不是指所有劳动力都找到工作的就业水平。而是指除了自愿失业者和摩擦性失业者之外,其他人都能找到工作。所以,有时也反过来说,实现了充分就业的失业率称之为自然失业率。

10.1.2　失业的类型及原因

1) 自愿失业。自愿失业的失业者,是指在现行市场工资水平下不愿意工作而失业的人。他们找不到高报酬的工作,却又宁愿赋闲,也不情愿接受低工资的工作,因而失业。这种失业常见于生产效率较低的人。

在失业理论中,主要讨论非自愿的失业。非自愿的失业者,是指没有工作,但愿意在现行市场工资水平下工作的人。

2) 摩擦性失业。摩擦性失业是指由于人们在不同的地区、职业或生命周期的不同阶段的工作变动所引起的失业。这种变动是较为普遍的:如为寻找一个更理想的工作,搬迁到一个新地区,或因某种原因暂时离职,也包括刚从学校毕业的学生和其他新加入劳动队伍者。

因这种失业者往往被认为属于"自愿"的失业者。因为他们的流动性通常是比较频繁的,且能找到意愿的工作。

3) 结构性失业。结构性失业是指由于经济结构的变动使得劳动力供求不一致所产生的失业。劳动力的供求不一致,是由于劳动力市场的结构及劳动力的流动不能适应经济结构的变动所引起的。在经济发展过程中,经济结构的变动是经常性的,有时变动还是相当大的。这就使得部门间的发展出现不平衡和地区间的发展不平衡。如有的部门或地区在迅速扩张,有的部门和地区则在衰落,从而对劳动力的需求产生新的要求。而劳动力的年龄、知识等结构在短期内难以做出改变来适应这种变化,出现这种失业也就是自然的了。而且在这种情况下,往往是既有许多人失业，又有不少工作无人来做，或没有足够胜任的人员。

4) 周期性失业。周期性失业是指由于总需求下降而引起的失业，一般是出现在经济衰退时。周期性失业的特点是整个劳动力市场出现过剩，而不仅仅是局部的。这是因为，按照凯恩斯主义的看法，就业水平取决于国民收入的水平，而国民收入的水平又取决于总需求的水平。一旦总需求下降，国民收入水平就要下降。这是一种经济总体上的下降，因而，也就导致就业水平的下降，一种普遍性的下降。

5) 隐蔽性失业。所谓隐蔽性失业，是指当经济中减少一定数量的就业人员后，产量并未因此而下降的现象。即经济中存在着有"职"无"工"，但却在照常领工资的人，或就业人数超过实际工作所需要人数的现象。这常见于经济效益较低的发展中国家。

10.1.3 失业的代价

失业的具体代价需要从失业者是否为自愿失业的角度分开来看。一般来说，如果一个人是由于不想工作而自愿失业的，那他在失业的同时得到的是闲暇和享受(如果他能得到的话)，或者说他正是为了自己的闲暇和享受而不去工作。因此，失业对他个人来讲并没有什么不良的影响。相反的，由于他的不工作还会为他人提供一个就业机会。非自愿的失业就完全不同了，它给人们所带来的只有负面影响。以下所讨论的就是非自愿的失业所产生的影响。

10.1.3.1 对经济的影响

由于失业，人们的收入下降甚至为 0。相应的消费购买力下降，使失业者个人和家庭的生活水平会因此而下降，直至陷入困境。即使在社会保障制度健全的情况下，失业者生活水平的大幅度下降也是难免的。社会需求下降又会影响到国民收入的下降。当失业率很高时，直接的资源浪费就出现了。首先是劳动资源的闲置——浪费。一个人如果 1 年不工作，那么他这一年的劳动价值就浪费了，而且是再也找不回来的。还有相应的资本物品的闲置——浪费。我们知道，像机器、厂房等资本，即使不使用它们，也照样要发生一些成本，如保养维修等，其价值是递减的。如果失业继续发展下去，还会引起投资的下降，从而导致失业更加严重。当然，由于收入导致的需求下降，也会使得已经产出的商品积压过剩，并因此发生损耗甚至是被人为毁掉。

10.1.3.2 对社会的影响

经济学家认为，失业对社会所产生的影响还要甚于对经济所产生的影响，是更为严峻的后果，因而更加值得关注。失业使得社会福利支出增加和财政负担增加，失业率越高，这种负担就越重。失业不仅仅是给人们带来经济上的困难，使得收入和生活水平下降，它对人们在精神上的打击是更为严重的。失业者本人及其家庭还要承受巨大的心理压力。生存环境的恶化使得他们既为当前的生活焦虑，又为日后的生活担心，甚至对未来和前途失去信心。还有的担心被他人指为因个人能力的缘故而失业……所有这些最终有可能引发最令人头疼的问题——社会问题乃至政治问题。

10.1.4　治理失业的对策

经济学为治理失业提出了一些政策手段和具体措施，并已在实践中加以应用，需要注意的一点是，还应判明失业的主要原因是什么，以便有的放矢。

自动稳定器和社会保障体系。在失业增加时，不仅失业者的收入下降，企业的利润也正在减少。通过自动稳定器的作用，使得个人及公司的税负降下来，再加上政府的转移支付及时兑现、社会保险中失业救济金及其他社会福利的发放，有助于缓解社会需求的下降和失业率的上升。但这只能起到"稳定"的作用，不能从根本上解决问题。

经济政策。尤其是在经济衰退中，制止失业率上升的有效对策是松的经济政策。通过松的财政政策和货币政策作用，来维护和刺激需求(消费和投资)，抑制衰退，增加就业。

为失业者提供更多的就业机会，尤其是在公共服务方面。

为失业者提供培训，改进劳动力市场的服务。可以使失业者提高就业能力和得到更多的就业信息、机会。

10.2　通货膨胀

10.2.1　通货膨胀的含义

10.2.1.1　通货膨胀的定义

经济学家们对通货膨胀有许多不同的定义，较为普遍的说法是：通货膨胀是指一般价格水平持续而以相当幅度的上涨。

一般价格水平上涨，是指用价格指数所衡量到的，具体常表现为消费物价指数或生产者价格指数上涨，也就是其平均价格的上涨。这只有在绝大多数商品价格上涨时方体现出来，因而是一种物价普遍上涨的现象。局部的、个别商品的价格上涨不能判定为通货膨胀。

价格持续和以相当幅度的上涨，这是判断是否发生通货膨胀的主要标志，通常是看在 1 年内是否为连续和较大幅度的上涨。但多大的涨幅才算是通货膨胀，并没有一个绝对标准。有的经济学家认为涨幅在 3%以上即可视为通货膨胀，2%以下不算是通货膨胀。

通货膨胀常表现为纸币现象，货币供应量过多是通货膨胀的重要特征之一。通货膨胀时，流通中货币(尤其是纸币)大量增加，因为物价的上涨必然产生对通货的大量需求。但流通中货币增加并非预示着通货膨胀。没有通货膨胀时，随着社会产出的增加，人们的收入也会增加，也同样产生对货币需求量的增加，因而需要增发货币。

10.2.1.2   通货膨胀的测量

通货膨胀的测量一般用价格指数，常用的有：

1) 消费物价指数(CPI)。消费物价指数又称零售物价指数，是使用最为广泛的价格指数。用公式表示为：

$$通货膨胀率 = \frac{本期消费物价指数 - 基期消费物价指数}{基期消费物价指数}$$

作为测量通货膨胀率的指标，消费物价指数反映的是居民所购买商品价格水平的变动，较为接近于百姓的感受，但同时也就带有一定的局限性。另外，作为"平均数"，在具体计算中对各种商品所赋权数不同也会导致计算结果出现差异。

2) 生产者价格指数(PPI)。生产者价格指数又称批发物价指数，它所衡量的是商品的批发价格水平变动情况，但没有包括劳务。生产者价格指数所计算的商品较多(在美国大约有 3 400 多种)，因而反映实际通货膨胀情况较为详尽。

3) GNP 矫正指数。GNP 矫正指数是涵盖经济活动总体的价格指数。

$$GNP矫正指数 = \frac{本期名义GNP}{实际GNP}$$

GNP 矫正指数的意义在于，它包括了国民经济中所有商品，最全面而准确地反映了"一般物价"水平的变动。

10.2.1.3   通货膨胀的类型

在实践中，按照不同的标准，通货膨胀可有不同的分类形式和具体类型。

1) 按价格上升的速度划分，通货膨胀可分为：

(1) 温和的通货膨胀。温和的通货膨胀又称爬行式的通货膨胀，指的是年通货膨胀率在 10%以下的通货膨胀。在这样较低的通货膨胀率下，货币的实际利率最多是不太大的负利率。因此，实际价格不会有很显著的变动。人们感觉币值相对比较平稳，预期也就比较平稳。因此，这类通货膨胀对经济社会的影响是较"温和"的，故称之为温和的通货膨胀。其中，当通货膨胀率在 3%左右时，许多经济学家称其为"有益"的通货膨胀，认为这种通货膨胀对经济发展和国民收入的增加有积极的促进作用。

(2) 奔驰(腾)的通货膨胀。奔驰的通货膨胀是指年通货膨胀率为 10%以上或较低的三位数。奔驰的通货膨胀属于较严重通货膨胀，并且常常伴有继续加剧的趋势。奔驰的通货膨胀对经济以及人们的生活影响较大，这时的货币购买力明显下降，实际利率、实际收入感受到的价格水平上涨影响明显。

(3) 超级通货膨胀。超级通货膨胀又称为恶性通货膨胀，是指年通货膨胀率在较高的三位数以上。这时货币大幅度贬值，人们对货币失去信心，经济达到崩溃的边缘。常见于战争，动乱等非常时期。

2) 按对商品价格的影响来划分，通货膨胀可分为：

(1) 平衡的通货膨胀。即所有商品的价格几乎以同样的速度上涨。

(2) 非平衡的通货膨胀。即各种商品价格以不同的速度上涨。

3) 按人们对通货膨胀的预期程度划分，通货膨胀可分为：

(1) 预期的通货膨胀。即事先已经预料到的通货膨胀。

(2) 未预期到的通货膨胀。即事先未预料到的通货膨胀。或虽预料到，但价格上涨幅度超出人们的预料的通货膨胀。

4) 滞胀。滞胀即"停滞膨胀"，是指既存在衰退和失业，又有通货膨胀的经济现象。也就是较高的失业率和较高的通货膨胀率并存。这是 20 世纪 70 年代以后才出现的。

5) 隐蔽的膨胀。有些时候，尽管经济运行中产生了通货膨胀的压力，但由于政府实行了价格管制和配给制度等，通货膨胀不会表现出来。而一旦这些限制消除，通货膨胀就会爆发，并且形成较为严重的通货膨胀。

10.2.2 通货膨胀的影响

从历史上来看，通货膨胀留给人们的记忆更多的是痛苦。从居民，企业到政府，都无时不在小心地提防着通货膨胀。

在以上对通货膨胀类型的分析中已经看到，实践中存在各种不同形态的通货膨胀，这些各不相同的通货膨胀，所产生的实际影响通常是不同的。而在不同的时期，表面看似同类的通货膨胀，其实际影响也会不尽相同。一般来说，通货膨胀率越高，影响越大，未预期的通货膨胀或非平衡的通货膨胀的影响更大，平衡的且预期的通货膨胀，主要是对人们在心理上有影响，对经济则没有影响或影响极小。因此，对于通货膨胀所产生的实际影响，需要根据具体的通货膨胀类型来进行分析。这里主要分析对收入和财富分配的影响，而且主要是指未预期的通货膨胀。

通货膨胀有利于雇主而不利于雇员。由于未预期有通货膨胀，雇员的名义工资不能迅速相应地调整，因而，物价上涨使得其实际工资下降。而对雇主来说，这就意味着实际支出(成本)下降，从而利润得到增加。

通货膨胀有利于债务人而不利于债权人。这是因为，如果借、贷双方没有考虑到通货膨胀的影响，而以固定利率发生借贷关系，则通货膨胀一旦发生，实际利率就要下降。结果自然是债务人所付出的实际利息减少，因而得益。受损的就是债权人了。

通货膨胀有利于实物资本持有者而不利于货币持有者。因为物价上升，使得实物(商品)资本的实际价值可以基本保持不变，持有者没有损失。而手中的货币却没有哪怕是名义上的升值，相反的还要贬值，即使存在银行里，因其实际利率的下降，也要蒙受一定的损失。

通货膨胀有利于政府而不利于公众。因为未预期有通货膨胀，所以工资虽会有所增加(甚至是不增)，但实际工资却难以保持原有水平(甚至是下降)。而名义收入的上升，却使得达到纳税起征点和更高税率者增多，从而使得政府的税收增加。如凯恩斯所言"通过一种持续不断的通货膨胀过程，政府能够秘密地和不被察觉地没收其公民的大量财富"。

10.2.3 通货膨胀的成因

与通货膨胀的类型和程度相仿，造成通货膨胀的原因也不是单一的，有时甚至多种原因共同促成了通货膨胀。在具体的因果关系分析上，意见也未统一。常见的原因大致有以下几种。

10.2.3.1 需求拉动

当社会总需求的增加超过社会总供给时，价格水平就会上升，这是显而易见的。尤其是当需求总量超过充分就业时的产出水平时，由于是过量的需求(也就是扩大的总支出)竞买数量有限的商品，价格的急剧上升就是必然的了(需求的增加，包括对劳动力需求的增加，会使得货币供应增加)。货币主义认为，货币供应量的增加又必然会扩大社会的需求，一旦需求达到充分就业的产出水平，社会商品的供应达到极限，需求再增加的话，就只能通过提高价格的方法来抑制了。

因此，大多数经济学家认同："需求拉动通货膨胀的实质在于，过多的货币支出追逐在充分就业条件下可生产出来的有限的物品供给。"

10.2.3.2 成本推动

成本推动通货膨胀，是一种从供给方面的原因解释通货膨胀的"新通货膨胀理论"。这种理论认为，在没有超额需求的情况下，一般物价水平也会因供给方面成本的增加而持续显著地上升。就是说，价格和工资在达到充分就业之前就会上升，成本推动通货膨胀又主要分为：

1) 工资推动。即由于工人和工会要求提高工资，工资的提高使得成本增加，从而导致物价上涨。而物价上涨后，工人和工会又会要求提高工资，如此循环反复，形成工资—价格的螺旋式上升，结果就是物价持续上涨。这种理论实际上把通货膨胀的责任推到了工会身上。其实工资只是产生通货膨胀的因素之一，工会要求提高工资往往是在物价上涨之后，是希望工人不因物价上涨而导致实际收入下降，而提高工资后又提高价格的资方同样是不希望自己的利润因此而降低。因此，为何不说，是价格—工资的螺旋式上升使得物价水平上涨，是由于维护利润而引发通货膨胀呢？

2) 利润推动。即在寡头或垄断的情况下，这些企业为了取得更多的利润而操纵价格，通过提高物价实现自己的目标。在没有竞争和寡头勾结在一起的时候，这也是常见的。

3) 进口成本推动。即由于进口产品(主要是原材料和能源等)价格上涨而引起通货膨胀。

10.2.3.3 经济结构

在既没有需求拉动，也没有成本推动的情况下，由于经济结构因素的变动也会引起通货膨胀，即所谓结构性通货膨胀。

这种理论认为，结构性通货膨胀是由于国民经济各部门的发展不平衡的原因。社会经济部门中，总是存在着发展快、生产率高的和发展缓慢、生产率低的，正在扩展的和处于衰退的。效率高的扩展部门必然存在不断上升的工资，而其他部门的人员为得到"公平的待遇"同样会要求增加工资，这就使得工资的提升涉及整个经济中，从而引起通货膨胀——结构性通货膨胀。

10.2.3.4 惯性的通货膨胀

通货膨胀本有一定的惯性，无论当初引起的通货膨胀的原因是什么，当这种原因消失以后，通货膨胀却不因此而消失，而会持续下去，这就是惯性的通货膨胀了。

10.2.3.5 国际传散

过去有一种说法：美国一感冒，西欧和日本就打"喷嚏"。这里既有政治上所指，也有经济上所指。随着国际经济关系的日趋密切，世界各国间的经济更加紧密地联在一起。与之相应的是通货膨胀也发展成为一种国际现象，很容易从一国波及其他国家。1997 年东南亚的金融危机就是一例。

10.2.4 治理通货膨胀的对策

通货膨胀形成的原因是多方面的，而且往往难以确认。通货膨胀的实际影响也表现在多个方面。因而使得寻找和应用有效治理通货膨胀的对策较为困难。以下介绍的只是在理论研究和实践中涉及较多的一些。在实际应用中还需要根据通货膨胀的具体情况来看。一般来说随着通货膨胀成因的复杂化，单一的政策手段难以奏效，较好的选择是"综合治理"。主要的对策有：

1) 经济政策。运用紧缩性经济政策治理通货膨胀是凯恩斯主义的主要思想。通过人为的经济衰退来治理通货膨胀，曾被许多西方经济学家和政府视为重要而有效的措施。其主要内容是财政政策和货币政策的配合使用。就是根据通货膨胀的实际情况、原因及实际影响等，利用紧的财政政策(或货币政策)中对社会总需求规模有控制作用的手段，来实现对通货膨胀的有效抑制。同时，还要配合以相应的货币政策(或财政政策)等。但其难点在于，形成通货膨胀的原因及两种主要政策的合理搭配不易把握。

2) 收入分配政策。即政府在通货膨胀期间为降低价格上涨速度而采取的限制性政策。其目标主要是，通过限制货币工资增长率，甚至是冻结工资等方法，来控制收入的过快增长，从而抑制物价的上涨。具体手段有：硬性的工资和物价增长率管制措施(规定)；工资—价格指标的指导性管理；通过道义上的劝告或建立工资协商机制，并取得工人(工会)—企业的配合，以实现合理的工资—价格增长。收入分配政策较适用于成本推进及结构性通货膨胀。

3) 对外经济管理。对外经济管理的目标主要是：利用外汇、对外经济贸易等政策，一方面，抑制国内的通货膨胀，减轻通货膨胀的压力。另一方面，防止或抑制外来通货膨胀的传散和影响。具体来说，就是通过采取适宜的汇率、关税等对外经济管理政策手段以改善国际贸易和国际收支出状况，可在一定程度上起到抑制通货膨胀的作用。在国际经济关系日益密切的情形下，对外经济管理被认为是治理通货膨胀的重要手段。

4) 供给管理。这是供给学派根据其供给会自行创造需求的理论所提出的治理通货膨胀的政策主张。它认为，可以而且只能通过刺激供给来促进经济增长，从而解决失业和通货膨胀的问题。主要手段有：通过减税，以增加劳动的供给和企业的利润，从而提高劳动生产率、储蓄率和投资水平；减少和限制政府对经济的干预，降低社会生产成本，促进私人投资，以推动经济增长。

5) 其他对策。其他方面治理通货膨胀的对策主要还有货币主义和理性预测学派的政策主张。他们的共同点是主要取消政府对经济的干预政策。货币主义认为，可以实行以控制货币供给为目标的货币政策，按劳动生产率增长和人口增长的实际水平，确定相应的货币供应增长率，以控制物价的上升。理性预期学派主张，由政府制定稳定的长期政策，公示政府反通货膨胀的措施和决心，以取得社会的信任和配合，则人们自然会做出与政府的政策目标相一致的反应，物价也就自然稳定了。

10.3 失业与通货膨胀的关系

10.3.1 菲利普斯曲线

菲利普斯曲线是英国经济学家菲利普斯于 1958 年做出的，是他根据英国 1861~1957 年的统计资料所绘出的一条描述失业率与货币工资增长率之间关系的曲线。它表明，失业率与货币工资增长率之间存在一种此消彼长的反方向变动关系。尽管它只是一种统计意义上的经验关系，但因实现了对失业与货币工资增长之间关系的量化讨论而备受关注。

菲利普斯曲线如图 10.1 所示。横轴 U 代表的是失业率(%)，纵轴 W 代表的是货币工资增长率(%)，曲线 PC 即菲利普斯曲线。这是最初的菲利普斯曲线。

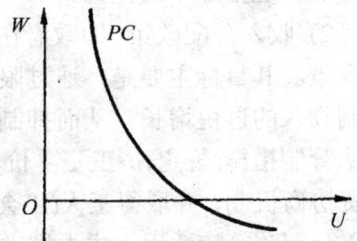

图 10.1 菲利普斯曲线

菲利普斯曲线所直接显示的就是失业率与货币工资增长率之间的量化关系。在此基础上，经济学家们进一步认为，在通货膨胀率、货币工资增长率、劳动生产增长率之间也存在一定的量化关系：通货膨胀率＝货币工资增长率－劳动生产增长率。据此，萨缪尔森等经济学家对初期的菲利普斯曲线加以修正，得到一条新的菲利普斯曲线。修正后的菲利普斯曲线如图 10.2 所示。

图 10.2 是在图 10.1 的基础上加入纵轴 P，用来表示通货膨胀率(%)，并假设劳动生产增长率为 2%。

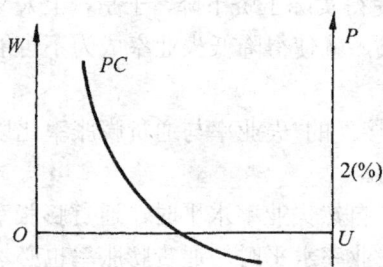

图 10.2 修正后的菲利普斯曲线

修正后的菲利普斯曲线则直接显示，失业率与通货膨胀率同样也是反方向变化的。失业率降低，通货膨胀率就上升。通货膨胀率降低，失业率就上升。这就是说，可以通过失业的变动来调整通货膨胀率，也可以通过通货膨胀的变动来调整失业率。但另一方面也说明，要降低失业率，就必须以更高的通货膨胀率为代价，而要降低通货膨胀率，就必须以更高的失业率为代价。

以菲利普斯曲线为理论依据，西方资本主义国家曾在经济中运用相应的措施来治理通货膨胀或经济衰退，并在一定的时期和范围内取得成效。如果失业率与通货膨胀率均在可以接受的范围内(即失业率与通货膨胀率在"临界点"以下)，是不必对经济进行干预的。如果失业率与通货膨胀率有超出可以承受的程度者，可以像上面所说的那样，通过对较低那一方的调整(牺牲)来换取较高一方的下降。

菲利普斯曲线还包含着一个观点：高失业率与高通货膨胀率不会同时发生。在实践中，当失业率上升时通货膨胀率必定不会上升(而是下降)，通货膨胀率上升时失业率也必定不会上升(而是下降)。但 20 世纪 70 年代以后，西方国家发生的"滞胀"现象却使得菲利普斯曲线难以解释。高失业率与高通货膨胀率并存的现实使得由菲利普斯曲线引申出的治理方法失效。理论上不会出现的经济现象出现了，现有的治理措施自相矛盾，这让菲利普斯曲线在新的经济问题面前陷入两难之中。其主要原因是，失业与通货膨胀有了更深刻的原因和更复杂的关系，菲利普斯曲线已经不能对此加以有效的解释，菲利普斯曲线又需要修正了。

10.3.2 菲利普斯曲线的变动

围绕着对实际中失业与通货膨胀间关系的解释问题，经济学家们试图在菲利普斯曲线的基础上加以变动来寻找新的关系和答案，提出了菲利普斯曲线变动的几种趋向：

一种说法是，自"滞胀"出现以后，统计结果所显示的菲利普斯曲线在不断地向右上方移动。其原因是工资增长率要保持与通货膨胀率一致上升的要求，两者存在着互动的关系：工人出于对通货膨胀的预期而要求增加工资，只有他们认为实际工资得到增加(至少要没有下降)，就业率才能得以保持。而工资(即使是名义工资)的增加必然引起价格上涨，通货膨胀又使得实际工资下降，于是，工人又会提出下一轮增加工资的要求。如此循环的结果，就使得降低失业率成为不可能的事情，通货膨胀率也是如此，两者在同时上升。

菲利普斯曲线向右上方移动意味着，"可以接受的"失业率与通货膨胀率比以前更高了，如果照样治理的话，代价也是更大的。

另有经济学家认为，在长期中，当失业低于自然失业率水平时，通货膨胀率必然是趋于向上的。反过来，当失业高于自然失业率水平时，通货膨胀率也必然是趋于向下的。只有当失业处于自然失业率水平时，通货膨胀率是稳定的。此时它既不上升也不下降，而且不论通货膨胀率是多少。因此，长期的菲利普斯曲线应当是一条位于自然失业率这一点的垂线。从另一方面来看，垂直的菲利普斯曲线说明：在长期中，失业率(自然失业率)将不会随着通货膨胀率的变动而变动，试图通过提高通货膨胀率来降低失业率的做法是无效的，甚至是有害的。反之，也是同样。

10.4 经济周期与经济增长

10.4.1 经济周期

10.4.1.1 经济周期的含义

经济周期是指资本主义国家总体经济沿着一定的发展趋势(潜在的 GNP 水平)，所呈现出的一种规律性扩展和收缩交替进行的波动现象。主要是发展速度和规模的波动性变化，具体表现在国民收入、工资率、就业率、利率、利润率等方面的变动。但这种规律性波动主要是趋势上的，而非简单的重复性波动，经济在总体上是"波动向上"的。

萨缪尔森对经济周期作了生动形象的概括：经济情况从来不是静止不动的。紧接着繁荣的可能是恐慌或崩溃。经济扩展可让位于衰退。GNP、就业和实际收入下降、通货膨胀、利润下降以及人们失去工作。最后下降到了最低点，于是复苏开始了。复苏可以慢，也可以快。它可能是不彻底的，或者它可能如此强有力以至于导致一场新的繁荣。新的繁荣可能代表着需求旺盛，工作机会多和生活水平上升的一段长期持续的高涨时期。或者，它也可能代表着价格和投机的迅速上升和膨胀性的急剧上升，接踵而至的却是另一场萧条。

经济波动实际中经历的繁荣、衰退、萧条、复苏四个互相衔接的阶段，就构成一个完整的经济周期。

10.4.1.2 经济周期的阶段

一次完整的经济周期一般要连续经历繁荣、衰退、萧条、复苏四个阶段。

1) 繁荣阶段。繁荣阶段是经济扩张和持续增长达到高峰的阶段。经过了上一个周期复苏阶段的增长，社会有效需求继续增加，保持着投资、产出、利润水平和就业水平不断上升，价格也在同时上升着。但这不会影响生产者的利润和居民的实际收入。因为要素的价格也是上升的。但这种繁荣景象是难以长久保持下去的。当经济繁荣达到高峰后，需求增长将达到顶点。随着需求增长的停滞以及生产的受限制，经济就要从高峰下落了，从而进入衰退阶段。

2) 衰退阶段。衰退是指经济由繁荣的高峰向下跌落，是经济由繁荣转为萧条的过渡阶段。一旦经济开始收缩，由于乘数和加速数的作用，会产生一系列的连锁反应，使得经济加速下滑。在衰退阶段，投资减少、生产下降、失业增加、有效需求和收入水平均在下滑，从而导致需求和生产的进一步下降。整个社会出现比较普遍的生产过剩，产品大量积压，企业利润急剧下降，开始出现关门甚至是倒闭者。持续的衰退最终将使经济陷入萧条中。

3) 萧条阶段。萧条是经济不景气的低谷阶段，是衰退的继续和结果。但与衰退阶段不同的是，萧条阶段的经济活动水平整体上已远远低于长期的经济活动水平。社会经济继续萎缩，投资、有效需求、价格等都达到最低点，失业达到最高点。出现了更多关门或倒闭的企业。由于经济极度的不景气，人们对前途失掉信心，悲观情绪严重，投资者更是不愿冒险。而且，还会出现社会问题和不安定现象。只有等到存货下降到需要补充，资本也需要补偿时，投资需求开始增加，经济就将转入复苏了。

4) 复苏阶段。复苏是指经济由极度的不景气转入回升。经济到达谷底后，会稳定(停顿)下来。此时的物价低廉，社会流动资本充足。随着投资需求的增加，就业、收入和消费也在上升，企业的生产和利润也开始上升，经济走出谷底开始恢复。但在开始的调整阶段，增长速度不会很快。需要经过一定的时间和较为充分的恢复，才能达到一定的程度，转入下一个高涨阶段。复苏阶段是经济由萧条转达向繁荣的过渡阶段。

10.4.1.3　经济周期波动的原因

经济周期波动的原因有以下几个方面：

1) 乘数和加速数的交织作用。用乘数和加速数结合的作用解释经济周期波动的模型又称"汉森—萨缪尔森模型。"其理论要点是：投资是影响经济周期波动的主要因素，投资的增加通过乘数的作用会引起总收入或总供给的增加，而总收入或总供给的增加会引起消费的上升，消费的上升又会引起投资的再度上升，也就是引致投资的增加。并且，引致投资增长的速度快于总收入或总供给的增加。

因为引致投资取决于消费的变动。由于加速原理的作用，如果消费是以递增的速度增加，则将刺激引致投资以倍数增加，从而推动经济高速增长。如果消费停止增长，则引致投资为0，如果消费继续下降(即负增长)，则引致投资将以同样比例下降，从而引发经济衰退。

以上说明的就是：在投资—消费的变动过程中，由于乘数和加速数的共同作用，引发了经济不断地扩张和收缩，也就是经济周期波动。

2) 创新理论。这是经济学家熊波特的理论。他把经济周期波动归因于各种技术上的重大创造发明和创新。由于"创新"作用，使社会生产要素重新组合，产生新的更高水平的生产力，并引起社会投资活动大量增加，而且，这种"创新"现象不是连续的和均匀的，也有高潮和低潮，因此导致经济的周期性波动。

3) 投资过度理论。投资过度理论认为，经济周期波动的根源是过度增加的投资。过量的投资引起资本品投资过度。而资本品需求的快速增加，使其价格上涨，又进一步刺激了投资，从而导致经济扩张、繁荣。但在资本品生产部门过快发展的同时，消费品生部门并未有相应的发展和扩张，因此造成部门间发展不平衡，经济结构失调，最终引起生产下降，经济衰退。

4) 消费不足理论。消费不足理论认为，衰退的根本原因是消费需求不足和储蓄过多。消费不足，会造成产品过剩、价格下跌、失业率上升，从而生产萎缩。消费不足和储蓄过多，又在很大程度上是收入分配上过于不均所造成的。穷人所得太少，支付能力不足；而富人所得过多，储蓄也就更多，两者相加，消费不足就显得严重了。

5) 货币信用理论。这种理论是把经济周期看做一种纯货币现象。它认为，经济周期波动是由于银行的货币供给与信用的波动所直接使然。银行降低利率、放宽信贷、供给增加，就会引起投资增加，使得经济扩张和收入上升。反之，就会使得经济收缩和收入下降。

10.4.2　经济增长

10.4.2.1　经济增长的含义

经济增长通常是指一定时期内一国产出的增加。衡量指标一般是实际 GNP 或人均 GNP，尤其是后者。这里引用美国经济学家库兹涅茨的定义："一个国家的经济增长，可以定义为向它的人民提供品种日益增多的经济物品这种能力的长期的增长，而生产能力的增长所依靠的是技术的进步，以及这种改进所要求的制度上和意识形态上的调整。"

经济增长理论的研究对象是国民经济的长期发展问题。在不同的国家侧重点也有所不同，因而其理论分为两大部分内容。在发达国家主要是研究实现经济整体稳定增长的问题。发展中国家，更倾向于研究由不发达向发达状态过渡，实现工业化的问题。随着冷战的结束和国际形势、国际关系的变化，绝大多数国家已认识到当今世界上和平与发展这两大主题，注意力更多地转向经济发展方面。以美国为首的西方发达国家需要以较高的经济增长速度和质量来证明资本主义经济的优势，进一步取得主导世界经济的地位，以取得更多的利益。发展中国家更是需要以更高的经济增长速度和质量，尽快真正发展起来。因此，寻求经济发展的理论、模型、方法等，成为各国的共识，现实促进了经济增长理论的发展和应用。

经济增长理论所研究的中心内容就是：决定实际 GNP 较快增长的因素，理想的经济增长模式，以及如何实现增长。同西方经济学中的其他理论一样，经济增长理论也因研究者的不同学派、环境等因素，产生出许多不同的观点和学说，存在着分歧和争论，但应该说其目标还是一致的，只是理论和方法上的差异。

从经济增长的含义来说，体现经济增长的具体特点是：人均国民收入的年增长率是人口年增长率的 3 倍(库兹涅茨的统计分析结果)；技术进步对促进产量和生产率的提高起着最主要的作用；经济结构要不断变革调整以满足经济增长的要求；社会结构和意识形态也要相应改变以适应经济发展的需要；经济增长应是全球性的，但不同的国家和地区发展是不平衡的。

10.4.2.2　经济增长的因素

按照西方经济学家的看法，决定经济增长的因素主要有(可以分为)：生产要素的投入量，包括劳动(和企业家才能)、资本和土地三个生产要素；人力资源的数量，尤其是质量；生产要素生产率，即产量和投入量的比率(或平均投入要素所产出的产量)；以及社会、文化、政治等方面的一些因素。

以下是几位经济学家对经济增长因素的分析。

1) 丹尼森的分析。丹尼森根据美国 1948~1981 年的实际统计数字，对经济增长因素作了系统的分析，结果显示：教育、科技等知识要素的作用占了实际 GNP 增长总额的近 2/3，而资本投入的作用只占到实际 GNP 增长额的近 1/6。所以，在促进经济增长的诸因素中，知识的进步是最重要的且最显著的。知识进步包括技术知识进步和运用知识的速度及程度，也包括管理知识的进步，而且管理知识及其作用更加重要。

因此，丹尼森认为，要实现经济持续增长，在增加投入、勤奋劳动、合理配置资源、优化经济结构与提高经济效益的同时，更要重视发展科学技术事业，推动科学技术和管理技术的研究与应用。

就中国目前经济发展的实际来说，丹尼森的分析是有一定借鉴价值的，随着社会主义市场经济体制建设的深化：

(1) 充分利用规模经济的优势，通过各种形式，促进企业间整合，提高专业化程度，合理扩大规模、降低成本，提高经济效益。丹尼森认为，在一定时期内，规模经济对经济发展的贡献率要大于资源配置改善的贡献。

(2) 最重要的是重视和发挥知识进步的作用，这是经济增长最主要的动力源泉。在充分认识"科学技术是第一生产力"的同时，更加重视"软科学"的研究与应用，就管理科学来说，不仅对经济增长有巨大直接贡献，对生产技术的应用和贡献也有重要的促进意义。应两者并重。

2) 库兹涅茨的分析。库兹涅茨的分析所得出的结论与丹尼森的分析基本上是一致的。前面已经看到库兹涅茨的分析把经济增长最重要的动因归功于知识技术进步。库兹涅茨认为，知识可以经过一系列的中间过程转化为现实生产力，是提高和发展生产力的关键，因而成为经济增长最主要的动力因素。对经济增长直接做出主要贡献的不断提高劳动生产率，也在很大程度上依赖于知识的进步。

同时，经济结构的变革与优化，社会制度与社会意识形态上相应的调整也是重要的，而且它们可以为技术进步作用的实现提供相应的环境和保证。

总结提要

1) GNP 或 GDP、失业率、通货膨胀率是三个最重要的宏观经济变量。

2) 失业是指劳动力中那些没有工作但仍在积极寻找工作的成年人。失业率是指劳动力中失业所占的百分比。

3) 失业可分为自愿失业和非自愿失业。经济学讲的失业是指非自愿失业，非自愿失业的原因一般认为同工资的刚性有关。失业的种类主要有摩擦性的、结构性的和周期性的三种类型。经济学较多地关注周期性失业。

4) 通货膨胀是指一般价格水平持续而以相当幅度的上涨。通货膨胀可分为三种类型：温和的通货膨胀、奔腾的通货膨胀和超级通货膨胀。

5) 通货膨胀的经济根源在于社会总需求超过了社会总供给。这一经济根源形成了需求拉动和成本推动两种力量，导致了通货膨胀的产生。

6) 在市场经济实际中，失业和通货膨胀是不可避免的，有效的经济政策是如何把失业和通货膨胀控制在适度的范围内。"菲利普斯曲线"说明了失业和通货膨胀之间的对换关系。

7) 经济周期是指一国总体经济活动的波动，一般经历繁荣、衰退、萧条、复苏四个阶段。判断经济处于哪一个阶段要根据一些统计指标的变动，主要有国民生产总值、失业率、利息率等。西方经济学者提出种种理论来解释经济周期的原因。

8) 经济增长通常是指一国产出的增加，衡量指标通常有实际国民生产总值或人均国民生产总值。

9) 经济增长理论主要研究的是如何才能实现稳定的增长、哪些因素影响经济增长，以及经济该不该增长等问题。内容有丹尼森等经济学家的经济增长因素分析。

案例分析

稳中求进引领几大经济热点

● 稳增长：经济增速逐季回落，稳定增长成首要任务

2011 年中国经济遭遇了来自通货膨胀高企、外需萎缩等方面的牵制，但依然实现了 9.2% 的增长率，进入 2012 年这个充满诸多变数的新运行区间，稳增长成为今年经济工作的重要任务。去年年底中央经济工作会议首次做出"经济增长存在下行压力"的判断后，中国经济已经开始由去年的控通胀为先转向稳增长为先。

从国际看，随着欧洲主权债务危机的蔓延，日本和美国经济相继陷入困境，长期以来拉动世界经济增长的三大经济体同时陷入低迷。尽管"金砖四国"起到了一定的替代作用，但世界经济增长放缓的态势难以扭转。从国内看，由于资源性产品价格上升等因素的影响，企业尤其是中小企业经营出现困难，经济增速逐季回落，并显现出下行压力。在经济发展方式转变的进程中，经济增速适度回落是正常的也是可以接受的，但如果经济增速回落过快，就有可能引发就业等一系列的社会问题。基于国际与国内诸多因素的考虑，展望 2012 年，国内比通胀压力更大的仍然是"稳增长"挑战。可以说，稳住经济增长就稳住了大局。

● 扩内需：保障民生促消费，扩内需拉动经济

当前，中国经济稳增长的主要手段之一即是扩内需。2011 年年底，中央经济工作会议将扩大内需作为稳增长的主要途径。中央经济工作会议指出，要"牢牢把握保障和改善民生这一根本目的"，"把扩大内需的重点更多放在保障和改善民生"上来。"十二五"规划中也明确提出，要建立扩大消费需求的长效机制。把扩大消费需求作为扩大内需的战略重点，进一步释放城乡居民消费潜力，逐步使中国国内市场总体规模位居世界前列。

"十二五"规划指出，要积极稳妥推进城镇化，大力发展服务业和中小企业，增加就业创业机会。要完善收入分配制度，合理调整国民收入分配格局，着力提高城乡中低收入居民收入，增强居民消费能力。要增加政府支出用于改善民生和社会事业比重，扩大社会保障制度覆盖面，逐步完善基本公共服务体系，形成良好的居民消费预期。要加强市场流通体系建设，发展新型消费业态，拓展新兴服务消费，完善鼓励消费的政策，改善消费环境，保护消费者权益，积极促进消费结构升级。尤其值得一提的是，国务院副总理李克强在今年 2 月 16 日出版的《求是》杂志上发表文章称，调整经济结构最重要的是扩大内需，而扩内需最大潜力在于城镇化。

对于已高速发展 30 多年的中国经济而言，社会保障不仅关系到个人利益，更是加快经济发展方式转变的一个重要方面。中国经济要实现从过度依赖外需型向更多依赖内需拉动型转变，从投资主导型向消费主导型转变，完善的社会保障体系应当成为推动经济转型、扩大内需的强劲引擎。

● 控物价：抑制通胀，建立稳定物价长效机制

"控物价"仍是 2012 年宏观调控的重要任务，也与百姓息息相关。

刚刚过去的 2011 年，全国居民消费价格指数(CPI)走出了一根中间高两头低的倒"V"字曲线，在强有力的政府调控、监管下，强劲的价格上涨势头到去年四季度得到扼制，价格改革稳步进行，CPI 回落明显。那么，2012 年的 CPI 又是一个什么样的走势呢？

有关专家认为，2012 年价格上涨压力总体上减轻，但目前的价格绝对水平下降基础脆弱、不稳、不牢靠，CPI 实现控制在 4% 的目标有难度。国家发展改革委员会价格司副司长周望军表示，今年将继续实施已出台的各项保障基本生活必需品供应、稳定物价的政策措施，并在此基础上，重点开展构建稳定物价长效机制、继续降低流通成本、保持重要能源资源市场供应和价格稳定、继续强化政府责任、切实落实好物价补贴挂钩联动机制等五方面工作，以减轻基本生活必需品价格上涨对低收入群体生活的压力。周望军指出，将落实好电煤临时价格干预措施，全面清理涉煤基金和收费，整顿规范煤炭市场价格秩序；积极协调配合相关部门加大煤电油气运的运行调节力度，保障市场供应。

(资料来源：两会前瞻：稳中求进引领六大经济热点. 中国经济信息网，2012年 3 月 2 日)

分析：

根据资料，谈谈中国如何应对世界金融危机、通货膨胀等问题的，确保经济可持续增长？

【复习思考】

1) 简释下列概念：失业、失业率、自然失业率、充分就业、通货膨胀、滞胀、价格指数、温和的通货膨胀、经济周期、经济增长。

2) 失业的主要原因有哪些？

3) 通货膨胀的基本原因是什么？治理的措施有哪些？

4) 试述经济周期各阶段的特征。

5) 促进经济增长的动因是什么？

6) 简述菲利普斯曲线的意义。

11　宏观经济政策

★ 学习目标

★ 了解宏观经济政策的目标、财政政策、货币政策的局限性；
★ 理解财政政策、货币政策、供给政策的含义；
★ 掌握掌握财政政策、货币政策的具体内容及其运用。

微观经济学建立在完全自由的市场经济的假设之上，其对市场经济的作用基本持肯定态度，但也承认其不足之处。正是这些不足之处，构成政府必须干预经济的根据。实施宏观经济政策，包括财政政策、货币政策及供给政策，正是针对上述市场机制在宏观上会带来经济波动(失业率，通胀率与增长率的波动)的缺陷而采取的解决措施，目的是为了减轻经济波动，以实现经济的稳定。这也是本章将要详细论述的主要内容，宏观经济政策的实施对于宏观经济目标的实现至关重要。

11.1　宏观经济政策目标

宏观经济政策是要对经济进行总量调控的，那么这种调控的具体目标是什么呢？现在一般经济学家都认为，宏观经济政策应该同时达到四个目标：充分就业、物价稳定、经济增长、国际收支平衡。

充分就业并不是人人都有工作，而是维持一定的失业率，这个失业率要在社会可允许的范围之内，能为社会接受。物价稳定是维持一个低而稳定的通货膨胀率，这种通货膨胀能为社会所接受，对经济也不会产生不利的影响。经济增长是达到一个适度的增长率，这种增长率要既能满足社会发展的需要，又是人口增长和技术进步所能达到的。国际收支平衡则是既无国际收支赤字又无国际收支盈余。因为国际收支赤字和盈余，都会对国内经济发展带来不利的影响。

这四种经济目标之间是存在矛盾的。充分就业和物价稳定是矛盾的。因为要实现充分就业，就必须运用扩张财政政策和货币政策，而这些政策又会由于财政赤字的增加和货币供应量的增加而引起通货膨胀。充分就业与经济增长有一致的一面，也有矛盾的一面。这就是说，经济增长一方面会提供更多的就业机会，有利于充分就业。另一方面，经济增长中的技术进步又会引起资本对劳动的替代，相对地缩小了对劳动的需求，使部分劳动者，尤其是文化技术水平低的劳动者失业。充分就业与国际收支平衡之间也有矛盾。因为充分就业的实现引起国民收入增加，而在边际进口倾向既定的情况下，国民收入增加必然引起进口增加，从而使国际收支状况恶化。此外，在物价稳定与经济增长之间也存在矛盾。因为经济增长过程中，通货膨胀是难以避免的。

宏观经济政策目标的矛盾，就要求政策制定者或者确定重点政策目标，或者对这些政策目标进行协调。政策制定者在确定宏观经济政策目标时，既要受自己对各项政策目标重要程度的理解，考虑国内外各种政治因素，又要受社会可接受程度的制约。不同流派的经济学家，对政策目标表现不同的理解。例如，凯恩斯主义经济学家比较重视充分就业与经济增长，而货币主义经济学家则比较重视物价稳定。这些对政策目标的确定都有相当的影响。从第二次世界大战以后美国的实际情况来看，不同时期也有不同的政策目标偏重，例如在 20 世纪 50 年代政策目标是兼顾充分就业与物价稳定，在 60 年代政策目标是充分就业与经济增长，在70 年代后则强调物价稳定和四个目标的兼顾。

11.2 财政政策

财政政策是指政府审慎地利用自己的收入和支出活动，以影响诸如 GNP 和总就业等宏观经济变量的行动。在凯恩斯主义出现之后，财政政策被作为需求管理的重要工具，以实现既定的政策目标。这种财政政策包含了三个相互关联的选择：第一，选择开支政策，即开支多少，以及用于哪些方面的开支。第二，征税，即征收多少税，以及采用何种手段征税。第三，赤字政策，即确定赤字的规模和分配。

财政政策的主要内容包括政府支出政策与税收政策。政府支出主要包括政府的公共工程支出(例如政府投资兴建基础设施)、政府购买(政府对各种产品与劳务的购买)，以及转移支付(政府不以取得产品为目的的支出，如各种福利支出等)。其中主要是政府购买和转移支付。例如在 1979 年，美国联邦政府的财政支出中，上述两项分别占 33.9% 和 48.4%。税收是国家政府收入的最重要的来源。在各种税收中，居主要地位的是个人所得税、公司所得税以及社会保险税。如美国 1979年财政年度的联邦总收入中，个人所得税占 44.7%，公司所得税占 15.4%，社会保险税占 31.1%。

11.2.1　财政政策的运用

财政政策就是要运用政府开支与税收来调节经济，具体包括如下内容。

11.2.1.1　扩张性的财政政策

在经济萧条时期，总需求小于总供给，存在失业，即存在"通货紧缩缺口"，政府就要通过扩张性的财政政策来刺激总需求，以实现充分就业。主要包括增加政府支出与减税。增加政府公共支出有利于刺激私人投资，增加转移支出有利于增加个人消费，这样会刺激总需求。减少个人所得税可以增加个人的可支配收入，从而增加消费；减少公司所得税会使公司收入增加，从而增加投资，这样也会刺激总需求，可用图进行说明。如图11.1所示。

图中 OY 表示国民收入，D_A 表示总需求，Y_f 表示充分就业时的国民收入。在总需求为 D_{A0} 时，存在紧缩性缺口，政府可以通过增加支出或减税的方法增加总需求，使 D_{A0} 向上移动到 D_{Af}，这样缺口即 E_fK 被消除，国民收入达到了充分就业时的水平 Y_f。

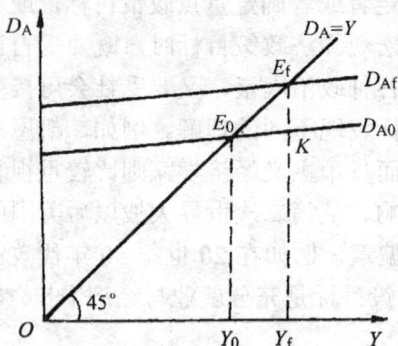

图 11.1　扩张性的财政政策

11.2.1.2　紧缩财政政策

在经济繁荣时期，总需求大于总供给，经济中存在通货膨胀，即存在"通货膨胀缺口"，政府则要通过紧缩性财政政策来压抑总需求，以实现物价稳定。主要包括减少政府支出与增税。减少政府支出有利于抑制投资，减少个人消费，增加税收也会使个人或公司的收入减少，从而减少消费或减少投资，这样就会压抑总需求，可用图也说明。如图11.2所示。

图中 Y_f 仍表示充分就业时的国民收入，在总需求为 D_{A0} 时存在通货膨胀缺口 E_fK。政府可通过减少支出或增税的方法抑制总需求，使

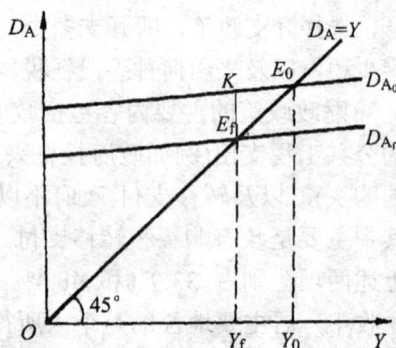

图 11.2　紧缩财政政策

曲线 D_{A0} 向下移动到 D_{Af}，这样消除了通货膨胀缺口，又达到了充分就业的国民收入水平 Y_f。

上述财政政策被称为"逆经济风向行事"的财政政策，其反对坚持年度的预算平衡。当经济存在"通货紧缩缺口"时，由于国民收入水平下降，税收也将相应地减少。这时如果政府坚持年度预算平衡，必然要相应减少支出，其结果只能使国民收入进一步下降，使经济更加萧条，失业情况更加严重，因此在此种情况下，政府不应该坚持年度的预算平衡，而应"逆经济风向而动"，增加支出或降低税收，方能消除"通货紧缩缺口"。这时由于支出大于收入，从而出现财政赤字。凯恩斯认为财政政策应该为实现充分就业服务，因此必须放弃财政收支平衡的信条，实行赤字财政政策。这样赤字财政就成为财政政策的一项重要内容，该政策的实施主要是通过发行公债来进行的。同样，当经济出现"通货膨胀缺口"时，国民收入水平增大，在税率不变时，政府收入也将增加。这时如果政府坚持年度的预算平衡，势必增加支出，这会使通货膨胀缺口进一步扩大，这时政府应"逆经济风向而动"，减少支出或增税，这时由于政府支出小于收入而形成的财政盈余，可以供以后反萧条时增加政府支出的需要。

在 20 世纪 50 年代，美国等西方国家就是采取了这种"逆经济风向而动"的财政政策，其目的在于实现既无失业又无通货膨胀的经济稳定。60 年代以后，为了实现充分就业与经济增长，财政政策则以扩张性的财政政策为基调，强调通过增加政府支出与减税来刺激经济。特别是在 1962 年肯尼迪政府时期，曾进行了全面的减税。个人所得税减少 20%，最高税率从 91% 降至 65%，公司所得税率从 52% 降到 47%，还采取了加速折旧、投资减税优惠等变相的减税政策。这些对经济起到了有力的刺激作用，造成 60 年代美国经济的繁荣。70 年代之后，财政政策的运用中又强调了微观化，即对不同的部门与地区采用不同税率、征税方法、拨款、支出政策，以求得经济的平衡发展。90 年代克林顿总统上台后，又采用增加税收的政策，以便利用国家的力量刺激经济。

针对亚洲金融危机，中国政府做出了采取积极的财政政策的决策。这个政策的执行，对遏止经济增长速度下滑和通货紧缩起了积极的作用，使中国经济的发展出现了重大的转机。

11.2.2　财政内在稳定器

某些财政措施由于本身的特点，在政府没有做出有意识的影响国民收入水平的政策决定的情况下，能够自动地调节经济，使经济稳定，被称为内在稳定器或自动器。它们主要是指政府支出、转移支出和税收。

1) 政府支出的自动稳定效应。政府支出绝大部分是由法律和契约关系所制约的，不像私人消费和私人投资那样随国民收入而发生很大的波动，它是相对比较稳定的。因此当把原来易于波动的私人部门支出的一部分转化为比较稳定的政府支出时，在一定程度上可以减轻投资和消费波动的影响。同时由于维持政府支出实行征税，会缩小国民收入的边际消费倾向和支出乘数，这对经济的波动也将起稳定的作用。

2) 转移支出的自动稳定效应。转移支出包括社会福利支出和农产品价格补贴等。这类支出有相当一部分与政府支出一样，有其固定发放标准。当经济萧条、失业增加、农产品价格低下时，这类转移支付会自动增加，从而抑制了消费与投资的减少，有助于减轻经济萧条的程度。当经济繁荣、失业减少、农产品价格上升时，这类转移支付会自动减少，从而抑制了消费与投资的增加，有助于减轻通货膨胀。可见转移支付能在国民经济波动时，通过人们的可支配收入和消费支出同国民收入的波动发生反方向变化，从而对经济起一定的稳定作用。

3) 税收的自动稳定效应。这类税收主要指个人所得税和公司所得税，尤其是累进所得税的形式。这种纳税形式有规定的起征点和税率，且税率随着收入的增加而递增，这使得纳税额可以自动随国民收入的变化而呈同方向的变化。在经济萧条时，由于收入的减少，税收会自动减少，从而抑制投资与消费的减少。反之当经济繁荣时，由于收入的增加，税收会自动增加，从而抑制消费与投资的增加，可见税收对经济波动起自动缓和的作用。

需要注意的是，内在稳定器虽然对经济波动能起到一些稳定的作用，但其作用是十分有限的。它只能减轻萧条或通货膨胀的程度，并不能改变萧条或通货膨胀的趋势，只能对财政政策起自动配合的作用，并不能代替财政政策，政府仍然需要有意识地运用财政政策来调节经济。

11.2.3 财政政策的局限性

经济学家认为，虽然宏观财政政策用于对付紧缩或通货膨胀"缺口"是个有力的工具，但是财政政策的作用也具有很大的局限性。主要表现在以下几个方面：

1) 财政效应的"时滞"。财政运用的关键是抓住时机，但是财政政策在制定、贯彻和充分发挥效力过程中都存在"时滞"问题，这不仅会直接影响政策的效力，而且很可能导致政策的实际效果与政策的预期目标背道而驰。例如，政府为了反萧条决定兴建一项公共工程，但由于该工程的决策和实施都存在很长的"时滞"，很可能当该项工程支出形成需求是，经济已进入繁荣时期，结果该工程的实际效果反而成了加剧通货膨胀的压力。这时"时滞"首先出于识别滞后，当经济处于萧条阶段时，人们需经过一段时间才能取得共识。其次在于决策滞后，当政府决心采取行动克服萧条到制定出方案并获得批准要经过很长一段时间。最后是企业对财政政策的反应是滞后的，当企业响应扩张性政策决定增加投资后，但可行性研究，资金筹集，基本建设和生产过程中要耗费大量时间，一旦项目已经上马，即使政府采取紧缩性政策，也很难影响企业行为。由于"时滞"的存在，人们认为财政政策的准确调节是不可能的。

2) 信息的不完全性。如果政府能够准确预测经济周期，提前采取行动克服"时滞"在技术上并非不可能，但是由于信息的不完全性，准确预测也很困难。首先，周期受许多随机因素的影响，如消费者偏好变化，自然环境变化，技术进步等，这些信息是很难获得的。其次一国经济受到其他国家经济变动的影响，而这种变动又会受到政局变动等非经济因素的影响，这进一步扩大了预测的困难性。此外，周期波动虽然是周而复始的，但战后周期发生重大变形，每次萧条的持续时间和表现形式都不尽相同，因此依靠历史资料也很难做出准确预测。最后，任何预测都需要信息成本，对于国家的决策而言，该成本是十分巨大的，降低成本，便只能进行大致的估计，而它又不能成为决策的准确依据。

3) 财政政策的挤出效应。财政政策的挤出效应是指财政政策排挤私人投资方面的消极作用。政府开支增加引起私人支出的减少，政府开支代替了私人开支，这样政府反萧条的扩张财政政策效力就被减弱。财政政策挤出效应存在的最重要原因就是政府支出的增加引起利率上升，而利率上升会引起私人投资与消费减少。可以用图 11.3 来说明财政政策的挤出效应。

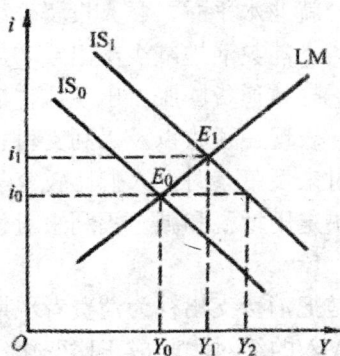

图 11.3 财政政策的挤出效应

图 11.3 是 IS–LM 模型，当 IS 曲线为 IS_0 时，IS_0 与 LM 相交与 E_0，决定了国民收入为 Y_0，利率为 i_0。政府支出增加，即自发总需求增加，IS 曲线从 IS_0 向右上方平行移动为 IS_1，IS_1 与 LM 相交于 E_1，国民收入为 Y_1，利率为 i_1。在政府支出增加，从而国民收入增加的过程中，由于货币供应量没动(也就是 LM 曲线没有变动)，而货币需求随国民收入的增加而增加，所以引起利率上升。这种利率上升就减少了私人的投资与消费，即一部分政府支出的增加，实际上只是对私人支出的替代，并没有起到增加国民收入的作用。这就是财政政策的挤出效应。从图 11.3 中还可以看出，如果利率仍为 i_0 不变，那么国民收入应该增加为 Y_2。Y_1-Y_2 就是由于挤出效应所减少的国民收入增加量。

具体地讲，挤出效应主要表现在以下几个方面：首先，在政府推行赤字财政政策时，需要通过发行公债来筹集资金，这意味着与私人争夺资金，并可能引起利率上升，导致私人投资减少。其次，当政府举办公共工程时，还会与私人资本争夺各种资源，如劳动力，原材料等，它们也具有排挤私人投资的作用。此外，还会引起与私人争夺市场的问题，如政府修建一座桥梁，私人便丧失了该投资的机会。

凯恩斯主义却认为挤出效应不足为虑，因为政府只是萧条时期推行扩张性政策，这时私人投资不足，争夺资源的影响很小。虽然它可能刺激利率上升，但是私人投资对预期利润率的敏感程度超出利率，而政府的扩张性政策能够大幅提高预期的利润率，它使私人企业对经济前景增强信心。

4) 政策选择受当时政治因素的影响。从纯经济角度来看，萧条时期实行扩张性政策，繁荣时期则实行紧缩性政策。但是这种选择要受到大选的影响。政治领袖们为了继续当选，在选举年一般格外注意选民的要求。选民所关注的往往是切身利益和短期利益，这使政府在这个时期很难实行紧缩性改革。如果这个时期正好是繁荣年份，则扩张性财政政策会助长通货膨胀，当选举结束后，通货膨胀问题已是燃眉之急。国际政局也会影响政策选择。例如，国际形势紧张可诱使政府增加军费开支，如果这个时期是繁荣年份，这种选择便会助长通货膨胀。

与政治因素有关的另一项财政政策的局限性是它缺乏可逆转性。也就是说，当经济形势发生变化时，财政政策难以灵活性做出调整。例如，假定经济处于萧条时期，为了消除"通货紧缩缺口"，政府决定实行增加支出和减税的扩张性财政政策。如果这项政策是有效的，当国民收入达到充分就业水平时，私人投资也达到经济衰退前的水平。这时由于政策缺乏可逆特性，不能灵活地减少支出或增加税收，势必是总支出超过充分就业的国民收入水平，导致通货膨胀。出现这种情况的原因主要在于各种政治势力的阻挠。具体地说，表现在税收以及福利支付宜增不宜减的刚性上。当政府决定减税或增加转移支付来反萧条时，人们比较容易接受。但当经济形势好转出现通货膨胀压力，政府决定用增税和减少福利来对付通货膨胀时，将会遭到公众反对，而难以执行。

5) 受公众消费决策的影响。凯恩斯的消费函数是把消费支出视为消费者现期的绝对收入水平的函数，即消费支出的大小总是与收入的绝对水平成正比变化，而且认定边际消费倾向是递减的。但是，后来一些经济学家通过对实际统计资料的分析认为，从长期来看，平均消费倾向和边际消费倾向基本上都稳定在一定数据左右，即消费者的消费支出不只是受现期的绝对收入的影响，而且还受到其他收入的影响。所以，当政府企图通过改变个人所得税来影响个人消费支出水平时。改革的效应必然受到很大的限制。例如，在经济萧条时期，政府决定降低个人所得税来提高个人的消费支出水平。但是，如果消费者坚持按照原有收入决定消费支出，并把减税所增加的可支配收入储蓄起来，而不用于增加消费。反之，当政府决定提高税率以期降低个人消费支出来反通货膨胀时，消费者也很可能仍然坚持长期的消费支出计划而不减少消费。增加的税额，他可以动用过去的储蓄来弥补。结果也会使政府难以达到预期的政策目标。

由于财政政策有以上一些局限性，宏观经济学认为，还必须以货币政策作为调节总需求的补充手段。

11.3　货币政策

货币政策是政府干预调节经济，进行需求管理时经常所采用的另一大宏观经济政策。所谓货币政策，是指中央银行通过管理货币供应量和利率来调整投资，以影响整个经济活动的政策。其目标和财政政策的目标一样，但它在宏观经济政策中的作用有一个不断加强的认识过程。起初，凯恩斯认为由于人们心理上对货币的偏好，利率的下降量有一定限度，所以依靠降低利率来刺激私人投资的货币政策是有限的，所以宏观经济政策的重点在于财政政策。20世纪60年代以后，美国的凯恩斯主义经济学家强调货币政策同样重要，主张双管齐下，促进经济繁荣。在70年代后期，由于通货膨胀严重，西方各国又采用了货币主义经济学家所主张的控制货币供应量的政策。

货币政策涉及货币、银行、利率等有关知识，我们首先应了解这些方面的基本理论。

11.3.1　货币供应量

现代经济学家们一般都把货币定义为：被人们普遍接受的作为交换媒介的东西。

货币供应量是指一国在一定时点上的货币总量。一个国家货币供应量如何计算，取决于该国把哪些东西定义为货币。在现代社会中，存在各种各样的货币形式，包括以下几种：

1) 现金，包括纸币、硬币。

2) 活期存款，即可以随时提现的存款。

3) 定期存款，即在一定时间以后才能提取的存款，但可通过预先通知银行，即可转化成活期存款或现金。

4) 近似货币，即具有一定货币价值并易于转换为现金的资产，如股票、债券等。

5) 货币替代物，即可在一定条件下执行货币交换职能的东西，如信用卡。

上述货币被区分为狭义的货币供应量和广义的货币供应量。狭义的货币供应量用 M_1 表示：$M_1=(1)+(2)$；广义的货币供应量用 M_2 表示：$M_2=M_1+(3)$；广义的货币供应量用 M_3 表示：$M_3=M_1+M_2+(4)+(5)$。

上述 M_1、M_2、M_3 就是西方国家所规定的货币供应量。但一般认为，M_1 是最重要的货币供应量。

11.3.2　货币政策工具

中央银行在调节货币供应量时，主要运用的政策工具有三个：公开市场业务、贴现政策以及准备率政策。

1) 公开市场业务。公开市场业务就是中央银行在金融市场上买进或卖出有价证券。其中主要有国库券、其他联邦政府债券、联邦机构债券和银行承兑汇票。买进或卖出有价证券是为了调节货币供应量。买进有价证券实际上就是发行货币，从而增加货币供应量。卖出有价证券实际上就是回笼货币，从而减少货币供应量。公开市场业务是一种灵活而有效地调节货币量，进而影响利息率的工具，因此，它成为最重要的货币政策工具。

2) 调整贴现率。贴现是商业银行向中央银行贷款的方式。当商业银行资金不足时，可以用客户借款时提供的票据到中央银行要求再贴现，或者以政府证券或中央银行同意接受的其他"合格的证券"作为担保来贷款。再贴现与抵押贷款都称为贴现，目前以后一种方式为主。贴现的期限一般较短，为 1 天到 2 周。商业银行向中央银行进行这种贴现时所付的利息率就称为贴现率。贴现政策包括变动贴现率与贴现条件，其中最主要的是变动贴现率。中央银行降低贴现率或放松贴现条件，使商业银行得到更多的资金，这样就可以增加它对客户的放款，放款的增加又可以通过银行创造货币的机制增加流通中的货币供应量，降低利息率。相反，中央银行提高贴现率或严格贴现条件，使商业银行资金短缺，这样就不得不减少对客户的放款或收回贷款，贷款的减少也可以通过银行创造货币的机制减少流通中的货币供应量，提高利息率。此外，贴现率作为官方利息率，它的变动也会影响到一般利息率水平，使一般利息率与之同方向变动。

3) 调整法定准备率。商业银行资金的主要来源是存款，为了应付存款客户随时取款的需要，确保银行的信誉与整个银行体系的稳定，银行不能把全部存款放出，必须将一定的比例的存款金额作为准备存入中央银行或以现金形式存入自己的金库。这个由中央银行以法律形式规定的商业银行在所吸收存款中必须保持的准备金的比率被称为法定准备率。商业银行在吸收存款后，必须按法定准备率保留准备金，其余的部分才可以作为贷款放出。例如，如果法定准备率为 20%，商业银行吸收存款 100 万元，那么就要留 20 万元准备金，其余 80 万元的作为贷款放出。

中央银行变动准备率则可以通过对准备金的影响来调节货币供应量。假定商业银行的准备率正好达到了法定要求，这时，中央银行降低准备率就会使商业银行产生超额准备金，这部分超额准备金可以作为贷款放出，从而又通过银行创造货币的机制增加货币供应量，降低利息率。相反，中央银行提高准备率就会使商业银行原有的准备金低于法定要求，于是商业银行不得不收回贷款，从而又通过银行创造货币的机制减少货币供应量，提高利息率。

除了以上三种主要的工具外，货币政策还有几项次要的工具：道义上的劝告，即中央银行对商业银行的贷款、投资业务进行指导，要求商业银行采取与其一致的做法。这种劝告没有法律上的约束力，但也能起作用。垫头规定，即购买有价证券必须付出的现金比例。利息率上限，即规定商业银行和其他储蓄机构对定期存款和储蓄存款的利息率上限。控制分期付款与抵押贷款条件。

11.3.3 货币政策的运用及局限性

在不同的经济形势下，中央银行要运用不同的货币政策来调节经济。在经济萧条时期，总需求小于总供给，为了刺激总需求，就要运用扩张性的货币政策，包括在公开市场买进有价证券，降低贴现并放松贴现条件，降低准备率等，其作用是扩大货币供应量，降低利率，刺激总需求，又称为"放松"银根。但是扩张性货币政策在实践中存在着局限性。

首先，实施各种扩张性措施是为了使货币供应量增加，利率下降，而利率的下降总是有一定限度，下降到一定限度后，货币供应量无论怎样增加，都不会再降低利息，即货币供应量对利率的影响是有限度的。

其次，当经济处于剧烈收缩时，扩张性货币政策的有效性会减弱。这已被美国在 20 世纪 30 年代两次经济严重衰退时情形所证明。因为此时的企业家和居民对前景失去信心，即使政府通过扩张性政策为企业和居民提供贷款的优惠条件，以诱导他们增加投资和消费，但企业会认为自己的库存和厂房设备相对来说过多了，因而不愿意再增加贷款，反而减少库存，缩减生产；而消费者则因害怕失业或减少收入，不会去寻求贷款来购买不动产或耐用消费品，反而力求减少已经欠下的债务。可见如果影响需求决策的其他条件不尽如人意，扩张性政策的效力就会被抵销。

此外在比较温和的衰退中，货币供给不断被扩张，将使生产者的投资需求趋于上升，货币需求趋于上升，引起利率提高，反而使企业难以得到贷款，结果使总需求下降。

反之，当经济处于通货膨胀时期，总需求大于总供给，为了抑制总需求，就要运用紧缩性货币政策，包括在公开市场上卖出有价证券，提高贴现率并严格贴现条件，提高准备率等。其作用在于减少货币供应量，提高利率，抑制总需求，又被称为"紧缩"银根。

但紧缩性货币政策的实施也会被某些因素抵销。首先，在繁荣和通货膨胀时期，人们对前景充满信心，这时即使实施紧缩性政策使货币供应量减少，利息率上升，但企业因预期未来经济看涨，仍会增加投资，这样紧缩性货币政策的效果就要打折扣了。其次，紧缩性货币政策可能被货币流通速度的变化而抵销。这个问题对扩张性货币政策也有影响；但对紧缩性政策影响更大。因为对于紧缩性货币政策，人们有抵制心理，所以当政府采取减少货币供应量的各种措施时，公众会通过各种方式更有效地利用现有货币供应量，使货币流通速度加快，这就意味着货币供应量的增加，也影响了货币政策的有效性，尤其是部分抵销了紧缩性货币政策的作用。因为保险公司，证券公司，互助储蓄银行等金融机构吸收了大量存户的储蓄，经常在寻求投资和贷款机会，结果扩大了货币供应量，这是中央银行无法控制的。最后，货币政策容易受国际准备金流动的冲击。如果实行紧缩性货币政策，使国内利息上升，会吸引国际准备金流入，从而扩大国内货币供应量。这对扩张性货币政策也有同样影响，会使国内的国际准备金转移到国外利息较高的地方去，减少国内的货币供应量。

11.4　供给政策

进入 20 世纪 70 年代以来，西方各国经济的发展出现"滞胀"，即经济停滞与通货膨胀并存的局面，凯恩斯主义面临困境，供给学派正是在这样的背景下产生和发展起来的。其主要代表人物有美国的经济学家孟德尔、万尼斯基等。这个学派的理论和政策主张的基本点是，以所谓的"供给会自行创造需求"的萨伊定律为指导思想，断言美国面临的失业和通货膨胀并存的困境是由于供给不足造成的，因此只有刺激供给，才能促进经济增长，从而解决失业和通货膨胀问题。他们认为，凯恩斯主义用刺激需求来刺激生产和增加就业的政策不一定能见效，而其结果却很可能是引起物价上升和利息率提高，从而影响企业的投资和设备更新，使生产下降，并最终导致了"滞胀"的出现。他们分析了供给对通货膨胀的影响，以及劳动市场结构对失业的影响。根据这种分析，他们提出了供给政策。

11.4.1 收入政策

收入政策是政府从控制总供给方面抑制通货膨胀的主要手段。它主要是通过控制工资与物价来抑制的，并且控制的重点是工资，被称为收入政策。根据前述成本推动的通货膨胀理论，通货膨胀是由于成本增加，特别是由于工资成本的增加而引起的。因此，要抑制通货膨胀就必须控制工资增长率，而要有效地控制工资增长率，还要同时控制价格水平。所以收入政策一般有三种形式：

1) 工资与物价冻结。政府采用法律手段禁止在一定时期内提高工资与物价。这种措施一般是在特殊时期(例如战争时期)采用的。但在某些通货膨胀严重时期，也可以采用这一强制性措施。例如，1971 年美国尼克松政府为了控制当时的通货膨胀，就曾宣布工资与物价冻结 3 个月。这种措施在短期内可以有效地控制通货膨胀，但它破坏了市场机制的正常作用，在长期中不仅不能制止通货膨胀，反而还会引起资源配置失调，给经济带来更多的困难。所以，一般不宜采用这种措施。

2) 工资与物价指导线。政府为了制止通货膨胀，根据劳动生产率的增长率和其他因素，规定出工资与物价上涨的限度，其中主要是规定工资增长率，所以又称"工资指导线"。工会和企业要根据这一规定确定工资增长率，企业也要根据这一规定确定物价上涨率。如果工会或企业违反规定，使工资增长率和物价上涨率超过了这一指导线，政府就要以税收或法律形式进行惩罚。这种做法比较灵活，在 70 年代以后被西方国家广泛采用。

3) 税收刺激计划。以税收为手段来控制工资的增长。具体做法是：政府规定货币工资增长率，即工资指导线，以税收为手段来付诸实施，如果企业的工资增长率超过这一指导线，就课以重税，如果企业的工资增长率低于这一规定，就给以减税。但这种计划在实施中会遇到企业与工会的反对。美国卡特政府在 1978 年曾提出过这一政策，但被议会否决，而未付诸实施。

11.4.2 指数化政策

通货膨胀会引起收入分配的变动，使一些人受害，另一些人受益，从而对经济产生不利影响。指数化就是为了消除这种不利影响，以对付通货膨胀的政策。它的具体做法是，定期地根据通货膨胀率来调整各种收入的名义价值，以使其实际价值保持不变。主要的指数化措施有：

1) 工资指数化。按通货膨胀率指数来调整名义工资，以保持实际工资水平不变。在经济发生通货膨胀时，如果工人的名义工资没变，实际工资就下降了。这就会引起有利于资本家而不利于工人的收入再分配。为了保持工人的实际工资没变，在工资合同中就要确定有关条款，规定在一定时期内按消费物价指数来调整名义工资，这项规定称为"自动调整条款"。此外，也可以通过其他措施按通货膨胀率来调整工资增长率。工资指数化可以使实际工资不下降，从而维护社会的安定。

2) 税收指数化。按通货膨胀率指数来调整起征点与税率等级。当经济中发生通货膨胀时，实际收入不变而名义收入增加了。这样，纳税的起征点实际降低了。在累进税制下，纳税者名义收入的提高使原来的实际收入进入了更高的税制等级，从而使交纳的实际税金增加。如果不实行税收指数化，就会使收入分配发生不利于公众而有利于政府的变化，成为政府加剧通货膨胀的动力。只有根据通货膨胀率来调整税收，即提高起征点并调整税率等级，才能避免不利的影响，使政府采取有力的措施来制止通货膨胀。

此外，利息率也应该根据通货膨胀率来进行调整。

11.4.3 人力政策

人力政策又称就业政策，是一种旨在改善劳动市场结构，以减少失业的政策。其中主要有：

1) 人力资本投资。由政府有关机构向劳动者投资，以提高劳动者的文化技术水平与本身素质，适应劳动市场的需求。从长期来看，人力资本投资的主要内容是增加教育投资，普及教育。从短期来看，是对工人进行在职培训，或者对由于技术不适应而失业的工人进行培训，增强他们的就业能力。

2) 完善劳动市场。失业产生的一个重要原因是劳动市场的不完善，例如劳动供求的信息不畅通，就业介绍机构的缺乏，等等。因此政府不断完善和增加各类介绍机构，为劳动的供求双方提供迅速、准确而完全的信息，使工人找到满意的工作，企业也能得到其所需要的工人。这无疑会有效地减少失业，尤其是降低自然失业率。

3) 协助工人进行流动。劳动者在地区、行业和部门之间流动，有利于劳动的合理配置与劳动者人尽其才，也能减少由于劳动力的地区结构和劳动力的流动困难等原因而造成的失业。对工人流动的协助包括提供充分的信息及必要的物质帮助。

11.4.4 经济增长政策

从长期来看，影响总供给的最重要因素还是经济潜力或生产能力。因此，提高经济潜力或生产能力的经济增长政策就是供给管理政策的重要内容。促进经济增长的政策是多方面的，其中主要有：

1) 增加劳动力的数量和质量。劳动力的增加对经济增长有重要的作用。劳动力包括数量与质量两方面。增加劳动力数量的方法有提高人口出生率，鼓励移民入境等；提高劳动力质量的方法则是以上所讲的增加人力资本投资。

2) 资本积累。资本的增加可以提高资本—劳动比率，即提高每个劳动力的资本装备率，发展资本密集型技术，利用更先进的设备，以提高劳动生产率。资本的积累主要来源于储蓄，从各国的经验看，凡储蓄率高的国家，经济增长率也高。例如德国、日本等经济发展迅速的国家，储蓄率都是比较高的。

3) 技术进步。在现代经济增长中技术进步起着越来越重要的作用。因此，促进技术进步成为各国经济政策的重点。其中的主要的措施有：第一，国家对全国的科学技术发展进行规划和协调；第二，国家直接投资于重点科学技术研究工作；第三，政府采取鼓励科学技术发展的政策措施如重点支持工业企业的科学研究以取得直接经济效益，支持大学与工业企业从事合作研究，实行技术转让加速科技成果的推广；第四，加强对科技人才的培养。包括加强与改革中小学的基础教育；发展各种职业教育；发展与改革高等教育；引进国外科技人才等等。

4) 计划化与平衡增长。现代经济中各个部门之间是相互关联的，各部门之间协调的增长是经济本身的要求。因此，各国都要制定本国经济增长的短期、中期与长期计划，并通过各种经济政策来实现。

11.5 宏观经济政策的协调

宏观经济政策都是实现某种宏观经济目标的手段，但根据前述这些宏观经济政策自身都存在一定的局限性，并且在实施中会遇到各种各样的困难，同时各宏观经济目标彼此之间存在矛盾。因此如何成功地运用各项宏观经济政策，协调好宏观经济目标间的矛盾，产生最好的经济效果，成为经济学理论研究和争论的一个具有现实意义的主题。

11.5.1 菲利浦斯曲线与政策目标的选择

如前所述，菲利浦斯曲线表明了失业率与通货膨胀率之间的交替关系。这就为决策者选择适当的政策目标提供了理论依据。

在运用菲利浦斯曲线来确定政策时，首先要确定社会临界点。所谓临界点就是指政府对于失业率和通货膨胀率的"社会可接受程度的理解"，即在一定的失业率与通货膨胀率之下，社会是可以接受的，这时政府不必采取任何政策措施进行调节，以求得社会安定。所谓的调节就是：当失业率为社会所不能接受时，就采取扩张性的财政与货币政策，以较高的通货膨胀率换取较低的失业率；当通货膨胀率为社会所不能接受时，就采取紧缩性的财政与货币政策，以较高的失业率来换取较低的通货膨胀率。可以用图 11.4 来说明这种调节。

在图 11.4 中，横轴为失业率 P_g，纵轴为通货膨胀率 U。假定 4%的失业率与通货膨胀率为临界点，则在此以下(即图上的阴影部分在内，例如 b 点上)，社会是安定的，不必采取任何调节措施。在此以外，或通货膨胀率高，或失业率高，到为社会所不能接受，就要进行调节。例如，在 a 点上失业率为 1%，为社会可以接受，但通货膨胀率为 5%，为社会不能接受，于是就要采取紧缩性的财政与货币政策，增加失业率，降低通货膨胀率。在 c 点上通货膨胀率为 1%，为社会可以接受，但失业率为 5%，为社会不能

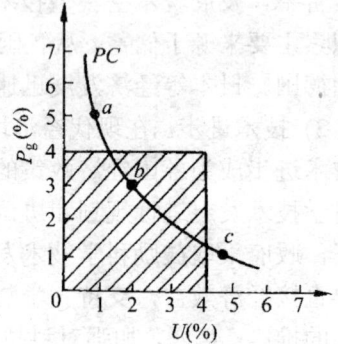

图 11.4　菲利浦斯曲线

接受，于是就采取扩张性的财政与货币政策，提高通货膨胀率以降低失业率。

11.5.2　财政政策与货币政策的配合

前面讲过，财政政策有挤出效应。当经济萧条时，政府采用扩张性财政政策，可能会由于挤出效应而起不到应有的作用。在这种情况下，就要用扩张性货币政策来加以配合，以便降低利率，消除挤出效应，有力地刺激经济。我们可以用图 11.5 来说明这种配合。

在图 11.5 中，IS_0 与 LM_0 相交于 E_0，决定了国民收入为 Y_0，利息率为 i_0。实行扩张的财政政策，IS 曲线从 IS_0 移动到 IS_1，IS_1 与 LM_0 相交于 E_1，决定了国民收入为 Y_1，利息率为 i_1。这说明实行扩张性的财政政策使国民收入增

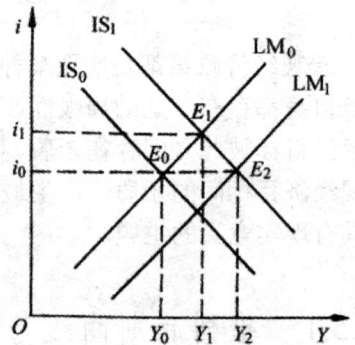

图 11.5　财政政策与货币政策的配合

加，利息率上升，而利息率的上升产生挤出效应，不利于国民收入的进一步增加。这时，再配合以扩张的货币政策，即增加货币量使 LM 曲线从 LM_0 移动到 LM_1，LM_1 与 IS_1 相交于 E_2，决定了国民收入为 Y_2，利息率为 i_0。这说明，在用扩张的

货币政策与扩张的财政政策配合时，可以不使利息率上升，而又使国民收入有较大的增加，从而可以有效地刺激经济。

财政政策和货币政策的配合使用除上述扩张性货币政策与扩张财政政策即"松松"配合外，大致还包括紧紧、紧松、松紧三种不同的组合方式，政府可以根据不同的经济形式选择不同的政策组合。上述例子就是经济萧条时期的政策配合。如果在繁荣时期，就可以同时使用紧缩性财政政策与紧缩性货币政策，以便更有效地制止通货膨胀。有时还可以把扩张性的财政政策与紧缩性的货币政策配合，以便在刺激总需求的同时，又不至于引起严重的通货膨胀。或者把扩张性货币政策与紧缩性财政政策配合，以便在刺激总需求的同时，不增加财政赤字等等。还可以把需求管理政策与供给管理政策配合，例如，在运用扩张性需求管理政策的同时，运用收入政策，把通货膨胀率控制在一定程度之内。

既然政府可以有多种政策选择，那么它应该可以做出权衡取舍，在实现充分就业均衡的同时，兼顾其他政策目标：稳定物价、促进增长和保持国际收支平衡。但现实中，充分就业与稳定物价这两个目标之间有矛盾，要实现充分就业，必须增加总需求。而要降低通货膨胀，必须减少总需求。总体经济活动是一个连续的流动的过程，经过一段时间的增长后，通胀压力会累积起来；而抑制通胀的努力经过一段时间后又会导致衰退，所以需要不断地改变政策与政策组合。

11.5.3 相机抉择

相机抉择是指政府在运用宏观经济政策来调节经济时，可根据市场情况和各项调节措施的特点，机动地决定和选择当前究竟应采取哪一种或哪几种政策措施。

财政政策与货币政策各有自己的特点。它们的猛烈程度不同，例如政府支出的增加与法定准备率的调整作用都比较猛烈，税收政策与公开市场业务的作用都比较缓慢；政策效应的时延不一样，例如货币政策可以由中央银行决定，作用快一些，财政政策从提案到议会讨论、通过要经过一段相当长的时间；政策发生影响的范围大小不一样，例如政府支出政策影响面就大一些，公开市场业务影响的面则小一些；政策受到阻力的大小也不同，例如增税与减少政府支出的阻力较大，而货币政策一般来说遇到的阻力较小。因此，在需要进行调节时，究竟应采取哪一项政策，或者如何对不同政策进行搭配使用，并没有一个固定不变的程式，政府应根据不同的情况灵活的决定。

这种政策的配合在于要根据不同的经济形式采取不同政策，例如，在经济发生严重衰退时就不能应用作用缓慢的政策，而要应用作用猛烈的政策，如紧急增加政府支出或举办公共工程；当经济开始出现衰退的苗头时，不能用作用猛烈的政策,而要采用作用缓慢的政策,例如,有计划地在金融市场上收购债券,以便缓慢地增加货币供应量,降低利率。

相机抉择的实质是灵活地运用各种政策,所包括的范围相当广泛。例如在什么情况下不采用政策措施,可以依靠经济本身的机制,自发地调节;什么情况下必须采用政策措施等等。这些都属于运用政策的技巧。

总结提要

1) 现代西方经济学认为,经济中存在着商品市场和货币市场这两个市场。凯恩斯不仅研究了其中的商品市场,即考察了商品市场上储蓄和投资的变化或者消费和投资的变化如何决定收入水平的问题,而且,他还研究了货币市场和商品市场之间的关系以及对商品市场产生的影响,从而在考察经济的宏观均衡方面大大推进了。凯恩斯以后的经济学家进一步发展了凯恩斯的理论,其中最著名的是英国经济学家希克斯(J.R.Hicks)和美国经济学家汉森(A.H.Hansen),他们提出了著名的"IS-LM 分析法",对商品市场和货币市场分别进行了考察,并对这两个市场的同时均衡问题做出了分析。他们的分析被认为是对凯恩斯的国民收入均衡学说的重要补充和发展。

2) 本章的中心是利用 IS-LM 模型讨论总产出水平的决定及政策效应问题。体现在 IS-LM 模型中的基本思想是:产品市场和货币市场是相互联系的;总产出受总需求的制约,总需求中的投资受到利率的影响,利率反映了货币市场供给与需求的关系,而货币需求又受到收入水平的影响。在两个市场的相互作用中,两个市场同时趋于均衡,从而决定了均衡利率与均衡产出。

3) 在 IS-LM 模型中,扩张性财政政策的一般效应是利率提高、产出增加。前章曾利用乘数效应讨论利率不变情况下的财政政策效应。由于排挤效应的缘故,实际上财政政策效应要小于由乘数理论所揭示的政策效应。同时本章利用 IS-LM 模型讨论了货币政策效应。扩张性货币政策的一般效率是利率下降、产出增加。

4) 在通常情况下,财政政策效应和货币政策效应会有所不同。政策效应究竟如何,要取决于经济在哪个区域运行。现实中两者经常相互配合,以取得更好的政策效果,并减少政策运用带来的消极影响。政府可以根据不同的经济形势选择不同的政策组合。

案例分析

2012 年将继续实施积极财政政策和稳健货币政策

● 财政政策结构调整是看点

作为宏观调控中与货币政策并列的两大手段之一，我国财政政策将在 2012 年继续锁定"积极"这一关键词。专家表示，在 2012 年经济社会发展"稳中求进"的总基调下，财政政策虽然同样为"积极"，但其中含义已有微妙变化。

中央经济工作会议提出，2012 年要继续实施积极的财政政策，要继续完善结构性减税政策，加大民生领域投入，积极促进经济结构调整，严格财政收支管理，加强地方政府债务管理。

"当前国内外经济环境十分复杂，此时我国宏观政策仍需保持稳定，财政政策更是要延续已有的'积极'基调，这对于当前的中国经济至关重要。"财政部财科所副所长刘尚希指出，与过去两年的积极财政政策相比，当前的积极财政政策在着力点上已进行调整。

"金融危机时我们的主要任务是保增长，现在的主要任务一方面注重保增长，另一方面要向调结构发力，这将会推进我国经济社会发展实现'十二五'规划中转方式、调结构的任务。"

令人关注的是，对我国 2012 年财政政策，会议提出了"结构性减税"内容。对此刘尚希指出，结构性减税实际上是与调结构、转方式一脉相承的，近几年我国财政收入保持了较快的增长速度，结构性减税的时机已经到来，通过税制的调整与完善，可以为服务业、小微型企业等减负，以此促进经济的转型。

● 货币政策稳健之中有微调

对于备受关注的 2012 年货币政策走向，中央经济工作会议提出，要继续实施稳健的货币政策。

"当前的国内外形势决定了我国货币政策仍然需要保持稳健。"国务院发展研究中心金融研究所副所长巴曙松认为，虽然目前不断走高的物价已经有所回落，但其在历史上仍属于较高位置，目前货币政策还不具备转向的条件。

中央经济工作会议同时也提出，货币政策要根据经济运行情况，适时适度进行预调微调，综合运用多种货币政策工具，保持货币信贷总量合理增长，优化信贷结构，发挥好资本市场的积极作用，有效防范和及时化解潜在金融风险。

"之所以强调预调微调，这主要是因为当前我国外部经济环境正变得更为复杂，此时宏观政策需要提前应对，需要根据实际状况做出细微调整。"交通银行首席经济学家连平认为。

种种迹象表明，货币政策的预调微调已有所显现，与以往每到年底银根就有所收紧不同，今年 10 月份起银行信贷投放力度已有所反弹；曾于今年连续六次上调的存款准备金率也于不久前首次下调。

对于下一步货币政策如何微调，中央财经大学中国银行业研究中心主任郭田勇认为，货币和信贷政策都将进一步加大结构性调整力度，做到有扶有控。

"央行日前召开会议提出要'总量适度、审慎灵活、定向支持',这实际上是央行对货币政策如何微调的一个诠释,那就是信贷投放虽保持一定程度增量,但一定是定向宽松,是对有利于结构调整的行业和领域进行支持,而绝不是全面宽松。"郭田勇说。

- "双政策"助推中国经济"稳中求进"

分析人士认为,与去年相比两大政策基调看似一样,但不变之中有变化,不变的一面体现了"稳",变化的一面体现了"进","双政策"将合力助推中国经济"稳中求进"。

在2012年的税制改革进程方面,中央经济工作会议不但提出了结构性减税,还提出要推进营业税改征增值税和房产税改革试点,合理调整消费税范围和税率结构,全面改革资源税制度,研究推进环境保护税改革。

"这五项改革一定程度上凸显当前我国经济结构转型的总体规划,正是中国经济力求有所'进'的一面。"中国社科院财贸所税收研究室主任张斌说。

此外,还提出2012年要深化利率市场化改革和汇率形成机制改革。分析人士认为,这些关键领域的改革,都将有利于货币政策的有效实施和经济结构的调整。

"'进一步推进利率市场化',这样的表述在近年中央经济工作会议消息中还是首次出现。"兴业银行经济学家鲁政委认为,通过给予金融机构对存贷款利率更大的定价自主权,将有利于社会资金的合理配置,最终推动中国经济的平稳健康发展。

(资料来源:"稳"字当先,协同求"进"——解析2012年财政政策货币政策着力点.新华网,2011年12月16日)

分析:

根据资料,谈谈"双政策"的实施是如何助推中国经济"稳中求进"。

【复习思考】

1) 解释下列概念:财政政策、货币政策、货币供应量、收入政策、菲利浦斯曲线。

2) 什么是内在稳定器?具有内在稳定器作用的财政政策主要有哪些?

3) 在不同的时期,应该如何运用财政政策?

4) 在不同的时期,应该如何运用货币政策?

5) 供给政策有哪些?

6) 财政政策与货币政策配合运用的方式有哪些?有什么样的经济效果?